大学赤本シリーズ

518

# 甲南女子大学

## 学校推薦型選抜

教学社

# は　し　が　き

おかげさまで，大学入試の「赤本」は，今年で創刊 70 周年を迎えました。

これまで，入試問題や資料をご提供いただいた大学関係者各位，掲載許可をいただいた著作権者の皆様，各科目の解答や対策の執筆にあたられた先生方，そして，赤本を使用してくださったすべての読者の皆様に，厚く御礼を申し上げます。

以下に，創刊初期の「赤本」のはしがきを引用します。これからも引き続き，受験生の目標の達成や，夢の実現を応援してまいります。

本書を活用して，入試本番では持てる力を存分に発揮されることを心より願っています。

編者しるす

＊　＊　＊

学問の塔にあこがれのまなざしをもって，それぞれの志望する大学の門をたたかんとしている受験生諸君！　人間として生まれてきた私たちは，自己の欲するままに，美しく，強く，そして何よりも人間らしく生きることをねがっている。しかし，一朝一夕にして，この純粋なのぞみが達せられることはない。私たちの行く手には，絶えずさまざまな試練がまちかまえている。この試練を克服していくところに，私たちのねがう真に人間的な世界がはじめて開かれてくるのである。

人生最初の最大の試練として，諸君の眼前に大学入試がある。この大学入試は，精神的にも身体的にも，大きな苦痛を感ぜしめるであろう。あるスポーツに熟達するには，たゆみなき，はげしい練習を積み重ねることが必要であるように，私たちは，計画的・持続的な努力を払うことによって，この試練を克服し，次の一歩を踏みだすことができる。厳しい試練を経たのちに，はじめて満足すべき成果を獲得できるのである。

本書は最近の入学試験の問題に，それぞれ解答を付し，さらに問題をふかく分析することによって，その大学独特の傾向や対策をさぐろうとした。本書を一般の参考書とあわせて使用し，まとはずれのない，効果的な受験勉強をされるよう期待したい。

（昭和 35 年版「赤本」はしがきより）

# 挑む人の、いちばんの味方

赤本創刊70周年

1954年に大学入試の過去問題集を刊行してから70年。赤本は大学に入りたいと思う受験生を応援しつづけてきました。これからも，苦しいとき落ち込むときにそばで支える存在でいたいと思います。

そして，勉強をすること，自分で道を決めること，努力が実ること，これらの喜びを読者の皆さんが感じることができるよう，伴走をつづけます。

そもそも赤本とは…

## 受験生のための大学入試の過去問題集！

70年の歴史を誇る赤本は，500点を超える刊行点数で全都道府県の370大学以上を網羅しており，過去問の代名詞として受験生の必須アイテムとなっています。

…………… なぜ受験に過去問が必要なのか？ ……………

## 大学入試は大学によって問題形式や頻出分野が大きく異なるからです。

# 赤本の掲載内容

## 傾向と対策

これまでの出題内容から，問題の「**傾向**」を分析し，来年度の入試に向けて具体的な「**対策**」の方法を紹介しています。

## 問題編・解答編

- 年度ごとに問題とその解答を掲載しています。
- 「**問題編**」ではその年度の試験概要を確認したうえで，実際に出題された過去問に取り組むことができます。
- 「**解答編**」には高校・予備校の先生方による解答が載っています。

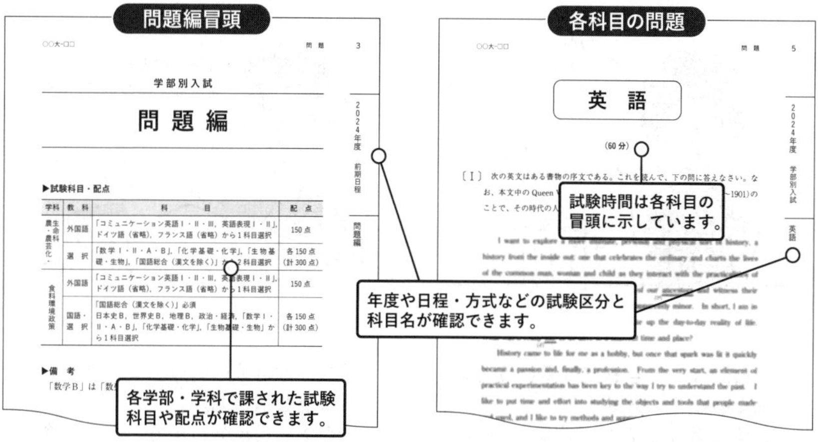


**他にも，大学の基本情報や，先輩受験生の合格体験記，在学生からのメッセージなどが載っていることがあります。**

### 掲載内容について

著作権上の理由やその他編集上の都合により問題や解答の一部を割愛している場合があります。
なお，指定校推薦入試，社会人入試，編入学試験，帰国生入試などの特別入試，英語以外の外国語科目，商業・工業科目は，原則として掲載しておりません。また試験科目は変更される場合がありますので，あらかじめご了承ください。

受験勉強は

# 過去問に始まり，

## STEP 1

なにはともあれ

### まずは解いてみる

しずかに…
今，自分の心と
向き合ってるんだから
ムーン
それは
問題を解いて
からだホン!

過去問は，**できるだけ早いうちに解く**のがオススメ！
実際に解くことで，**出題の傾向，問題のレベル，今の自分の実力**がつかめます。

## STEP 2

じっくり具体的に

### 弱点を分析する

分析の結果だけど
英・数・国が苦手みたい
スリー
必須科目だホン
頑張るホン

間違いは自分の弱点を教えてくれる**貴重な情報源。**
弱点から自己分析することで，**今の自分に足りない力や苦手な分野**が見えてくるはず！

## 合格者があかす赤本の使い方

**傾向と対策を熟読**

（Fさん／国立大合格）

大学の出題傾向を調べるために，赤本に載っている「傾向と対策」を熟読しました。

**繰り返し解く**

（Tさん／国立大合格）

１周目は問題のレベル確認，２周目は苦手や頻出分野の確認に，３周目は合格点を目指して，と過去問は繰り返し解くことが大切です。

# 過去問に終わる。

## STEP 3

志望校にあわせて

### 苦手分野の重点対策

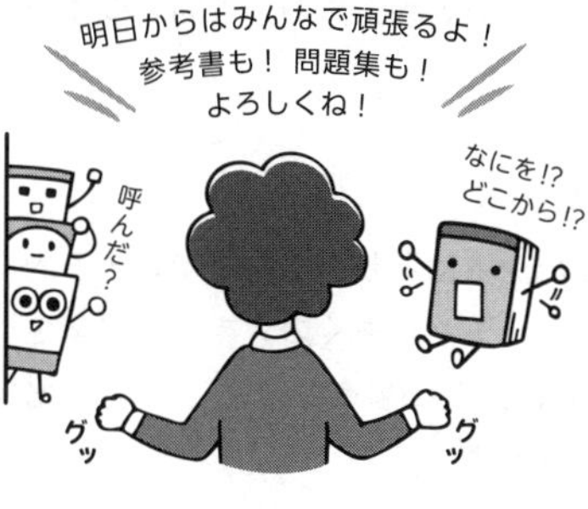
明日からはみんなで頑張るよ！
参考書も！ 問題集も！
よろしくね！
呼んだ？
なにを!?
どこから!?
グッ
グッ

参考書や問題集を活用して，苦手分野の**重点対策**をしていきます。**過去問を指針**に，合格へ向けた具体的な学習計画を立てましょう！

## STEP 1▶2▶3

サイクルが大事!

### 実践を繰り返す

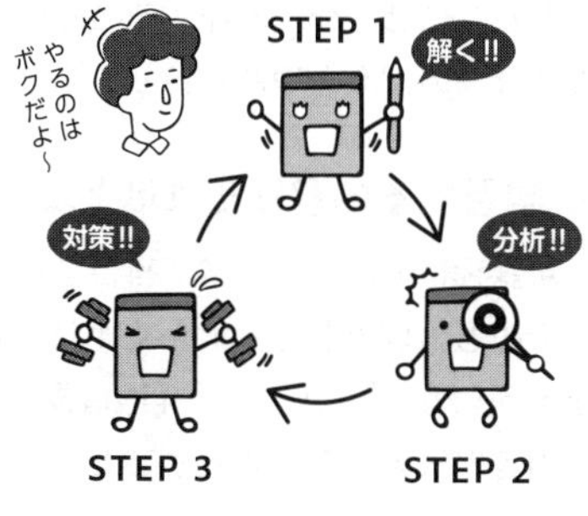
STEP 1
解く!!
やるのはボクだよ～
分析!!
対策!!
STEP 3
STEP 2

**STEP 1～3を繰り返し**，実力アップにつなげましょう！
**出題形式に慣れること**や，**時間配分を考えること**も大切です。

**目標点を決める**
(Yさん／私立大合格)
赤本によっては合格者最低点が載っているので，それを見て目標点を決めるのもよいです。

**時間配分を確認**
(Kさん／私立大学合格)
赤本は時間配分や解く順番を決めるために使いました。

**添削してもらう**
(Sさん／私立大学合格)
記述式の問題は先生に添削してもらうことで自分の弱点に気づけると思います。

# 新課程入試 Q&A

2022 年度から新しい学習指導要領（新課程）での授業が始まり，2025 年度の入試は，新課程に基づいて行われる最初の入試となります。ここでは，赤本での新課程入試の対策について，よくある疑問にお答えします。

## Q1. 赤本は新課程入試の対策に使えますか？

## A. もちろん使えます！

旧課程入試の過去問が新課程入試の対策に役に立つのか疑問に思う人もいるかもしれませんが，心配することはありません。旧課程入試の過去問が役立つのには次のような理由があります。

### ● 学習する内容はそれほど変わらない

新課程は旧課程と比べて科目名を中心とした変更はありますが，学習する内容そのものはそれほど大きく変わっていません。また，多くの大学で，既卒生が不利にならないよう「経過措置」がとられます（Q３参照）。したがって，出題内容が大きく変更されることは少ないとみられます。

### ● 大学ごとに出題の特徴がある

これまでに課程が変わったときも，各大学の出題の特徴は大きく変わらないことがほとんどでした。入試問題は各大学のアドミッション・ポリシーに沿って出題されており，過去問にはその特徴がよく表れています。過去問を研究してその大学に特有の傾向をつかめば，最適な対策をとることができます。

| | |
|---|---|
| 出題の特徴の例 | ・英作文問題の出題の有無<br>・論述問題の出題（字数制限の有無や長さ）<br>・計算過程の記述の有無 |

新課程入試の対策も，赤本で過去問に取り組むところから始めましょう。

## Q2. 赤本を使う上での注意点はありますか？

### A. 志望大学の入試科目を確認しましょう。

過去問を解く前に，過去の出題科目（問題編冒頭の表）と 2025 年度の募集要項とを比べて，課される内容に変更がないかを確認しましょう。ポイントは以下のとおりです。科目名が変わっていても，実際は旧課程の内容とほとんど同様のものもあります。

| | |
|---|---|
| 英語・国語 | 科目名は変更されているが，実質的には変更なし。<br>**▶▶ ただし，リスニングや古文・漢文の有無は要確認。** |
| 地歴 | 科目名が変更され，「歴史総合」「地理総合」が新設。<br>**▶▶ 新設科目の有無に注意。ただし，「経過措置」（Q３参照）により内容は大きく変わらないことも多い。** |
| 公民 | 「現代社会」が廃止され，「公共」が新設。<br>**▶▶「公共」は実質的には「現代社会」と大きく変わらない。** |
| 数学 | 科目が再編され，「数学 C」が新設。<br>**▶▶「数学」全体としての内容は大きく変わらないが，出題科目と単元の変更に注意。** |
| 理科 | 科目名も学習内容も大きな変更なし。 |

数学については，科目名だけでなく，どの単元が含まれているかも確認が必要です。例えば，出題科目が次のように変わったとします。

| | |
|---|---|
| 旧課程 | 「数学Ⅰ・数学Ⅱ・数学 A・数学 B（数列・ベクトル）」 |
| **新課程** | 「数学Ⅰ・数学Ⅱ・数学 A・**数学 B（数列）・数学 C（ベクトル）**」 |

この場合，新課程では「数学C」が増えていますが，単元は「ベクトル」のみのため，実質的には旧課程とほぼ同じであり，過去問をそのまま役立てることができます。

## Q3.「経過措置」とは何ですか？

## A. 既卒の旧課程履修者への対応です。

多くの大学では，既卒の旧課程履修者が不利にならないように，出題において「経過措置」が実施されます。措置の有無や内容は大学によって異なるので，募集要項や大学のウェブサイトなどで確認しておきましょう。

○旧課程履修者への経過措置の例

- 旧課程履修者にも配慮した出題を行う。
- 新・旧課程の共通の範囲から出題する。
- 新課程と旧課程の共通の内容を出題し，共通範囲のみでの出題が困難な場合は，旧課程の範囲からの問題を用意し，選択解答とする。

例えば，地歴の出題科目が次のように変わったとします。

| | |
|---|---|
| 旧課程 | 「日本史 B」「世界史 B」から１科目選択 |
| **新課程** | 「**歴史総合**，日本史探究」「**歴史総合**，世界史探究」から１科目選択※<br>※旧課程履修者に不利益が生じることのないように配慮する。 |

「歴史総合」は新課程で新設された科目で，旧課程履修者には見慣れないものですが，上記のような経過措置がとられた場合，新課程入試でも旧課程と同様の学習内容で受験することができます。

**新課程の情報は WEB もチェック！**
**より詳しい解説が赤本ウェブサイトで見られます。**
**https://akahon.net/shinkatei/**

## 科目名が変更される教科・科目

| | 旧課程 | 新課程 |
|---|---|---|
| 国語 | 国語総合<br>国語表現<br>現代文A<br>現代文B<br>古典A<br>古典B | 現代の国語<br>言語文化<br>論理国語<br>文学国語<br>国語表現<br>古典探究 |
| 地歴 | 日本史A<br>日本史B<br>世界史A<br>世界史B<br>地理A<br>地理B | 歴史総合<br>日本史探究<br>世界史探究<br>地理総合<br>地理探究 |
| 公民 | 現代社会<br>倫理<br>政治・経済 | 公共<br>倫理<br>政治・経済 |
| 数学 | 数学Ⅰ<br>数学Ⅱ<br>数学Ⅲ<br>数学A<br>数学B<br>数学活用 | 数学Ⅰ<br>数学Ⅱ<br>数学Ⅲ<br>数学A<br>数学B<br>数学C |
| 外国語 | コミュニケーション英語基礎<br>コミュニケーション英語Ⅰ<br>コミュニケーション英語Ⅱ<br>コミュニケーション英語Ⅲ<br>英語表現Ⅰ<br>英語表現Ⅱ<br>英語会話 | 英語コミュニケーションⅠ<br>英語コミュニケーションⅡ<br>英語コミュニケーションⅢ<br>論理・表現Ⅰ<br>論理・表現Ⅱ<br>論理・表現Ⅲ |
| 情報 | 社会と情報<br>情報の科学 | 情報Ⅰ<br>情報Ⅱ |

# 目　次



**掲載内容についてのお断り**

・著作権の都合により，下記の内容を省略しています。
2024年度：学校推薦型選抜（専願Ⅰ日程／併願Ⅰ日程）「英語」大問Ⅰの英文

・UNIVERSITY GUIDE・

# 大学情報

## 基本情報

### 学部・学科の構成

**大　学**

●**心理学部**

心理学科

※ 2025 年 4 月開設予定（仮称・設置構想中）。

●**文学部**

日本語日本文化学科

メディア表現学科

●**国際学部**

国際英語学科

多文化コミュニケーション学科

●**人間科学部**

総合子ども学科

文化社会学科

生活環境学科

**●看護リハビリテーション学部**

看護学科

理学療法学科

**●医療栄養学部**

医療栄養学科

## 大学院

看護学研究科 / 人文科学総合研究科

## 大学所在地

甲南女子大学

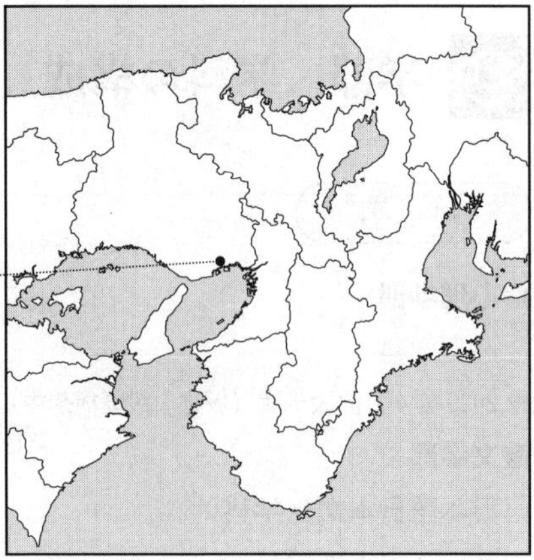

〒658-0001　神戸市東灘区森北町 6-2-23

# 2024 年度入試データ

## 入試状況（志願者数・競争率など）

◯競争率は受験者数÷合格者数で算出。

### 学校推薦型選抜

**●専願Ⅰ日程**

| 学部 | 学科 | 募集人員 | 志願者数 | 受験者数 | 合格者数 | 競争率 | 合格最低点 |
|---|---|---|---|---|---|---|---|
| 文 | 日本語日本文化 | 12 | 7 | 7 | 6 | 1.2 | 131 |
| | メディア表現 | 10 | 6 | 6 | 4 | 1.5 | 163 |
| 国際 | 国際英語 | 16 | 8 | 8 | 6 | 1.3 | 129 |
| | 多文化コミュニケーション | 12 | 16 | 16 | 10 | 1.6 | 153 |
| 人間科 | 心理 | 14 | 8 | 8 | 4 | 2.0 | 150 |
| | 総合子ども | 25 | 2 | 2 | 2 | 1.0 | 160 |
| | 文化社会 | 12 | 11 | 11 | 6 | 1.8 | 158 |
| | 生活環境 | 12 | 11 | 11 | 7 | 1.6 | 145 |
| 看護リハビリテーション | 看護 | 21 | 50 | 49 | 20 | 2.5 | 168 |
| | 理学療法 | 10 | 3 | 3 | 3 | 1.0 | 132 |
| 医療栄養 | 医療栄養 | 13 | 9 | 8 | 4 | 2.0 | 161 |

（備考）
- 募集人員は専願Ⅰ日程・専願Ⅱ日程・専願Ⅲ日程・専願Ⅰ＋Ⅱ得点合計型を併せての人数。
- 満点は 250 点。

## ●専願Ⅱ日程

| 学部 | 学科 | 募集人員 | 志願者数 | 受験者数 | 合格者数 | 競争率 | 合格最低点 |
|---|---|---|---|---|---|---|---|
| 文 | 日本語日本文化 | 12 | 8 | 7 | 5 | 1.4 | 144 |
| | メディア表現 | 10 | 7 | 7 | 5 | 1.4 | 163 |
| 国際 | 国際英語 | 16 | 7 | 7 | 5 | 1.4 | 155 |
| | 多文化コミュニケーション | 12 | 17 | 17 | 12 | 1.4 | 162 |
| 人間科 | 心理 | 14 | 8 | 8 | 5 | 1.6 | 157 |
| | 総合子ども | 25 | 5 | 4 | 4 | 1.0 | 160 |
| | 文化社会 | 12 | 13 | 13 | 8 | 1.6 | 151 |
| | 生活環境 | 12 | 11 | 11 | 7 | 1.6 | 156 |
| 看護リハビリテーション | 看護 | 21 | 52 | 51 | 20 | 2.6 | 178 |
| | 理学療法 | 10 | 3 | 3 | 2 | 1.5 | 142 |
| 医療栄養 | 医療栄養 | 13 | 8 | 7 | 3 | 2.3 | 160 |

（備考）
- 募集人員は専願Ⅰ日程・専願Ⅱ日程・専願Ⅲ日程・専願Ⅰ＋Ⅱ得点合計型を併せての人数。
- 満点は 250 点。

## ●専願Ⅰ＋Ⅱ得点合計型

| 学部 | 学科 | 募集人員 | 志願者数 | 受験者数 | 合格者数 | 競争率 | 合格最低点 |
|---|---|---|---|---|---|---|---|
| 文 | 日本語日本文化 | 12 | 6 | 6 | 2 | 3.0 | 268 |
| | メディア表現 | 10 | 3 | 3 | 2 | 1.5 | 306 |
| 国際 | 国際英語 | 16 | 7 | 7 | 2 | 3.5 | 300 |
| | 多文化コミュニケーション | 12 | 15 | 15 | 4 | 3.8 | 299 |
| 人間科 | 心理 | 14 | 5 | 5 | 2 | 2.5 | 305 |
| | 総合子ども | 25 | 2 | 2 | 1 | 2.0 | 293 |
| | 文化社会 | 12 | 9 | 9 | 5 | 1.8 | 228 |
| | 生活環境 | 12 | 8 | 8 | 3 | 2.7 | 285 |
| 看護リハビリテーション | 看護 | 21 | 41 | 40 | 10 | 4.0 | 294 |
| | 理学療法 | 10 | 3 | 3 | 2 | 1.5 | 265 |
| 医療栄養 | 医療栄養 | 13 | 7 | 6 | 3 | 2.0 | 265 |

（備考）
- 学校推薦型選抜（専願Ⅰ日程・Ⅱ日程）の結果を利用。
- 募集人員は専願Ⅰ日程・専願Ⅱ日程・専願Ⅲ日程・専願Ⅰ＋Ⅱ得点合計型を併せての人数。
- 満点は 400 点。

## ●専願Ⅲ日程

| 学部 | 学科 | 募集人員 | 志願者数 | 受験者数 | 合格者数 | 競争率 | 合格最低点 |
|---|---|---|---|---|---|---|---|
| 文 | 日本語日本文化 | 12 | 1 | 1 | 1 | 1.0 | 140 |
| | メディア表現 | 10 | 3 | 3 | 2 | 1.5 | 141 |
| 国際 | 国際英語 | 16 | 5 | 5 | 4 | 1.3 | 140 |
| | 多文化コミュニケーション | 12 | 5 | 5 | 4 | 1.3 | 140 |
| 人間科 | 心理 | 14 | 2 | 2 | 1 | 2.0 | 142 |
| | 総合子ども | 25 | 2 | 2 | 2 | 1.0 | 125 |
| | 文化社会 | 12 | 4 | 3 | 2 | 1.5 | 141 |
| | 生活環境 | 12 | 4 | 3 | 3 | 1.0 | 128 |
| 看護リハビリテーション | 看護 | 21 | 25 | 25 | 11 | 2.3 | 180 |
| | 理学療法 | 10 | 2 | 2 | 2 | 1.0 | 140 |
| 医療栄養 | 医療栄養 | 13 | 3 | 3 | 2 | 1.5 | 147 |

（備考）

- 募集人員は専願Ⅰ日程・専願Ⅱ日程・専願Ⅲ日程・専願Ⅰ＋Ⅱ得点合計型を併せての人数。
- 満点は 250 点。

## ●併願Ⅰ日程

| 学部 | 学科 | 募集人員 | 志願者数 | 受験者数 | 合格者数 | 競争率 | 合格最低点 |
|---|---|---|---|---|---|---|---|
| 文 | 日本語日本文化 | 8 | 46 | 44 | 32 | 1.4 | 161 |
| | メディア表現 | 9 | 58 | 57 | 30 | 1.9 | 169 |
| 国際 | 国際英語 | 11 | 46 | 46 | 34 | 1.4 | 159 |
| | 多文化コミュニケーション | 10 | 33 | 33 | 22 | 1.5 | 166 |
| 人間科 | 心理 | 12 | 63 | 63 | 36 | 1.8 | 167 |
| | 総合子ども | 22 | 40 | 38 | 21 | 1.8 | 161 |
| | 文化社会 | 10 | 66 | 63 | 30 | 2.1 | 174 |
| | 生活環境 | 10 | 41 | 40 | 22 | 1.8 | 171 |
| 看護リハビリテーション | 看護 | 18 | 121 | 118 | 40 | 3.0 | 190 |
| | 理学療法 | 9 | 17 | 17 | 12 | 1.4 | 159 |
| 医療栄養 | 医療栄養 | 11 | 14 | 14 | 6 | 2.3 | 190 |

（備考）

- 募集人員は併願Ⅰ日程・併願Ⅱ日程・併願Ⅲ日程・併願Ⅰ＋Ⅱ得点合計型を併せての人数。
- 満点は 250 点。

## ●併願Ⅱ日程

| 学部 | 学科 | 募集人員 | 志願者数 | 受験者数 | 合格者数 | 競争率 | 合格最低点 |
|---|---|---|---|---|---|---|---|
| 文 | 日本語日本文化 | 8 | 31 | 28 | 18 | 1.6 | 170 |
| | メディア表現 | 9 | 48 | 46 | 25 | 1.8 | 177 |
| 国際 | 国際英語 | 11 | 27 | 27 | 18 | 1.5 | 176 |
| | 多文化コミュニケーション | 10 | 23 | 22 | 16 | 1.4 | 173 |
| 人間科 | 心理 | 12 | 56 | 52 | 30 | 1.7 | 173 |
| | 総合子ども | 22 | 51 | 45 | 32 | 1.4 | 163 |
| | 文化社会 | 10 | 53 | 48 | 22 | 2.2 | 180 |
| | 生活環境 | 10 | 43 | 41 | 24 | 1.7 | 176 |
| 看護リハビリテーション | 看護 | 18 | 119 | 114 | 37 | 3.1 | 194 |
| | 理学療法 | 9 | 20 | 19 | 15 | 1.3 | 159 |
| 医療栄養 | 医療栄養 | 11 | 18 | 17 | 8 | 2.1 | 195 |

(備考)

- 募集人員は併願Ⅰ日程・併願Ⅱ日程・併願Ⅲ日程・併願Ⅰ＋Ⅱ得点合計型を併せての人数。
- 満点は250点。

## ●併願Ⅰ＋Ⅱ得点合計型

| 学部 | 学科 | 募集人員 | 志願者数 | 受験者数 | 合格者数 | 競争率 | 合格最低点 |
|---|---|---|---|---|---|---|---|
| 文 | 日本語日本文化 | 8 | 16 | 14 | 5 | 2.8 | 308 |
| | メディア表現 | 9 | 27 | 26 | 8 | 3.3 | 310 |
| 国際 | 国際英語 | 11 | 16 | 16 | 4 | 4.0 | 318 |
| | 多文化コミュニケーション | 10 | 14 | 14 | 4 | 3.5 | 317 |
| 人間科 | 心理 | 12 | 29 | 27 | 7 | 3.9 | 309 |
| | 総合子ども | 22 | 19 | 17 | 4 | 4.3 | 296 |
| | 文化社会 | 10 | 27 | 23 | 6 | 3.8 | 296 |
| | 生活環境 | 10 | 21 | 20 | 4 | 5.0 | 302 |
| 看護リハビリテーション | 看護 | 18 | 83 | 79 | 29 | 2.7 | 304 |
| | 理学療法 | 9 | 13 | 13 | 6 | 2.2 | 280 |
| 医療栄養 | 医療栄養 | 11 | 6 | 6 | 2 | 3.0 | 315 |

(備考)

- 学校推薦型選抜（併願Ⅰ日程・Ⅱ日程）の結果を利用。
- 募集人員は併願Ⅰ日程・併願Ⅱ日程・併願Ⅲ日程・併願Ⅰ＋Ⅱ得点合計型を併せての人数。
- 満点は400点。

●併願Ⅲ日程

| 学部 | 学科 | 募集人員 | 志願者数 | 受験者数 | 合格者数 | 競争率 | 合格最低点 |
|---|---|---|---|---|---|---|---|
| 文 | 日本語日本文化 | 8 | 22 | 21 | 18 | 1.2 | 171 |
| | メディア表現 | 9 | 32 | 28 | 14 | 2.0 | 178 |
| 国際 | 国際英語 | 11 | 19 | 18 | 15 | 1.2 | 168 |
| | 多文化コミュニケーション | 10 | 18 | 17 | 14 | 1.2 | 164 |
| 人間科 | 心理 | 12 | 32 | 28 | 24 | 1.2 | 157 |
| | 総合子ども | 22 | 16 | 16 | 14 | 1.1 | 131 |
| | 文化社会 | 10 | 38 | 33 | 20 | 1.7 | 183 |
| | 生活環境 | 10 | 24 | 21 | 18 | 1.2 | 151 |
| 看護リハビリテーション | 看護 | 18 | 50 | 45 | 11 | 4.1 | 201 |
| | 理学療法 | 9 | 14 | 13 | 11 | 1.2 | 154 |
| 医療栄養 | 医療栄養 | 11 | 4 | 1 | 1 | 1.0 | 170 |

(備考)

- 募集人員は併願Ⅰ日程・併願Ⅱ日程・併願Ⅲ日程・併願Ⅰ＋Ⅱ得点合計型を併せての人数。
- 満点は 250 点。

# 募集要項（出願書類）の入手方法

インターネット出願が導入されています。募集要項は大学ホームページで閲覧・ダウンロードできるほか，資料請求フォームから請求することも可能です。また，テレメールからも請求できます。

**問い合わせ先**

甲南女子大学　入試課
〒658-0001　神戸市東灘区森北町 6-2-23
TEL　078-431-0499
E-mail　nyushi@konan-wu.ac.jp
URL　https://www.konan-wu.ac.jp/

**甲南女子大学のテレメールによる資料請求方法**

スマートフォンから　QRコードからアクセスしガイダンスに従ってご請求ください。
パソコンから　教学社 赤本ウェブサイト(akahon.net)から請求できます。

TREND & STEPS

# 傾向と対策

科目ごとに問題の「傾向」を分析し，具体的にどのような「対策」をすればよいか紹介しています。まずは出題内容をまとめた分析表を見て，試験の概要を把握しましょう。

## 注意

「傾向と対策」で示している，出題科目・出題範囲・試験時間等については，2024年度までに実施された入試の内容に基づいています。2025年度入試の選抜方法については，各大学が発表する学生募集要項を必ずご確認ください。

# 英　語

### ▶学校推薦型選抜

| 年度 | 日程 | 番号 | 項　目 | 内　容 |
|---|---|---|---|---|
| 2024 ● | Ⅰ日程 | 〔1〕 | 読　　解 | 空所補充，同意表現，内容説明，内容真偽 |
| | | 〔2〕 | 読　　解 | 空所補充，同意表現，内容説明，内容真偽 |
| | | 〔3〕 | 文法・語彙 | 空所補充 |
| | | 〔4〕 | 文法・語彙 | 語句整序 |
| | Ⅱ日程 | 〔1〕 | 読　　解 | 空所補充，同意表現，内容説明，内容真偽 |
| | | 〔2〕 | 読　　解 | 空所補充，同意表現，内容説明，内容真偽 |
| | | 〔3〕 | 文法・語彙 | 空所補充 |
| | | 〔4〕 | 文法・語彙 | 語句整序 |
| | Ⅲ日程 | 〔1〕 | 読　　解 | 空所補充，同意表現，内容説明，内容真偽 |
| | | 〔2〕 | 読　　解 | 空所補充，同意表現，内容説明，内容真偽 |
| | | 〔3〕 | 文法・語彙 | 空所補充 |
| | | 〔4〕 | 文法・語彙 | 語句整序 |

（注）●印は全問，◑印は一部マークシート方式採用であることを表す。

## 傾向　基礎学力を試す良問ぞろい

### 01　出題形式は？

Ⅰ～Ⅲ日程すべて全問マークシート方式。読解力を試す問題と，文法の理解力や語彙力を試す問題がある。いずれも大問４題で構成されており，解答個数は60個で，試験時間は60分である。

### 02　出題内容はどうか？

〔1〕〔2〕は，空所補充，同意表現，内容説明，内容真偽などの設問か

ら構成されている。空所補充は，選択肢はほとんどが同じ品詞に揃えてあり，前後の文脈から正解を選ぶ問題である。同意表現は，前後の文脈から類推するというよりも，語彙力そのものを試す傾向にある。内容説明と内容真偽では，英文の流れに沿って設問と選択肢が並べられている。

〔3〕は，熟語力を試す問題と，空所に入れるべき品詞や動詞の形を考える問題。

〔4〕は，熟語や構文の知識の有無がカギとなる問題である。

### 03 難易度は？

Ⅰ～Ⅲ日程すべて基礎レベル。ただ，60分で解答個数60個と時間的なゆとりがあるとは言い難いので，過去問を解くことで時間配分を上手く調整できるようにしよう。

## 対策

### 01 読解問題

本書収載の過去問に取り組んだあとは，解答が選択式の問題集や私立大学の過去問の長文読解問題を解いておこう。短めのものを選んで，1題あたり20分ほどで解くことを勧める。長文は論説系の文章を選ぶとよい。

### 02 文法・語彙問題

いずれも基礎的な出題ばかりなので，『大学入試 すぐわかる英文法』（教学社）など基本的な内容を扱った参考書をしっかり演習し，マスターしておけば十分だろう。また，本番の試験では，いきなり読解問題に取りかかるのではなく，基礎レベルで確実に得点可能な〔3〕〔4〕を先に終わらせておくことが理想的である。時間配分は〔3〕〔4〕合わせて15分以内が望ましい。

# 化　学

### ▶学校推薦型選抜

| 年度 | 日程 | 番号 | 項　目 | 内　容 |
|---|---|---|---|---|
| 2024 ● | Ⅰ日程 | 〔1〕 | 構　造 | 元素の周期律，同族元素，元素の検出，身のまわりの物質 |
| | | 〔2〕 | 変　化 | 物質量，化学反応式とその量的関係，酸化と還元，活性化エネルギー ✓計算 |
| | | 〔3〕 | 無　機 | 金属イオンの性質，身のまわりの無機物質 |
| | Ⅱ日程 | 〔1〕 | 構　造 | 原子の構造，結晶の分類 |
| | | 〔2〕 | 変　化 | 物質量，化学反応式とその量的関係，溶解度積，熱化学 ✓計算 |
| | | 〔3〕 | 無　機 | 物質の性質，保存法，鉄イオンの反応，錯イオン |
| | Ⅲ日程 | 〔1〕 | 構　造 | 原子の構造，元素の検出 ✓計算 |
| | | 〔2〕 | 変化・構造 | 物質量，化学反応式とその量的関係，中和滴定，化学平衡 ✓計算 |
| | | 〔3〕 | 無　機 | 金属イオンの分析，物質の性質 |

（注）●印は全問，◑印は一部マークシート方式採用であることを表す。

## 傾向 無機物質についての知識問題と化学反応式を用いた計算問題が多い

### 01 出題形式は？

Ⅰ～Ⅲ日程すべて大問3題で試験時間は60分。全問マークシート方式である。問題形式は，空所補充の問題と答えの数値を選ばせる計算問題などが中心であり，正誤問題も出題されている。

### 02 出題内容はどうか？

出題範囲はⅠ～Ⅲ日程すべて「化学基礎・化学（物質の状態と平衡，物質の変化と平衡，無機物質の性質と利用)」で，理論分野，無機分野であり，有機分野は出題されていない。理論分野では，化学基礎の内容も多く出題され，原子の構造，元素の周期律，化学結合，物質量の計算，化学反応式とその量的関係が多く出題されている。また，酸と塩基，酸化還元，熱化学，溶解度積なども出題されている。無機分野では，陽イオンの系統分離や無機物質と人間生活からの出題が中心である。

## 03 難易度は？

全体的に基本レベルの問題であり，教科書の内容が理解できていれば十分に解答できる。ただし，身のまわりの物質に関する問題では，日頃からまわりにある物質に興味をもっているかが試される問題もある。

# 対策

## 01 理　論

化学基礎・化学の幅広い項目から，基礎・基本事項を確認する問題が多く出題されている。問題演習を通して基本的な問題を正確に解答することに重点をおいてほしい。特に原子の構造，元素の周期律，物質量，化学反応式とその量的関係については，きちんと対策をしておきたい。

## 02 無　機

全範囲から出題されている。金属，非金属どちらも出題され，物質の性質の理解，分離について問われる設問が多い。また，身のまわりの無機物質を選択する問題や無機物質の性質を問う問題も出題されているので，教科書で無機物質と人間生活の内容を確認して，きちんとまとめておきたい。

# 生　物

**▶学校推薦型選抜**

| 年度 | 日程 | 番号 | 項　目 | 内　容 |
|---|---|---|---|---|
| 2024 ● | I日程 | 〔1〕 | 体内環境 | 体内環境の維持 |
| | | 〔2〕 | 遺伝情報 | 遺伝情報の発現　✓計算 |
| | | 〔3〕 | 代　謝 | 光合成と呼吸 |
| | II日程 | 〔1〕 | 細　胞 | 細胞の多様性と共通性 |
| | | 〔2〕 | 生殖・発生 | メンデル遺伝　✓計算 |
| | | 〔3〕 | 体内環境 | 肝臓の構造とはたらき |
| | III日程 | 〔1〕 | 細　胞 | 細胞の構造と機能 |
| | | 〔2〕 | 体内環境 | 血液の種類とはたらき　✓計算 |
| | | 〔3〕 | 生　態 | バイオームと遷移　✓計算 |

（注）●印は全問，◐印は一部マークシート方式採用であることを表す。

## 傾向　基本的な問題が中心<br>実験や計算問題の対策を確実に

### 01　出題形式は？

Ⅰ～Ⅲ日程すべて試験時間は60分で大問3題，全問マークシート方式であった。選択肢から用語を選ぶ問題や正誤問題が中心であり，計算問題も出題されている。

### 02　出題内容はどうか？

出題範囲はⅠ～Ⅲ日程すべて「生物基礎・生物（生命現象と物質，生殖と発生）」である。2024年度は満遍なく出題されているが，体内環境，細胞の分野からの出題が多い。知識問題が中心ではあるが，図中の名称を答える問題から実験考察問題まで幅広く出題されている。

## 03 難易度は？

教科書の内容をきちんと理解していれば解けるレベルの問題で，基礎的な問題集に掲載されているような典型的な問題が多いが，計算問題はやや計算量が多く，時間がかかる問題も出題されている。

# 対策

## 01 教科書を熟読し，資料集で調べる習慣をつけよう

教科書の内容に沿った問題が大半を占めているので，その部分は確実に得点したい。ケアレスミスや，あいまいな知識は失点につながるため，まずは学校で採用されている教科書を熟読し，有名な図や表は『スクエア最新図説生物』（第一学習社）などの資料集で確認するとよい。また，具体例もよく問われるため，学校の授業や問題集等で出てきた生物の例は資料集等にチェックしていくと頻出のものが確認しやすくなる。

## 02 典型的な問題の対策

計算問題やメンデル遺伝の問題など典型的な問題を確実に正解できるような対策を立てておきたい。おすすめ書籍として，『イチから鍛える生物演習 10min.（生物基礎・生物）』（Gakken）などは解説が詳しく，典型的な問題が多く掲載されているので何度も繰り返すとよいだろう。計算問題は，答えだけでなく，計算過程を意識しておくと類題にも対応できるようになるので，計算式は残して説明できるようにしておこう。

# 国　語

### ▶学校推薦型選抜

| 年度 | 日程 | 番号 | 種　類 | 類別 | 内　容 | 出　典 |
|---|---|---|---|---|---|---|
| 2024 ● | Ⅰ日程 | 〔1〕 | 現代文 | 評論 | 書き取り，語意，内容説明，空所補充，指示内容，文法（口語），内容真偽 | 「デジタル空間とどう向き合うか」鳥海不二夫・山本龍彦 |
| | Ⅱ日程 | 〔1〕 | 現代文 | 評論 | 書き取り，空所補充，内容説明，指示内容，内容真偽 | 「人工知能に未来を託せますか？」松田雄馬 |
| | Ⅲ日程 | 〔1〕 | 現代文 | 評論 | 書き取り，空所補充，内容説明，内容真偽 | 「ルールの科学」佐藤裕 |

（注）　●印は全問，◑印は一部マークシート方式採用であることを表す。

## 傾向　長い問題文で設問も多い　本格的な読解力を問う出題

### 01　出題形式は？

現代文１題の出題で，試験時間は60分。全問マークシート方式での出題である。

### 02　出題内容はどうか？

評論から出題されている。本文は１万字以上と非常に長く，設問数も15問前後と多い。書き取り，空所補充，内容説明，内容真偽が必出である。特に空所補充が多く，接続詞や副詞を正しく入れることが求められるほか，前後の文脈から判断して適切な言葉を入れることが求められている。

### 03 難易度は？

本文が長文であることと，設問レベルも高く，紛らわしい選択肢のある設問がいくつかあることも含め，試験時間 60 分で正確に解答するにはやや難というレベルである。

深い読みが要求されており，語彙力や基本的な知識が十分身についていない受験生には厳しいであろう。長文かつ設問数も多いので時間配分には留意したい。

## 対策

### 01 読解力養成

『ちくま評論入門 二訂版 高校生のための現代思想ベーシック』（筑摩書房）などの解説付きアンソロジーを使って日頃から評論を読む習慣をつけ，語彙力をつけるとよい。興味のある分野の新書を何冊か読んでおくのもよいであろう。過去問を解く場合は，大きく文章構造をつかんだ上で，細部を丁寧に読むことを心がけたい。内容説明問題の選択肢には紛らわしいものもあるので，解答の根拠となる語句に注意して本文を読んでいこう。

### 02 選択肢を見極める力を養う

読解力をつけた上で，選択式の問題に強くなることが必要である。そのためには選択式の問題演習が効果的である。市販の標準レベル以上の問題集で，評論中心の解説の詳しいものを選ぶとよい。解説をよく読んで，前後の文脈から答えを導き出したり，誤答を見分けたりするコツをつかもう。

### 03 国語常識問題対策

国語常識問題としては，漢字と語意問題が多い。特に漢字は 10 問前後出題されており，比重が大きい。漢字の書き取りを中心に学習しておこう。

薄いものでよいので，漢字の問題集を1冊確実にこなし，漢字を覚えていくとともに，意味の確認もしておくこと。

# 2024年度

# 問題と解答

## 学校推薦型選抜（専願Ⅰ日程／併願Ⅰ日程）

# 問題編

### ▶試験科目・配点

| 学　部 | 教　科 | 科　　目 | 配　点 |
|---|---|---|---|
| 文・国際・人間科学・看護リハビリテーション | 外国語 | 英語 | 100 点 |
| | 国　語 | 国語（古文・漢文を除く） | 100 点 |
| | 調査書 | (評定平均値)×10 | 50 点 |
| 医　療　栄　養 | 選　択 | 英語，「『化学基礎・化学[*1]』，『生物基礎・生物[*2]』から1科目」，「国語（古文・漢文を除く）」のうち2教科選択 | 各 100 点<br>(計 200 点) |
| | 調査書 | (評定平均値)×10 | 50 点 |

### ▶備　考

- 医療栄養学部で3教科受験した場合は高得点2教科で判定する。
- 外国語（英語）の試験は外部検定試験を利用でき，大学の定めた基準に応じて換算する。ただし大学で実施する外国語（英語）の試験は必ず受験するものとする。

**【Ⅰ＋Ⅱ得点合計型について】**

- 学校推薦型選抜 専願（Ⅰ・Ⅱ）／併願（Ⅰ・Ⅱ）日程の結果を利用し，Ⅰ日程の筆記試験（200 点満点）＋Ⅱ日程の筆記試験（200 点満点）＝400 点満点で判定する。
- 学校推薦型選抜［Ⅰ日程］と［Ⅱ日程］の両日程を受験する場合のみ，［Ⅰ＋Ⅱ得点合計型］に出願できる。
- ［Ⅰ日程］で専願の場合は，［Ⅱ日程］でも専願にする必要がある（併願も同様に両日程とも併願にする必要がある）。
- ［Ⅰ日程］および［Ⅱ日程］の出願とは別に［Ⅰ＋Ⅱ得点合計型］で出願する必要がある。

- ［I日程］［II日程］［I＋II得点合計型］でそれぞれ希望する学科を選択できる。
- ［I＋II得点合計型］で医療栄養学部を出願する場合は，［I日程］［II日程］ともに医療栄養学部で出願している場合に限る。

＊1　化学基礎（全範囲）および化学（物質の状態と平衡，物質の変化と平衡，無機物質の性質と利用）から出題する。

＊2　生物基礎（全範囲）および生物（生命現象と物質，生殖と発生）から出題する。

# 英 語

（60 分）

〔Ｉ〕 次の英文を読んで，**問 1 ～問 4** に答えなさい。
（解答番号は 1 ～ 15 ）（30点）

著作権の都合上，省略。

"Weak Robots" Helping Children in Japan Unlock Their Potential, Nippon.com on February 3, 2023

著作権の都合上，省略。

*〔注〕　wane：小さくなる　　boost：高める　　elicit：引き出す
autistic：自閉症の　　applause：拍手喝采　　mimic：真似する
in tandem：協力して　　Down syndrome：ダウン症候群

**問１**　空所（　ア　）～（　オ　）に入れるのに最も適した語(句)を①～④の中からそれぞれ一つ選び，その番号をマークしなさい。

(ア)　① children in learning
② elderly people in keeping active
③ factory workers in carrying heavy loads
④ scientists in analyzing data　　[1]

(イ)　① limited　　② minimal
③ positive　　④ similar　　[2]

(ウ)　① eagerly　　② in fear
③ passively　　④ with interest　　[3]

(エ)　① As a result　　② For instance
③ On the other hand　　④ Similarly　　[4]

(オ)　① engineer　　② learner
③ parent　　④ teacher　　[5]

**問２**　下線部(a)～(e)の語(句)の意味に最も近いものを①～④の中からそれぞれ一つ選び，その番号をマークしなさい。

(a)　① asking questions of　　② searching for
③ seeking help from　　④ taking care of　　[6]

(b)　① by itself　　② in a unique way
③ over and over　　④ with ease　　[7]

(c)　① attaches　　② compares
③ favors　　④ returns　　[8]

(d) ① desire ② find difficult
③ find unnecessary ④ prefer 【9】

(e) ① believing in ② creating
③ studying ④ using 【10】

**問3** 本文の内容を考えて，次の(あ)～(う)に最も適したものを①～④の中からそれぞれ一つ選び，その番号をマークしなさい。

(あ) Which of the following is the best reason for the underlined part (A)? 【11】

① Muu performed much better than Okada had expected.

② Okada had been confident that Muu would help the children more.

③ Okada had expected that the children would be much more attracted to the robot.

④ Okada had thought that his first robot was too simple to attract children's attention.

(い) Which of the following is NOT true about Talking Bones in the fifth paragraph? 【12】

① It is a robot that can create and tell its stories on its own.

② It is a robot that can speak to and interact with children.

③ It is a story-telling robot but cannot perform its tasks alone.

④ It is purposefully designed to be dependent on others.

(う) Which of the following best describes the message of this article? 【13】

① Children can learn science and technology more effectively from friendly robots than from teachers.

② Giving children opportunities to interact with robots can boost their interest in science and technology.

③ In the future, robots need to be usable not only by adults but also by small children, including children with disabilities.

④ It is important for us to find out which children have more interest in science and technology at a very early age.

**問 4**　次の①～⑤の中から本文の内容と一致するものを二つ選び，その番号をマークしなさい。 [ 14 ] [ 15 ]

① Professor Okada is a specialist in primary school education.

② The robotic trash can runs to people who have garbage so that they can throw it in.

③ "Weak robots" are good for children because they can give children a sense of achievement.

④ "Weak robots" can also help children with autism communicate with others.

⑤ The case of the child with Down syndrome shows that parents don't need to know what their child has learned at school.

〔Ⅱ〕 次の英文を読んで，**問 1**～**問 4** に答えなさい。
(解答番号は [ 16 ] ～ [ 30 ] )(30点)

**How to be a happier person**

Some people seem to have a naturally higher baseline for happiness — one large-scale study of more than 2,000 twins suggested that around 50% of overall life satisfaction was due to *genetics, 10% to external events, and 40% to individual activities.

(A)So while you might not be able to control what your base level of happiness is, there are things that you can do to make your life happier and more fulfilling. Even the happiest of individuals can feel down (a)from time to time and happiness is something that all people need to consciously pursue.

**Cultivate strong relationships**

Social support (　ア　) well-being. Research has found that good social relationships are the strongest (b)indicator of happiness. Having positive and supportive connections with people you care about can provide a cushion against stress, improve your health, and help you become a happier person.

In the Harvard Study of Adult Development, a long-term study that looked at participants over 80 years, researchers found that relationships and how happy people are in those relationships strongly impacted overall health. So if you are trying to improve your happiness, cultivating ( イ ) social connections is a great place to start. Consider deepening your existing relationships and explore ways to make new friends.

**Get regular exercise**

Exercise is good for both your body and mind. Physical activity is linked to a range of physical and psychological ( ウ ) including improved mood. (c)Numerous studies have shown that regular exercise may play a role in keeping away symptoms of depression, but evidence also suggests that it may also help make people happier, too.

In one analysis of past research on the ( エ ) between physical activity and happiness, researchers found a consistent positive link. Even a little bit of exercise increases happiness — people who were physically active for (d)as little as 10 minutes a day or who worked out only once a week had higher levels of happiness than people who never exercised.

**Show gratitude**

In one study, participants were asked to engage in a writing exercise for 10 to 20 minutes each night before bed. Some were instructed to write about daily *hassles, some about neutral events, and some about things they were grateful for. The results found that people who had written about gratitude had increased positive emotions, increased subjective happiness, and improved life satisfaction.

As the authors of the study suggest, keeping a gratitude list is a relatively easy, affordable(e), simple, and pleasant way to boost your mood. Try setting aside a few minutes each night to write down or think about things in your life that you are grateful for.

**Find a sense of purpose**

Research has found that people who feel like they have a purpose have better well-being and feel more fulfilled. A sense of purpose involves seeing your life as having goals, direction, and meaning. It may help improve happiness by promoting healthier behaviors.

Some things you can do to help find a sense of purpose include: explore your interests and passions; engage in *prosocial and altruistic activity; work to ( オ ) injustices: look for new things you might want to learn more about.

This sense of purpose is influenced by a variety of factors, but it is also something that you can cultivate. It involves finding a goal that you care deeply about that will ( カ ) in productive, positive actions in order to work towards that goal.

*〔注〕 genetics：遺伝　　hassle：わずらわしい事，問題
prosocial and altruistic activity：社会的・利他的活動

**問 1** 空所( ア )～( カ )に入れるのに最も適した語(句)を①～④の中からそれぞれ一つ選び，その番号をマークしなさい。

(ア) ① can have a negative effect on
② has little effect on
③ is an essential part of
④ is an optional part of　**16**

(イ) ① shallow　② solid
③ strange　④ sudden　**17**

(ウ) ① actions ② benefits
③ disadvantages ④ opportunities 18

(エ) ① conflict ② confusion
③ connection ④ power 19

(オ) ① deal with ② follow up
③ obey ④ support 20

(カ) ① fail to engage you
② keep you from engaging
③ lead you to engage
④ question your engagement 21

**問2** 下線部(a)～(e)の語(句)の意味に最も近いものを①～④の中からそれぞれ一つ選び，その番号をマークしなさい。

(a) ① always ② anytime
③ rarely ④ sometimes 22

(b) ① production ② progress
③ result ④ sign 23

(c) ① famous ② few
③ many ④ new 24

(d) ① at least ② exactly
③ less than ④ only 25

(e) ① capable ② expensive
③ incapable ④ inexpensive 26

**問3** 本文の内容を考えて，次の(あ)，(い)に最も適したものを①～④の中からそれぞれ一つ選び，その番号をマークしなさい。

(あ) The underlined sentence (A) suggests that 27 .

① you can completely control your life satisfaction through external events

② you can easily pursue your happiness in spite of your genetics

③ you can make your life happier by your activities in spite of your base level of happiness

④ your life satisfaction is perfectly determined by nature due to your base level of happiness

(い) Good ways to make you happier do NOT involve **28**.

① making new friends

② working out for more than one hour before bed

③ keeping a gratitude list

④ having goals, direction, and meaning for your life



**問4** 次の①～⑤の中から本文の内容と一致するものを二つ選び，その番号をマークしなさい。 **29** **30**

① Twins' overall life satisfaction is almost the same due to genetics.

② If you want to be happier, you should keep your old friends without trying to make new friends.

③ Exercise has an effect on people not only physically but also psychologically.

④ Writing about daily hassles every night increases stress.

⑤ People can find a sense of purpose by investigating their interests and passions.

〔Ⅲ〕 次の英文(　1　)～(　10　)の空所に入れるのに最も適したものを①～④の中からそれぞれ一つ選び，その番号をマークしなさい。
(解答番号は 31 ～ 40 )(20点)

Irène Joliot-Curie was a scientist, activist, politician, and daughter of two (　1　) famous scientists in the world: Marie and Pierre Curie. She was born in Paris in 1897, six years before her parents were awarded the Nobel Prize in Physics. (　2　) a young child, her parents were very busy, so she was raised by her grandfather, a retired doctor who taught her to love nature and poetry. He also stimulated her interest in politics. In 1935, (　3　) her husband, Frédéric, she also received a Nobel Prize — in Chemistry.

(1) ① most　② of most
③ of the most　④ the most　31

(2) ① As　② For
③ From　④ Since　32

(3) ① both together　② together
③ together for　④ together with　33

(4) I am not (　4　) with the new tool. Will you tell me how to use it?
① familiar　② familiarity
③ familiarly　④ family　34

(5) John felt sorry that his best friend Isaac left England but they have (　5　) in touch with each other.
① been kept　② keep
③ keeping　④ kept　35

(6) Keiko is (　6　) for her kindness among her friends.
① knew　② knowing
③ known　④ knows　36

(7) Tom was walking back and ( 7 ) in the hall of the hospital while waiting for the arrival of his new baby.

① after　② before

③ behind　④ forth　**37**

(8) The teacher wanted her students to get their assignments ( 8 ) as soon as possible.

① did　② do

③ doing　④ done　**38**

(9) A: Do you think we could go on a picnic tomorrow?

B: It depends ( 9 ) the weather.

① at　② for

③ in　④ on　**39**

(10) A: Where shall we go for lunch?

B: How about ( 10 ) to the new Italian restaurant which just opened last week near the station?

① go　② going

③ gone　④ is going　**40**

〔Ⅳ〕 次の(ア)～(コ)の日本文の意味を表すように，①～⑤の語(句)を並べ替えて英文を完成し，2番目と4番目にくる語(句)の番号をマークしなさい。

(解答番号は [ 41 ] ～ [ 60 ] )(20点)

(ア) ユミはお母さんが朝ごはんを毎日作ってくれるのが当然だと思っていた。

Yumi _____ [ 41 ] _____ [ 42 ] _____ her mother prepared her breakfast every day.

① for　② granted　③ it

④ that　⑤ took

(イ) 他の人がいいと言っても，私はあなたの意見に賛成できません。

I cannot _____ [ 43 ] _____ [ 44 ] _____ people say it is OK.

① agree　② even though　③ other

④ with　⑤ your idea

(ウ) 昨日，ジョナサンはキング劇場で演技をし，彼の情熱的な演技はすべての観客を魅了した。

Yesterday, Jonathan performed at the King Theater and _____ [ 45 ] _____ [ 46 ] _____.

① all　② his enthusiastic　③ impressed

④ performance　⑤ the audience

(エ) メアリーは冒険小説が好きで，友達に勧められた本をとても気に入った。

Mary likes adventure books and fell _____ [ 47 ] _____ [ 48 ] _____ by her friend.

① in　② love　③ recommended

④ the book　⑤ with

(オ) お金の使い過ぎで父にとても怒られたので，居心地が悪かった。

I could not _____ [ 49 ] _____ [ 50 ] _____ was very angry at me for spending too much money.

① at　② because　③ feel

④ home　⑤ my father

(カ)　突然彼がドアの後ろから現れたので，私は驚いて大きく叫んでしまった。

He ____ [ 51 ] ____ [ 52 ] ____ from behind the door suddenly so I screamed very loudly.

① by　② coming　③ me
④ out　⑤ surprised

(キ)　辞書で調べたけれど，その単語の意味を見つけることはできなかった。

I ____ [ 53 ] ____ [ 54 ] ____ find the meaning in the dictionary.

① but　② could　③ looked up
④ not　⑤ the word

(ク)　キャシーは来年の夏にシンガポールへ留学するためにお金を貯める必要がある。

Cathy needs to ____ [ 55 ] ____ [ 56 ] ____ study in Singapore next summer.

① in　② money　③ order
④ save　⑤ to

(ケ)　バスが出ていなかったので，家まではるばる歩かなくてはならなかった。

I ____ [ 57 ] ____ [ 58 ] ____ way home because the bus service was not available.

① all　② had　③ the
④ to　⑤ walk

(コ)　ジムはそのアパートに引っ越す決心をしなければならなかった。それが彼が支払うことのできる唯一の物件だったからだ。

Jim had ____ [ 59 ] ____ [ 60 ] ____ to move into the apartment because that was the only one he could afford.

① but　② choice　③ decide
④ no　⑤ to

# 化　学

（60分）

原子量が必要な場合は，以下の値を使用しなさい。

H = 1.0，C = 12，O = 16，Na = 23，S = 32，Cl = 35.5，Ca = 40

なお，アボガドロ定数は $6.0 \times 10^{23}$ /mol とし，標準状態（0℃，$1.013 \times 10^{5}$ Pa）における気体1 mol の体積を 22.4 L とする。

〔Ⅰ〕　次の**問1**，**問2**に答えなさい。［解答番号 1 ～ 19 ］（30点）

**問1**　図1～図4に関する次の文章を読み，(1)～(3)に答えなさい。

図1～図4は原子番号と各元素の周期的性質をあらわしたグラフである。（グラフの横軸はすべて原子番号である。）

図1

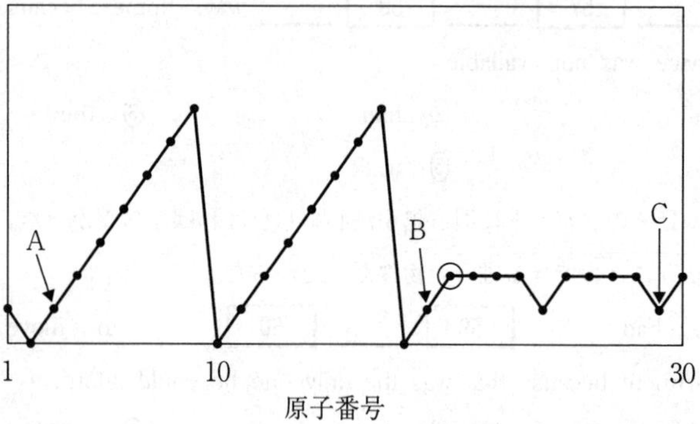

図2

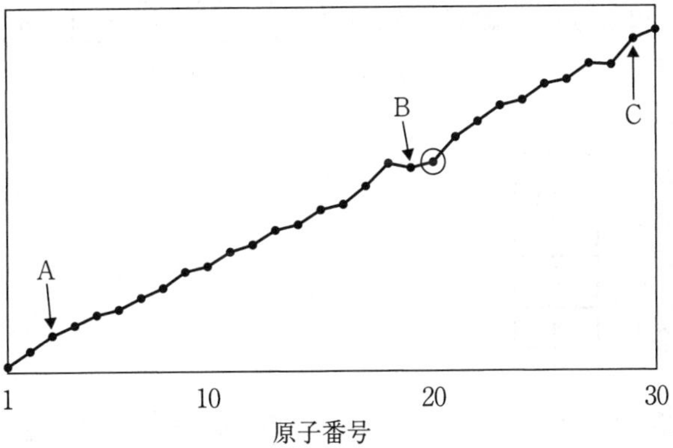


図3

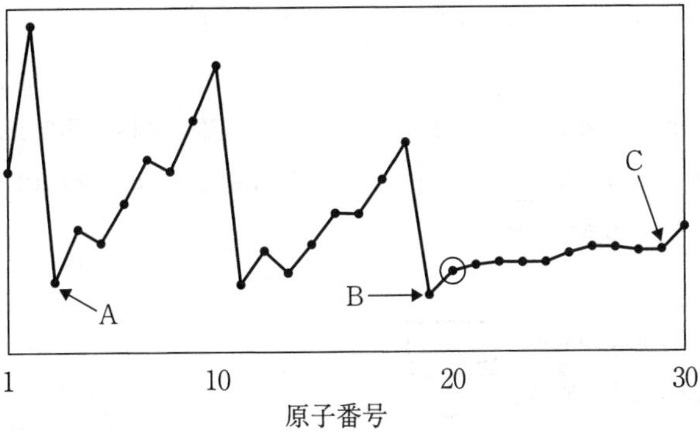


図4

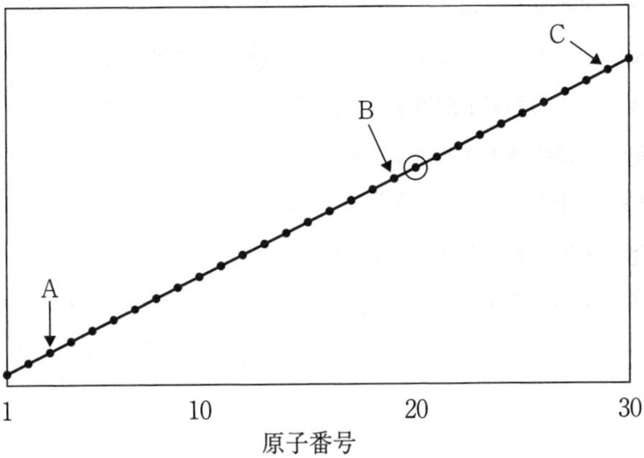

(1)　図1～図4の縦軸として，解答欄 1 ～ 4 にあてはまる最も適切な語句を下の①～⑧からそれぞれ1つ選びなさい。

図1　1
図2　2
図3　3
図4　4

①　中性子数　②　陽子数　③　原子量　④　価電子数
⑤　質量数　⑥　(第一)イオン化エネルギー
⑦　ファンデルワールス力　⑧　電子親和力

(2)　図1～図4の○で示す元素とその同族元素の名称と同族元素の特徴について，解答欄 5 ， 6 に最も適切なものを下の①～⑨からそれぞれ1つ選びなさい。

同族元素の名称　5
同族元素の特徴　6

①　アルカリ土類金属元素　②　貴ガス(希ガス)元素
③　アルカリ金属元素　④　ハロゲン元素
⑤　安定した電子配置を持ち，イオンになりにくい。
⑥　一価の陰イオンになりやすい。
⑦　二価の陽イオンになりやすい。
⑧　単体は有色で酸化力が強い。
⑨　すべて常温では気体で，ネオンサインやランプに用いられる。

(3)　図1～図4のA・B・Cの元素を含む物質を炎の中に入れると，特有の炎色反応を示した。A・B・Cの元素とその元素の炎色反応の色を，解答欄 [ 7 ] ～ [ 12 ] に下の①～⑬からそれぞれ1つ選びなさい。

| | 元素 | 炎色反応の色 |
|---|---|---|
| A | [ 7 ] | [ 8 ] |
| B | [ 9 ] | [ 10 ] |
| C | [ 11 ] | [ 12 ] |

元素

①　Cu　　②　Na　　③　Ba　　④　Sr

⑤　K　　⑥　Li　　⑦　Ca

炎色反応の色

⑧　黄緑色　　⑨　青緑色　　⑩　赤　色　　⑪　黄　色

⑫　橙赤色　　⑬　赤紫色

**問2**　イオンからなる物質に関する文章を読み，解答欄 [ 13 ] ～ [ 19 ] に最も適切な物質の化学式を下の①～⑦からそれぞれ1つ選びなさい。ただし，選択肢の使用は1回のみとする。

(1)　調味料として用いられ，水酸化ナトリウムの原料となる。　[ 13 ]

(2)　セッケンや化学薬品の製造など幅広く用いられる。　[ 14 ]

(3)　ベーキングパウダーや発泡入浴剤に使用される。　[ 15 ]

(4)　窒素肥料に使用される。　[ 16 ]

(5)　さらし粉の原料で，その水溶液は二酸化炭素の検出に用いられる。　[ 17 ]

(6)　乾燥剤や道路の凍結防止剤に使用される。　[ 18 ]

(7)　貝殻などの主成分でセメントなどに使用される。　[ 19 ]

①　$Ca(OH)_2$　　②　$NaCl$　　③　$NaOH$　　④　$NaHCO_3$

⑤　$CaCO_3$　　⑥　$CaCl_2$　　⑦　$(NH_4)_2SO_4$

〔Ⅱ〕 次の**問1**から**問3**に答えなさい。［解答番号 [20] ～ [39] ］(35点)

**問1** 次の文章(1)～(5)を読んで，空欄 [20] ～ [25] にあてはまる最も適切な数値を下の①～⑳からそれぞれ1つ選びなさい。なお，同じ番号を2回以上選んでもよい。

(1) $3.0 \times 10^{23}$ 個のメタン分子 $CH_4$ の質量は [20] g である。標準状態において，このメタンが占める体積は [21] L である。

(2) 酸素原子O $4.8 \times 10^{24}$ 個を含む硫酸分子 $H_2SO_4$ の物質量は [22] mol である。

(3) 標準状態の酸素 2.24 L には酸素分子 $O_2$ が [23] 個含まれる。

(4) 0.20 mol/L の水酸化ナトリウム NaOH 溶液 50 mL 中に溶けている水酸化ナトリウムは [24] g である。

(5) 炭酸カルシウム $CaCO_3$ が塩酸に溶けるときの反応は，以下の化学反応式で示される。

$$CaCO_3 + 2HCl \longrightarrow CaCl_2 + H_2O + CO_2$$

炭酸カルシウムの 20.0 g を完全に溶解するには，質量パーセント濃度 20.0% の塩酸が [25] g 必要である。

① $3.0 \times 10^{22}$　② $6.0 \times 10^{22}$　③ $1.2 \times 10^{23}$
④ $3.0 \times 10^{23}$　⑤ $6.0 \times 10^{23}$　⑥ $1.2 \times 10^{24}$
⑦ 0.20　⑧ 0.40　⑨ 0.80　⑩ 2.0　⑪ 4.6
⑫ 8.0　⑬ 9.2　⑭ 11.2　⑮ 22.4　⑯ 32.6
⑰ 73.0　⑱ 92.0　⑲ 98.6　⑳ 108

**問2**　次の文章を読んで，空欄 [ 26 ] 〜 [ 33 ] にあてはまる最も適切な語句あるいは数値を下の①〜⑳からそれぞれ1つ選びなさい。なお，同じ番号を2回以上選んでもよい。ただし，化学反応式の係数が必要ない場合は①を選びなさい。

酸性溶液中でのスズ(Ⅱ)イオン $Sn^{2+}$ の [ 26 ] 反応，過マンガン酸イオン $MnO_4^-$ および二クロム酸イオン $Cr_2O_7^{2-}$ の [ 27 ] 反応は以下の電子 $e^-$ を含んだイオン反応式で示される。

$Sn^{2+} \longrightarrow Sn^{4+} +$ [ 28 ] $e^-$　　(i)

$MnO_4^- + 8H^+ +$ [ 29 ] $e^- \longrightarrow Mn^{2+} + 4H_2O$　　(ii)

$Cr_2O_7^{2-} + 14H^+ +$ [ 30 ] $e^- \longrightarrow 2Cr^{3+} + 7H_2O$　　(iii)

濃度 0.15 mol/L の $Sn^{2+}$ を含む酸性水溶液 20 mL が入ったコニカルビーカー A および B を調製し，それぞれについて $Sn^{2+}$ を $Sn^{4+}$ に [ 26 ] する滴定実験を行った。A の水溶液に対して，ビュレットから 0.10 mol/L の過マンガン酸カリウム $KMnO_4$ 水溶液を [ 31 ] mL 滴下すると，すべての $Sn^{2+}$ が $Sn^{4+}$ に [ 26 ] された。反応の終点では $MnO_4^-$ の赤紫色が [ 32 ]。同じ滴定実験で，B の水溶液中のすべての $Sn^{2+}$ を $Sn^{4+}$ に [ 26 ] するには，0.10 mol/L の二クロム酸カリウム $K_2Cr_2O_7$ 水溶液が [ 33 ] mL 必要であった。

① 1　② 2　③ 3　④ 4　⑤ 5
⑥ 6　⑦ 7　⑧ 8　⑨ 10　⑩ 12
⑪ 15　⑫ 20　⑬ 40　⑭ 60　⑮ 80
⑯ 中　和　⑰ 酸　化　⑱ 還　元
⑲ 消えた　⑳ 消えなくなった

**問3** 次の文章を読んで，空欄 [34] ～ [39] にあてはまる最も適切な語句あるいは数値を下の①～⑪からそれぞれ1つ選びなさい。なお，同じ番号を2回以上選んでもよい。

下図は，次の反応の進行度とエネルギーの状態を示したものである。

$$SO_2 + \frac{1}{2}O_2 \longrightarrow SO_3$$

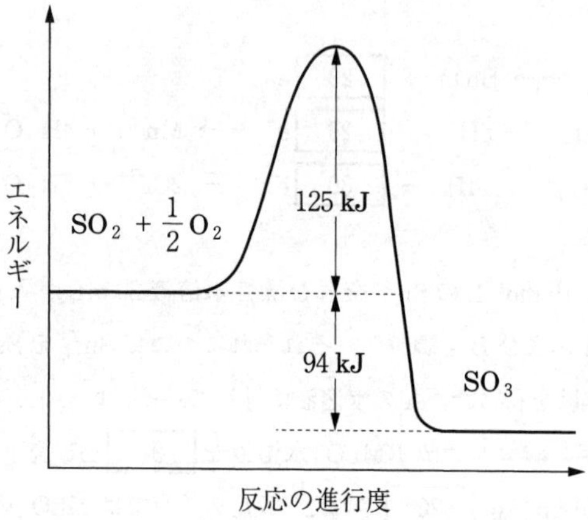


この反応の活性化エネルギーは [34] kJである。この反応は [35] 反応であり，反応熱は [36] kJである。この反応で触媒を用いると，[37] は小さくなり，[38] は大きくなるが，[39] は変化しない。

① 31　② 47　③ 94　④ 125
⑤ 219　⑥ 250　⑦ 発 熱　⑧ 吸 熱
⑨ 反応速度　⑩ 活性化エネルギー　⑪ 反応熱

〔Ⅲ〕 次の**問 1**，**問 2** に答えなさい。[解答番号 [ 40 ] ～ [ 56 ] ](35点)

**問 1** 次の文章(1)，(2)を読んで，空欄 [ 40 ] ～ [ 50 ] にあてはまる最も適切なものを下の①～⑰からそれぞれ1つ選びなさい。なお，同じ番号を2回以上選んでもよい。

(1) $Ag^{+}$，$Cu^{2+}$，$Fe^{3+}$を含む混合水溶液がある。これらのイオンを分離および確認するために以下の操作を行った。

最初に [ 40 ] を加えると混合水溶液中に白色沈殿が生じ，ろ過して沈殿物とろ液に分けた。この白色沈殿に，[ 41 ] を加えると無色透明の溶液に変わった。この結果は $Ag^{+}$，$Cu^{2+}$，$Fe^{3+}$のうち，[ 42 ] によるものといえる。一方，残りのろ液に硫化水素を通じると，黒色の [ 43 ] が沈殿し，ろ過して黒色の沈殿物とろ液に分けた。この黒色沈殿物に濃硝酸を加えて溶かし，さらに [ 41 ] を過剰に加えると [ 44 ] が生成し，深青色に変化した。この結果は $Ag^{+}$，$Cu^{2+}$，$Fe^{3+}$のうち，[ 45 ] によるものである。次に，残りのろ液に硝酸を加えると [ 46 ] が [ 47 ] に変わる。続いて十分に硝酸を加えたのち，[ 41 ] と塩化アンモニウム水溶液を加えると，[ 48 ] 色の沈殿物を確認することができ，この結果は $Ag^{+}$，$Cu^{2+}$，$Fe^{3+}$のうち，[ 49 ] によるものである。

(2) [ 50 ] は，いかなる試薬を加えても沈殿物を生成しない。しかし，炎色反応によって確認することができる。

① $Mg^{2+}$　② 希塩酸　③ $Cu^{2+}$

④ $[Cu(NH_3)_4]^{2+}$　⑤ $Fe^{2+}$　⑥ $Fe^{3+}$

⑦ アンモニア水　⑧ 黄　⑨ 赤　褐

⑩ 暗　褐　⑪ AgCl　⑫ $Ag^{+}$

⑬ $Ca^{2+}$　⑭ CuS　⑮ $Na^{+}$

⑯ 熱　水　⑰ 希硫酸

**問2**　次の文章(1)～(4)を読んで，空欄 **51** ～ **56** にあてはまる最も適切なものを下の①～⑫からそれぞれ1つ選びなさい。

(1)　リン酸肥料の原料として **51** が使用される。

(2)　豆腐の凝固剤には **52** が使用されている。

(3)　**53** は不燃性で水素の次に軽く浮揚ガスに用いられる。

(4)　ハロゲン元素の単体はすべて **54** 原子分子であり， **55** 色で強い毒性をもち， **56** 力が強い。

| | | |
|---|---|---|
| ①　二 | ②　水酸化カルシウム | ③　リン酸カルシウム |
| ④　アルゴン | ⑤　有 | ⑥　炭酸マグネシウム |
| ⑦　ヘリウム | ⑧　酸　化 | ⑨　還　元 |
| ⑩　無 | ⑪　単 | ⑫　塩化マグネシウム |

# 生　物

（60分）

〔Ⅰ〕 生物の体内環境の維持に関して，**問1**～**問3**に答えなさい。
(解答番号 [1] ～ [22] )(33点)

**問1** 体液に関して，次の文章を読み，(1)～(4)に答えなさい。
(解答番号 [1] ～ [7] )

成人の場合，体重の約60%は水であるが，そのなかで体液は約26%を占めている。ヒトの体液は，血管内を流れる血液，細胞を取り巻く [1] ，およびリンパ管内を流れるリンパ液からなり，細胞へ酸素や栄養分を供給し，老廃物を処理している。

血液の中で，$\underset{\text{A}}{\underline{\text{有形成分}}}$以外の$\underset{\text{B}}{\underline{\text{液体成分}}}$を [2] といい，血液の重さの約 [3] %を占めている。 [2] にはタンパク質が含まれていてその一つの [4] は，血管内に水を保持するはたらきがある。 [4] が不足すると， [2] と [1] の間の水を保持するバランスが崩れて，むくみの原因となる。

(1) 文中の [1] ～ [4] に入る語句として，最も適切なものを選択肢①～⑮のうちから1つずつ選びなさい。(解答番号 [1] ～ [4] )

① アルブミン　② グロブリン　③ フィブリノーゲン
④ 赤血球　⑤ 白血球　⑥ 血小板
⑦ 組織液　⑧ 血しょう　⑨ 35
⑩ 45　⑪ 55　⑫ 65
⑬ 75　⑭ 85　⑮ 95

(2)　次のa〜eは，下線部Aの有形成分の中で最も多い成分に関する文章である。正しいものの組み合わせとして，最も適切なものを選択肢①〜⑩のうちから1つ選びなさい。(解答番号 5 )

a　生体の防御機構にかかわる

b　酸素の輸送にかかわる

c　病原体の排除にかかわる

d　寿命は約8〜12日である

e　核は持たず，中央のくぼんだ円盤状である

① a，b　② a，c　③ a，d　④ a，e　⑤ b，c
⑥ b，d　⑦ b，e　⑧ c，d　⑨ c，e　⑩ d，e

(3)　次のa〜eは，下線部Bの液体成分に含まれる物質である。その中で血液凝固反応に必要なものはどれか。正しいものの組み合わせとして，最も適切なものを選択肢①〜⑩のうちから1つ選びなさい。
(解答番号 6 )

a　プロトロンビン

b　プラスミン

c　カルシウムイオン

d　ナトリウムイオン

e　マグネシウムイオン

① a，b　② a，c　③ a，d　④ a，e　⑤ b，c
⑥ b，d　⑦ b，e　⑧ c，d　⑨ c，e　⑩ d，e

(4)　次のa〜eは，血管が傷つき出血し，その後出血が止まって血管が修復されるまでの過程を説明している。その過程に関して，最も正しい順に並べたものを選択肢①〜⑳のうちから1つ選びなさい。(解答番号 7 )

a 血ぺいができる

b 血管が細胞分裂で修復される

c 血管が傷ついて出血した部分に，血小板が集まる

d フィブリン繊維ができる

e 線溶が起こって血ぺいが溶かされる

① a→b→c→d→e ② a→c→d→e→b

③ a→d→e→b→c ④ a→e→b→c→d

⑤ b→c→d→e→a ⑥ b→a→d→e→c

⑦ b→d→c→a→e ⑧ b→e→c→d→a

⑨ c→a→d→e→b ⑩ c→e→a→b→d

⑪ c→d→a→b→e ⑫ c→b→d→e→a

⑬ d→e→a→b→c ⑭ d→a→e→c→b

⑮ d→b→a→c→e ⑯ d→c→b→e→a

⑰ e→d→c→b→a ⑱ e→c→d→a→b

⑲ e→b→a→c→d ⑳ e→a→b→d→c

**問 2** 次の文章を読み，(1)および(2)に答えなさい。
(解答番号 8 ～ 10 )

溶質(糖質や電解質など)の濃度が異なる溶液を半透明膜で隔てると，水は半透明膜を自由に移動できるが，溶質は通過できないため，水は溶質の濃度の低い方から高い方に移動する。この水を引っ張る力を浸透圧という。浸透圧は，溶液中の電解質や糖質などの粒子の数によって決まり，それぞれの溶質の濃度に比例して大きくなる。

赤血球を蒸留水や食塩水の中に入れた場合，赤血球の細胞膜は半透明膜と同じであり，赤血球の内液と外液の間で次のように水が移動する。

赤血球を蒸留水の中に入れると，赤血球の外液(蒸留水)は内液よりも浸透圧が低いので水は外液より内液に移動し，内液の水が増加する。

赤血球を0.9%食塩水の中に入れると，赤血球の内液と外液の浸透圧は同

じとなり，内液の水量は変化しない。

さらに，赤血球を10%食塩水の中に入れると，赤血球の外液は内液の浸透圧より高いので水は内液より外液に移動し，内液の水が減少する。

下の図は，食塩水とグルコース液のさまざまな濃度における浸透圧を示している。

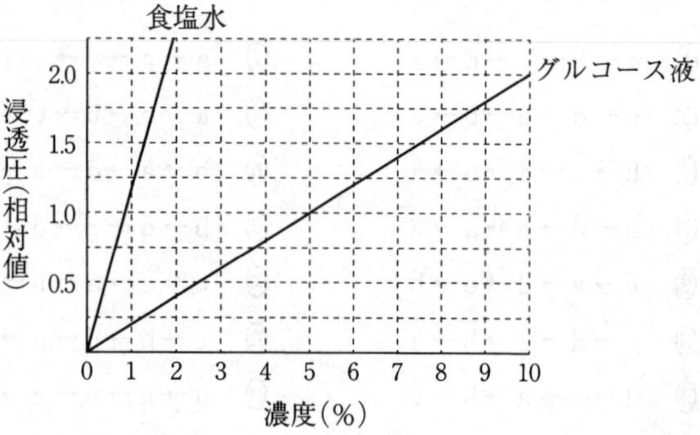


図

(1) 浸透圧がヒトの赤血球の内液と等しくなるグルコース液の濃度はおよそ何%か。最も適切なものを選択肢①～⑧のうちから1つ選びなさい。
(解答番号 **8** )

| | | | |
|---|---|---|---|
| ① 1 | ② 2 | ③ 3 | ④ 4 |
| ⑤ 5 | ⑥ 6 | ⑦ 7 | ⑧ 8 |

(2) グルコース濃度が不明なA液およびB液に赤血球を入れてその形態を観察した。その結果は次の通りであった。結果から考えられるA液，B液に相当する濃度はどれか。正しいものをすべて含む組み合わせとして最も適切なものを選択肢①～⑲のうちから1つずつ選びなさい。
(解答番号 **9** ， **10** )

〔結果〕

A液：縮む・・・ [9]

B液：溶血する・・・ [10]

| | | |
|---|---|---|
| a　0％ | b　0.5％ | c　1％ |
| d　5％ | e　8％ | f　10％ |

| | | | |
|---|---|---|---|
| ① a，b | ② a，c | ③ a，d | ④ a，e |
| ⑤ a，f | ⑥ b，c | ⑦ b，d | ⑧ b，e |
| ⑨ b，f | ⑩ c，d | ⑪ c，e | ⑫ c，f |
| ⑬ d，e | ⑭ d，f | ⑮ e，f | ⑯ a，b，c |
| ⑰ b，c，d | ⑱ c，d，e | ⑲ d，e，f | |

**問3**　次の文章を読み，(1)および(2)に答えなさい。

(解答番号 [11] ～ [22] )

肝臓は人体最大の臓器で，成人では約1～2kgの重さである。肝臓には，[11] と [12] という異なる2つの血管を通して血液が流れ込んでいる。また肝細胞でつくられた [13] が胆のうに運ばれる [14] が通っている。小腸で吸収されたグルコースは [11] を経て肝臓に入り，$_A$[15] に合成されて貯蔵される。$_B$[15] は必要に応じて再びグルコースに分解され，血液中に供給される。また$_C$タンパク質からグルコースの生成が行われるなど体内環境の維持に重要なはたらきをしている。この2つの血管は，肝臓が機能する基本単位である [16] の周辺部から内部へ入るときに合流して1つになって [17] へとつながる。[17] は，[18] につながり，さらに [19] へ流れ込む。

(1) 文中の [11] ～ [19] に入る語句として，最も適切なものを選択肢①～⑲のうちから１つずつ選びなさい。(解答番号 [11] ～ [19] )

| | | |
|---|---|---|
| ① 肝動脈 | ② 肝静脈 | ③ 肝門脈 |
| ④ 上大静脈 | ⑤ 下大静脈 | ⑥ 中心静脈 |
| ⑦ 胆　管 | ⑧ 肝小葉 | ⑨ ネフロン |
| ⑩ 糸球体 | ⑪ ボーマンのう | ⑫ 脂　質 |
| ⑬ グリコーゲン | ⑭ フルクトース | ⑮ ラクトース |
| ⑯ リボース | ⑰ デンプン | ⑱ 胆　汁 |
| ⑲ タンパク質 | | |

(2) 下線部A，下線部B，下線部Cに関して，それぞれ反応を促進する物質を選択肢①～⑫のうちから１つずつ選びなさい。ただし，下線部Bは，すい臓から分泌されるものとする。(解答番号 [20] ～ [22] )

下線部A・・・ [20]
下線部B・・・ [21]
下線部C・・・ [22]

| | |
|---|---|
| ① 鉱質コルチコイド | ② 糖質コルチコイド |
| ③ チロキシン | ④ インスリン |
| ⑤ グルカゴン | ⑥ $\gamma$-アミノ酪酸 |
| ⑦ アセチルコリン | ⑧ ドーパミン |
| ⑨ 成長ホルモン | ⑩ 甲状腺刺激ホルモン |
| ⑪ バソプレシン | ⑫ パラトルモン |

〔Ⅱ〕 遺伝情報とタンパク質の合成に関して，**問 1**～**問 4** に答えなさい。
(解答番号 [23] ～ [45] )(33点)

**問 1**　次の文章を読み，(1)～(4)に答えなさい。(解答番号 [23] ～ [33] )

生物の形質にかかわるタンパク質は，遺伝情報に基づいて合成される。遺伝情報は，塩基配列として [23] に保持されている。遺伝情報からタンパク質が合成されるまでの流れをみると，遺伝子の塩基配列は，まず [24] へ写し取られる。この過程を [25] という。 [24] に写し取られた塩基配列は，アミノ酸を指定する暗号の並びとしてはたらく。この暗号の並びは [26] の塩基配列が一つの組として構成されていて，これを [27] という。暗号で指定されるアミノ酸が次々に結合されて，遺伝子ごとに決まったアミノ酸配列をもったタンパク質が合成される。この過程を [28] という。

(1)　文中の [23] ～ [28] に入る語句として，最も適切なものを選択肢①～⑱のうちから1つずつ選びなさい。(解答番号 [23] ～ [28] )

| | | |
|---|---|---|
| ①　デオキシリボ核酸 | ②　クロマチン | ③　ヌクレオソーム |
| ④　ヒストン | ⑤　コドン | ⑥　リボ核酸 |
| ⑦　転　写 | ⑧　分　配 | ⑨　発　生 |
| ⑩　発　現 | ⑪　複　製 | ⑫　翻　訳 |
| ⑬　1　つ | ⑭　2　つ | ⑮　3　つ |
| ⑯　4　つ | ⑰　5　つ | ⑱　6　つ |

(2) 図1は，DNAの構成単位を模式図で示したものである。図1のアで示した構成単位は何というか。最も適切なものを選択肢①～⑫のうちから1つ選びなさい。（解答番号 29 ）

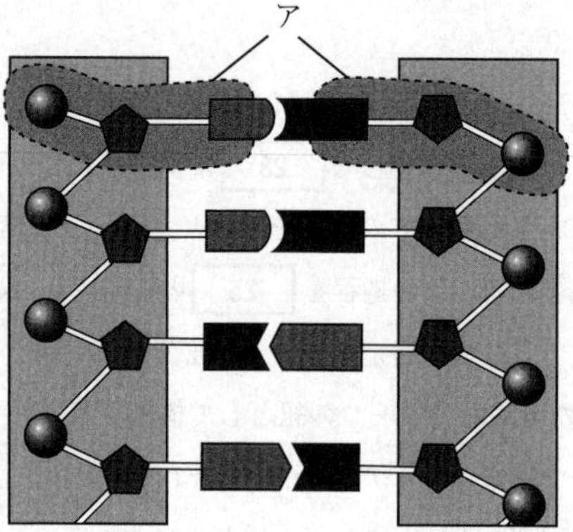


図1

ア・・・ 29

| | | |
|---|---|---|
| ① グルコース | ② デオキシリボース | ③ リボース |
| ④ フルクトース | ⑤ リン酸 | ⑥ スクロース |
| ⑦ ヌクレオチド | ⑧ ペプチド | ⑨ リン脂質 |
| ⑩ 塩　基 | ⑪ ポリペプチド | ⑫ タンパク質 |

(3) 図2は，DNAの構造を模式図で示したものである。なお，A・T・C・Gはそれぞれ塩基のアデニン，チミン，シトシン，グアニンを示す。図2のカ～ケに当てはまる塩基は何か。最も適切なものを選択肢①～⑧のうちから1つ選びなさい。(解答番号 30 )

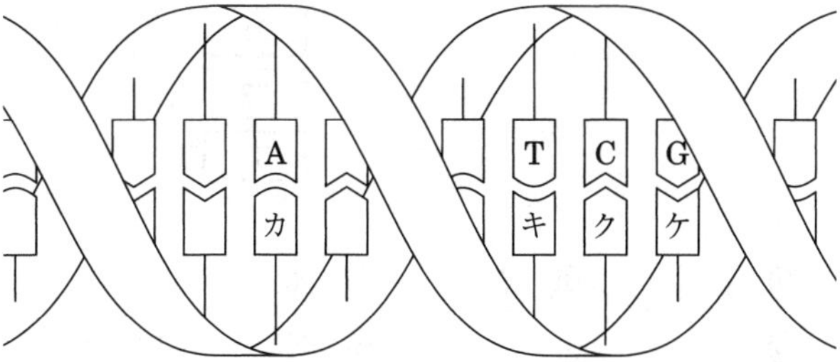


図2

| 選択肢 | カ | キ | ク | ケ |
|---|---|---|---|---|
| ① | A | T | C | G |
| ② | G | C | T | A |
| ③ | C | T | A | G |
| ④ | T | A | G | C |
| ⑤ | A | T | G | C |
| ⑥ | G | C | A | T |
| ⑦ | C | T | G | A |
| ⑧ | T | A | C | G |

(4)　2本鎖DNAに含まれている4種類のA，T，G，Cの割合を調べたところ，Aが30%であった。このとき，T，G，Cの塩基の割合はそれぞれ何%か。最も適切なものを選択肢①～⑩のうちから1つずつ選びなさい。ただし，同じ選択肢を何度使ってもよい。（解答番号 31 ～ 33 ）

T・・・ 31 %
G・・・ 32 %
C・・・ 33 %

① 10　② 15　③ 20　④ 25　⑤ 30
⑥ 35　⑦ 40　⑧ 45　⑨ 50　⑩ 55

**問2**　次の文章を読み，(1)および(2)に答えなさい。
（解答番号 34 ～ 38 ）

表1は，いろいろな生物のゲノムを形成する塩基対の数とタンパク質を指定する遺伝子の数を示している。

表1

| 生物 | ゲノムサイズ（塩基対数） | 遺伝子数 |
|---|---|---|
| 大腸菌 | 約460万 | 約4500 |
| シロイヌナズナ | 約1.2億 | 約27000 |
| メダカ | 約8億 | 約20000 |
| メキシコサンショウウオ | 約320億 | 約23000 |
| ニワトリ | 約20億 | 約18000 |
| マウス | 約27億 | 約24000 |
| ヒト | 約32億 | 約20000 |

(1)　次のa～dは，表1の原核生物と真核生物のゲノムと遺伝子数に関する文章である。正しいものをすべて含む組み合わせはどれか。最も適切なものを選択肢①～⑪のうちから1つ選びなさい。なお，原核生物と真核生物では，1つの遺伝子領域の長さに大きな違いはないものとする。
（解答番号 34 ）

a　原核生物は，真核生物と比べ，ゲノムサイズが小さい

b　大腸菌は，塩基対100個あたり1個程度の遺伝子をもつ

c　メダカは，メキシコサンショウウオよりもゲノムサイズに対する遺伝子の割合が大きい

d　原核生物は，真核生物よりもゲノムサイズに対する遺伝子の数の割合が大きい

①　a，b　　②　a，c　　③　a，d　　④　b，c
⑤　b，d　　⑥　c，d　　⑦　a，b，c　　⑧　a，b，d
⑨　a，c，d　　⑩　b，c，d　　⑪　a，b，c，d

(2)　ヒトのゲノムは32億塩基対でできており，その中に20000個のタンパク質を指定する遺伝子が存在する。各遺伝子は平均して2000個の塩基対からなりたっているとすると，ヒトゲノム中で，タンパク質を指定する遺伝子としてはたらく領域は，全DNAの何％になるか。小数点以下第3位を四捨五入して選択肢①～⑩のうちから数字を組み合わせて答えなさい。ただし，同じ選択肢を何度使ってもよい。なお，該当する位に値がない場合は，その位に，ゼロ（0）に相当する選択肢を選びなさい。
（解答番号 35 ～ 38 ）

| 10の位 | 1の位 | | 小数第1位 | 小数第2位 | |
|---|---|---|---|---|---|
| 35 | 36 | . | 37 | 38 | ％ |

①　1　　②　2　　③　3　　④　4　　⑤　5
⑥　6　　⑦　7　　⑧　8　　⑨　9　　⑩　0

**問3**　細胞周期に関して，(1)および(2)に答えなさい。
(解答番号 39 ～ 41 )

図3は，ある動物から3000個の体細胞を採取して，細胞あたりのDNA量を測定した結果である。

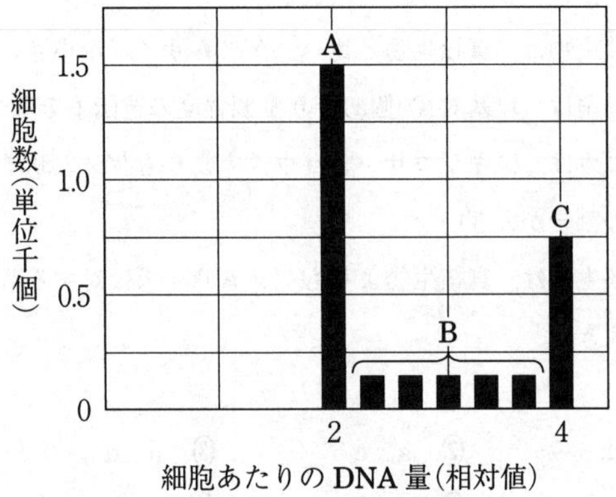


図3

(1)　図3のA～Cの中で，DNAが複製中の細胞はどれか。正しいものをすべて含む組み合わせとして最も適切なものを選択肢①～⑥のうちから1つ選びなさい。(解答番号 39 )

| | | |
|---|---|---|
| ①　A | ②　AとB | ③　AとC |
| ④　B | ⑤　BとC | ⑥　C |

(2)　測定した3000個の細胞のうち，DNA合成期の細胞は750個で，分裂期の細胞は150個であった。この細胞における次のⅠおよびⅡの時期に要する時間はそれぞれ何時間か。最も適切なものを選択肢①～⑩のうちから1つずつ選びなさい。なお，この細胞の1細胞周期は20時間とする。
(解答番号 40 ～ 41 )

Ⅰ　分裂期・・・ [ 40 ] 時間

Ⅱ　DNA 合成の時期・・・ [ 41 ] 時間

| | | | | |
|---|---|---|---|---|
| ① 1 | ② 2 | ③ 3 | ④ 4 | ⑤ 5 |
| ⑥ 6 | ⑦ 7 | ⑧ 8 | ⑨ 9 | ⑩ 10 |

**問 4**　図 4 は，あるペプチドの開始コドンと終止コドンを含む mRNA の塩基配列を示したものである。また，表 2 は遺伝暗号表を示している。図 4 の mRNA の塩基配列に関して，(1)および(2)に答えなさい。ただし，最初の開始コドンを利用すること。

（解答番号 [ 42 ] ～ [ 45 ]）

| | | | | | | | | | |
|---|---|---|---|---|---|---|---|---|---|
| A | A | U | C | A | C | U | G | U | C |
| 1 | 2 | 3 | 4 | 5 | 6 | 7 | 8 | 9 | 10 |
| C | U | U | C | U | G | C | C | A | U |
| 11 | 12 | 13 | 14 | 15 | 16 | 17 | 18 | 19 | 20 |
| G | G | C | C | C | U | G | U | G | G |
| 21 | 22 | 23 | 24 | 25 | 26 | 27 | 28 | 29 | 30 |
| A | U | G | G | C | C | C | U | C | C |
| 31 | 32 | 33 | 34 | 35 | 36 | 37 | 38 | 39 | 40 |
| U | G | C | C | C | C | U | G | C | U |
| 41 | 42 | 43 | 44 | 45 | 46 | 47 | 48 | 49 | 50 |
| G | G | C | G | C | G | C | U | G | G |
| 51 | 52 | 53 | 54 | 55 | 56 | 57 | 58 | 59 | 60 |
| G | C | C | C | U | C | U | G | A | G |
| 61 | 62 | 63 | 64 | 65 | 66 | 67 | 68 | 69 | 70 |
| G | A | C | U | A | G | U | A | C | G |
| 71 | 72 | 73 | 74 | 75 | 76 | 77 | 78 | 79 | 80 |

図 4

表2

<table>
<tr><td>UUU</td><td rowspan="2">フェニルアラニン</td><td>UCU</td><td rowspan="4">セリン</td><td>UAU</td><td rowspan="2">チロシン</td><td>UGU</td><td rowspan="2">システイン</td></tr>
<tr><td>UUC</td><td>UCC</td><td>UAC</td><td>UGC</td></tr>
<tr><td>UUA</td><td rowspan="2">ロイシン</td><td>UCA</td><td>UAA</td><td rowspan="2">停止</td><td>UGA</td><td>停止</td></tr>
<tr><td>UUG</td><td>UCG</td><td>UAG</td><td>UGG</td><td>トリプトファン</td></tr>
<tr><td>CUU</td><td rowspan="4">ロイシン</td><td>CCU</td><td rowspan="4">プロリン</td><td>CAU</td><td rowspan="2">ヒスチジン</td><td>CGU</td><td rowspan="4">アルギニン</td></tr>
<tr><td>CUC</td><td>CCC</td><td>CAC</td><td>CGC</td></tr>
<tr><td>CUA</td><td>CCA</td><td>CAA</td><td rowspan="2">グルタミン</td><td>CGA</td></tr>
<tr><td>CUG</td><td>CCG</td><td>CAG</td><td>CGG</td></tr>
<tr><td>AUU</td><td rowspan="3">イソロイシン</td><td>ACU</td><td rowspan="4">トレオニン</td><td>AAU</td><td rowspan="2">アスパラギン</td><td>AGU</td><td rowspan="2">セリン</td></tr>
<tr><td>AUC</td><td>ACC</td><td>AAC</td><td>AGC</td></tr>
<tr><td>AUA</td><td>ACA</td><td>AAA</td><td rowspan="2">リシン</td><td>AGA</td><td rowspan="2">アルギニン</td></tr>
<tr><td>AUG</td><td>メチオニン・開始</td><td>ACG</td><td>AAG</td><td>AGG</td></tr>
<tr><td>GUU</td><td rowspan="4">バリン</td><td>GCU</td><td rowspan="4">アラニン</td><td>GAU</td><td rowspan="2">アスパラギン酸</td><td>GGU</td><td rowspan="4">グリシン</td></tr>
<tr><td>GUC</td><td>GCC</td><td>GAC</td><td>GGC</td></tr>
<tr><td>GUA</td><td>GCA</td><td>GAA</td><td rowspan="2">グルタミン酸</td><td>GGA</td></tr>
<tr><td>GUG</td><td>GCG</td><td>GAG</td><td>GGG</td></tr>
</table>

(1) 図4のペプチドの7番目のアミノ酸は何か。表2を用いて最も適切なものを選択肢①～⑳のうちから1つ選びなさい。(解答番号［42］)

7番目のアミノ酸・・・［42］

① フェニルアラニン　② ロイシン　③ イソロイシン
④ バリン　⑤ セリン　⑥ プロリン
⑦ トレオニン　⑧ アラニン　⑨ チロシン
⑩ ヒスチジン　⑪ グルタミン　⑫ アスパラギン
⑬ アスパラギン酸　⑭ リシン　⑮ グルタミン酸
⑯ システイン　⑰ メチオニン　⑱ アルギニン
⑲ トリプトファン　⑳ グリシン

(2) 図4の **mRNA** で合成されたペプチドは，合計何個のアミノ酸からなるか。選択肢①～⑩のうちから数字を組み合わせて答えなさい。ただし，同じ選択肢を何度使ってもよい。なお，該当する位に値がない場合は，その位に，ゼロ(0)に相当する選択肢を選びなさい。

(解答番号［43］～［45］)

| 100の位 | 10の位 | 1の位 |
|---|---|---|
| 43 | 44 | 45 |

①　1　②　2　③　3　④　4　⑤　5
⑥　6　⑦　7　⑧　8　⑨　9　⑩　0

〔Ⅲ〕 光合成に関して，**問1～問3**に答えなさい。
（解答番号 46 ～ 62 ）(34点)

**問1**　図1は，ある双子葉植物の葉の断面を模式的に示したものである。図を見て，(1)～(3)に答えなさい。(解答番号 46 ～ 54 )

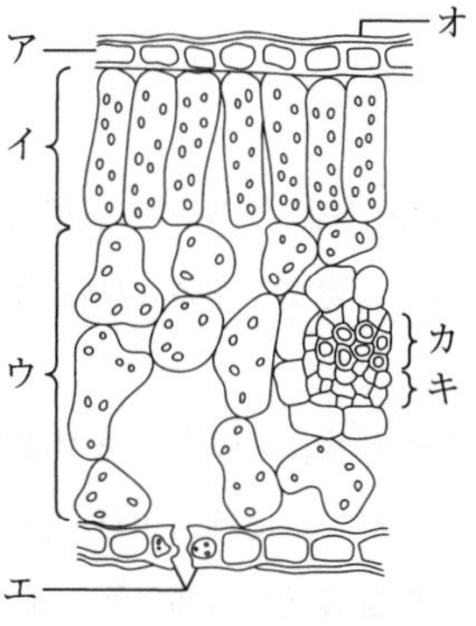


図1

(1)　図1のア～キの各部の名称として最も適切なものを選択肢①～⑮のうちから1つずつ選びなさい。(解答番号 46 ～ 52 )

ア・・・ 46　イ・・・ 47　ウ・・・ 48
エ・・・ 49　オ・・・ 50　カ・・・ 51
キ・・・ 52

① 海綿状組織　② 気　孔　③ クチクラ層
④ 茎　頂　⑤ 孔辺細胞　⑥ さく状組織
⑦ 師部(師管)　⑧ 珠　皮　⑨ 子　葉
⑩ 側　枝　⑪ 内　皮　⑫ 胚乳核
⑬ 胚のう細胞　⑭ 表　皮　⑮ 木部(道管)

(2) 図1のア～キのうち，葉緑体を含む細胞が存在する部分として最も適切な組み合わせはどれか。すべて含むものを選択肢①～⑩のうちから1つ選びなさい。(解答番号 53 )

① ア，イ　② ア，オ　③ イ，ウ
④ ウ，エ　⑤ カ，キ　⑥ ア，イ，オ
⑦ ア，イ，ウ　⑧ イ，ウ，エ　⑨ ウ，カ，キ
⑩ イ，ウ，カ，キ

(3) 葉を構成する組織や細胞に関する記述として誤っているものを選択肢①～④のうちから1つ選びなさい。(解答番号 54 )

① クチクラ層は，植物体の乾燥を防ぐ役割をもつ
② さく状組織に比べて，海綿状組織では細胞間隙が発達している
③ 木部(道管)と師部(師管)の間に形成層とよばれる分裂組織がみられる
④ 双子葉植物では，孔辺細胞は葉の裏面に多くみられる

**問2** 光合成と大気中の二酸化炭素・酸素について，次の文章を読み，(1)～(3)に答えなさい。(解答番号 55 ～ 57 )

植物は，大気中の二酸化炭素($CO_2$)を取り込み，光合成によって有機物に変換して自らの成育に役立てている。植物の $CO_2$ の吸収速度は，光合成器官である葉の量と葉の光合成速度の積に比例する。したがって，植物の葉の量が変わらない場合，葉の光合成速度は，植物の $CO_2$ 吸収速度から見積も

ることができる。例えば，$_{\mathrm{A}}$熱帯や亜熱帯を原産地とする多くの植物は，低温にさらされると$CO_2$の吸収速度が大きく低下することから，低温により葉の光合成速度が低下することがわかる。

植物が$CO_2$を吸収すれば，それに伴って植物体の周囲の$CO_2$濃度は低下し，同時に，光合成によって酸素($O_2$)濃度は上昇する。そして，この変化は，地球の大気の$CO_2$濃度や$O_2$濃度にも反映される。図2は，ハワイのマウナロア山で測定された大気中の$CO_2$濃度の季節変動のグラフである。$_{\mathrm{B}}$この$CO_2$濃度の変動は，地球規模での光合成の季節変動を反映していると考えられる。植物の光合成では，$CO_2$の吸収と$O_2$の放出が起こるため，$_{\mathrm{C}}$$O_2$濃度についても季節変動がみられる。

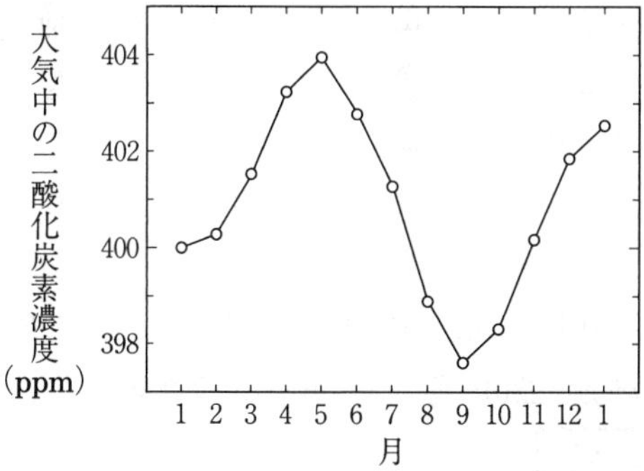


図2

(1)　下線部Aに関して，低温による$CO_2$吸収速度の低下の原因は次の2つの条件のいずれかによるものと考えられた。1つは気孔の閉鎖によるもの，もう1つが葉緑体の機能の低下によるものである。この2つの条件のいずれであるかを明らかにするためには，植物を低温にさらす前後で何を比較するのがよいか。最も適切なものを選択肢①～⑤のうちから1つ選びなさい。(解答番号 **55** )

① 葉の面積

② 暗所においた葉内の ATP 量

③ 光照射時の葉の周囲の $CO_2$ 濃度

④ 光照射時の葉の周囲の $O_2$ 濃度

⑤ 光照射時の葉の細胞間の $CO_2$ 濃度

(2) 下線部Bに関して，光合成が活発に行われることにより大気中の $CO_2$ 濃度が大きく影響を受けているのは，図2から考えるとどの時期か。最も適切なものを選択肢①～⑫のうちから1つ選びなさい。
(解答番号 56 )

| | | |
|---|---|---|
| ① 1月から2月 | ② 2月から3月 | ③ 3月から4月 |
| ④ 4月から5月 | ⑤ 5月から6月 | ⑥ 6月から7月 |
| ⑦ 7月から8月 | ⑧ 8月から9月 | ⑨ 9月から10月 |
| ⑩ 10月から11月 | ⑪ 11月から12月 | ⑫ 12月から1月 |

(3) 下線部Cに関して，酸素が発生しない光合成を行う生物はどれか。最も適切なものを選択肢①～⑥のうちから1つ選びなさい。
(解答番号 57 )

| | |
|---|---|
| ① 被子植物 | ② 裸子植物 |
| ③ コケ植物 | ④ 緑藻類 |
| ⑤ シアノバクテリア | ⑥ 緑色硫黄細菌などの光合成細菌 |

**問3** 図3は，植物細胞の光合成と呼吸における物質の流れを示したものである。図3の a と b は細胞小器官を，X と Y は物質を示す。次の(1)～(4)に答えなさい。(解答番号 58 ～ 62 )

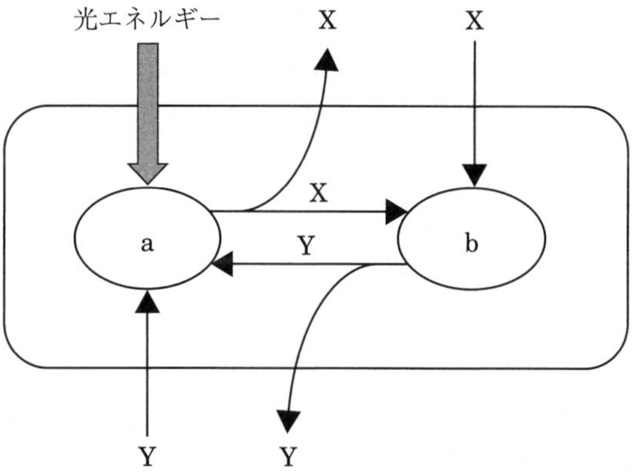


図3

(1)　図3のX，Yに相当する物質はどれか。次の物質ア～エの中からすべてを含む最も適切な組み合わせを選択肢①～⑥のうちから1つずつ選びなさい。（解答番号 58 ， 59 ）

X・・・ 58

Y・・・ 59

| | |
|---|---|
| ア　二酸化炭素 | イ　水 |
| ウ　酸素 | エ　炭水化物などの有機物 |

| | | |
|---|---|---|
| ①　ア，イ | ②　ア，ウ | ③　ア，エ |
| ④　イ，ウ | ⑤　イ，エ | ⑥　ウ，エ |

(2)　図3の細胞小器官aで起こる反応はどれか。次の文章ア～ウの中からすべてを含む最も適切な組み合わせを選択肢①～⑦のうちから1つ選びなさい。（解答番号 60 ）

ア　二酸化炭素を生成する

イ　ATP を分解する

ウ　酸素を消費する

①　ア　②　イ　③　ウ　④　ア，イ

⑤　ア，ウ　⑥　イ，ウ　⑦　ア，イ，ウ

(3)　図3の細胞小器官bで起こる反応はどれか。次の文章ア～カの中から最も適切な組み合わせを選択肢①～⑧のうちから1つ選びなさい。(解答番号 61 )

ア　同化の反応である

イ　異化の反応である

ウ　エネルギーが吸収される反応である

エ　エネルギーが放出される反応である

オ　複雑な物質を単純な物質に分解する反応である

カ　単純な物質から複雑な物質を合成する反応である

①　ア，ウ，オ　②　ア，ウ，カ　③　ア，エ，オ

④　ア，エ，カ　⑤　イ，ウ，オ　⑥　イ，ウ，カ

⑦　イ，エ，オ　⑧　イ，エ，カ

(4)　図3の細胞小器官aとbの両方で起こる反応はどれか。次の文章ア～ウの中からすべてを含む最も適切な組み合わせを選択肢①～⑦のうちから1つ選びなさい。(解答番号 62 )

ア　酵素が反応を触媒する

イ　エネルギーの移動や変換がある

ウ　ATP を合成する過程がある

①　ア　②　イ　③　ウ　④　ア，イ

⑤　ア，ウ　⑥　イ，ウ　⑦　ア，イ，ウ

③　二〇一〇年以降、情報飽和による弊害のひとつとして、誰ひとり発信することができない社会となった。
④　サブスクリプション・モデルでは、大量のコンテンツを提供するようなサイトが横行することになる。
⑤　アテンション・エコノミーには問題点が多く、是正のためのさまざまな方策を検討すべきである。
⑥　ナッジ的手法は悪用される危険が高いため、アテンション・エコノミーの是正に用いることができない。
⑦　情報社会の進展後の世界観は従来とは大きく異なるにもかかわらず、人間はその事態に適応できていない。
⑧　情報的健康とは、他律的な情報偏食を指し、個人が得る情報の選択を他者に委ねるようになることである。

**問13** [　] ク～ソに入るものとして最も適当なものを、次の①～⑧のうちから、それぞれ一つずつ選びなさい。なお、同じ番号を二回以上用いてはならない。もし用いた場合には、同じ番号の解答をすべて誤答とする。

解答番号は、ク [45] ケ [46] コ [47] サ [48] シ [49] ス [50] セ [51] ソ [52] 。

① 恩恵　② 期待　③ 経済　④ 幸福
⑤ 最適　⑥ 指摘　⑦ 情緒　⑧ 性急

**問14** ━線Ⅶ「ジレンマ」の説明として、最も適当なものを、次の①～⑥のうちから、一つ選びなさい。
解答番号は、[53] 。

① 近代的なヒューマニズムを否定する、ポスト・ヒューマニズムに代表される新しい思想の台頭
② 非言語的なアテンション・エコノミーの世界観によって、従来の世界観が崩壊するという変容
③ 認知過程への刺激によって、人間の快楽が大きく変化して、新しい人間像が構築されるという期待
④ 新しい能力をもつニュータイプと、そのような能力を持たないオールドタイプとの不可避的な対立
⑤ 質の良い記事を提供するメディアを立ち上げても、質の悪い記事を読みたがる人は閲覧しないという板挟みの状態
⑥ 情報化社会が進展するなかで、価値観が異なる人々と常に交流できる社会をどのように構築できるのかという課題

**問15** 次の①～⑧のうち、本文の趣旨と一致するものを二つ選びなさい。解答番号は、[54] [55] 。

① 情報社会の進展に伴い、特定の情報の摂取を法的手段によって個人に強制することが可能になった。
② 情報の摂取を人間の食事と同一視することで、企業側の立場のような経済的側面を捨象することができる。

解答番号は、あ 37 い 38 う 39 え 40 お 41 か 42 き 43 。

① いったん　② いわゆる　③ 決して　④ どのように
⑤ なぜか　⑥ もちろん　⑦ もともと

**問12** ══線Ⅵ「そのようなナッジを導入するインセンティブがプラットフォーマーにあるのか、という問題」について、筆者はなぜ「問題」だと考えているのか。その理由として最も適当なものを、次の①～⑥のうちから、一つ選びなさい。
解答番号は、44 。

① ナッジを使って多様な情報にアクセスしやすくなる仕掛けを入れておくことは、かえってサイト利用者の利益を侵害する危険に通じるから
② ナッジを使って多様な情報にアクセスしやすくなる仕掛けを入れておくことが、必ずしもプラットフォーマーの利益になるとは限らないから
③ ナッジを使って多様な情報にアクセスしやすくなる仕掛けを入れておくことは、サイト利用者とプラットフォーマー双方に害となりうるから
④ アテンション・エコノミーは多くの人に有益であって、この状態を放置することで、人間をもっと理性的な存在へと進化させる可能性をもちうるから
⑤ アテンション・エコノミーは多くの人に有益であって、この状態を続けることは、情報の利用者の利益を最大化することにつながる可能性をもちうるから
⑥ アテンション・エコノミーは多くの人に有益であって、これをさらに推し進めることで、人間の認知バイアスを是正して、民主的な社会が実現する可能性をもちうるから

(2)　単語はいくつありますか。

(3)　名詞はいくつありますか。

(4)　助詞はいくつありますか。

①　1　②　2　③　3　④　4　⑤　5　⑥　6　⑦　7　⑧　8　⑨　9

⑩　10　⑪　11　⑫　12　⑬　13　⑭　14　⑮　15　⑯　16　⑰　17　⑱　18

⑲　19　⑳　20

**問10**　——線Ｖ「その虚構性」とあるが、ここではどのようなことが「虚構」とされているのか。その内容として最も適当なものを、次の①～⑥のうちから、一つ選びなさい。解答番号は、［36］。

①　人間は、個々人が主体性をもって理性的に考え、自己の意思を決定できるということ

②　人間は、法律や社会のシステムの助けを得てはじめて、自己の意思を決定できるということ

③　人間は、他者に認知過程を刺激されることによって、民主的に集団の意思を決定できるということ

④　人間は、個々人の好きな情報だけを摂取することによって、民主的に集団の意思を決定できるということ

⑤　人間は、人間としての自由を失ったとしても、動物的な快楽を追求することができるということ

⑥　人間は、超越的な権威に従うことによってはじめて、動物的な快楽を追求することができるということ

**問11**　［　］あ～きに入るものとして最も適当なものを、次の①～⑦のうちから、それぞれ一つずつ選びなさい。なお、同じ番号を二回以上用いてはならない。もし用いた場合には、同じ番号の解答をすべて誤答とする。

本来広告を出稿している企業は、広告が載っている記事に対するクリック率とは関係なしに、広告自体に注目してトータルとして広告効果が出ることを期待しているでしょう。[　A　]。[　B　]。[　C　]。そこでは、広告主が広告をどこに出すかを決めるのではありません。AIがユーザーに最適な広告とは何かを分析して決めているのです。[　D　]。それこそまさに、アテンション・エコノミーがアテンション・エコノミーたるゆえんです。[　E　]。読者層を決めなくても構いません。

① しかし、今のネットの広告モデルは、そうはなっていません
② 例えば、民放テレビはスポンサーの広告にふさわしい番組づくりをしてきました
③ 記事の中身は何でもいいから、人をたくさん集めさえすれば、広告をたくさん出してもらえる
④ ふさわしくない番組を作ると、スポンサーがその番組から手を引くということも考えられているからです
⑤ とにかくどんな人でも、誰かが来れば、その人に最適な広告が出てくるので、人を選別する必要はありません

**問9**　〰〰線Y「それを脱して新しいものを作り出すのは、困難な作業です」について、以下の問いに答えなさい。なお、解答は、それぞれ次の①～⑳から選びなさい。解答番号は、(1) **32** (2) **33** (3) **34** (4) **35** 。

(1)　文節はいくつありますか。

④ 情報を得る際に人間が主体的に決定しているように見えつつ、実は誘導の結果であることを強調するため

⑤ プラットフォーム事業者は、情報の利用者に対して、利用者が何を利用するかの選択を強制的に迫るため

⑥ プラットフォーム事業者は、情報の利用者を特定の記事に誘導することで、記事の質低下を防いでいるため

**問6** □ア～キに入るものとして最も適当なものを、次の①～⑦のうちから、それぞれ一つずつ選びなさい。なお、同じ番号を二回以上用いてはならない。もし用いた場合には、同じ番号の解答をすべて誤答とする。

解答番号は、ア 19 イ 20 ウ 21 エ 22 オ 23 カ 24 キ 25 。

① 興味　② 個人　③ 事実　④ 社会　⑤ 自律　⑥ 積極　⑦ 前提

**問7** ——線Ⅳ「それ」の内容として最も適当なものを、次の①～⑥のうちから、一つ選びなさい。

解答番号は、26 。

① 興味本位の記事　② 経済新聞　③ サブスクモデル

④ 「質の良い」コンテンツ　⑤ 脆弱性　⑥ ビジネスモデル

**問8** □Xには、以下の□の文章が入る。このうち、□A～Eに入るものとして最も適当なものを、次の①～⑤のうちから、それぞれ一つずつ選びなさい。なお、同じ番号を二回以上用いてはならない。もし用いた場合には、同じ番号の解答をすべて誤答とする。解答番号は、A 27 B 28 C 29 D 30 E 31 。

④ メディアが、読者に見てほしい記事と読者にとって興味深い記事とを組み合わせて発信すること
⑤ 記事の執筆者が、記事の内容をより深く掘り下げることで、幅広い情報を提供しようとすること
⑥ 記事の執筆者が、記事の内容と異なるタイトルを付けることで、読者の注目を集めようとすること

**問4** ――線Ⅱ「データやアルゴリズム（情報処理の手順）が、アテンションの「強奪」を容易にさせた」の説明として最も適当なものを、次の①～⑥のうちから、一つ選びなさい。解答番号は、17。

① 利用者の行動履歴からその人物の興味を予測することで、注目を集めやすくなったということ
② 利用者の行動履歴の利用を法律で禁じても、プラットフォーム事業は拡大し続けるということ
③ ある事業者が利用者の行動履歴を収集するために、バランスに配慮して情報を提供するということ
④ ある事業者が収集したデータやアルゴリズムを、他の事業者が勝手に自分の事業に利用するということ
⑤ データやアルゴリズムの分析によって、事業者の財産を他者が容易に処分できるようになるということ
⑥ データやアルゴリズムの収集を通じて、個々の利用者が事業者の注目を集めることができるということ

**問5** ――線Ⅲ「決定させられている」とあるが、なぜ「させられている」と表現されているのか。その理由として最も適当なものを、次の①～⑥のうちから、一つ選びなさい。解答番号は、18。

① 情報の利用者は、自分の情報を他者が収集する範囲を、自己の意思で制限する権利をもっているため
② 情報の利用者は、自分が何にどれだけ関心を払うかを、自己の責任で決定する権利をもっているため
③ 情報を得る際に他者の介在があっても、最終的には人間が主体的に決定していることを強調するため

**問2**　……線1～5で用いられた語句の意味として最も適当なものを、次の各群の①～⑥のうちから、それぞれ一つずつ選びなさい。解答番号は、1 [11]、2 [12]、3 [13]、4 [14]、5 [15]。

1　なぞらえる
①　謎めいている　②　謎をかける　③　謎をとく
④　見受ける　⑤　見極める　⑥　見立てる

2　コンセンサス
①　結　合　②　構　造　③　合　意
④　集　中　⑤　相　談　⑥　保　存

3　一辺倒
①　一存で決めること　②　一方にかたよること　③　一度に動き出すこと
④　ひとつが欠けること　⑤　ひとりだけに頼ること　⑥　ひとりでに倒れること

4　トレンド
①　時代の逆行　②　時代の錯誤　③　時代の代表
④　時代の停滞　⑤　時代の動向　⑥　時代の本質

5　過渡期
①　往来が可能な時期　②　過去の一時期　③　完全に移行した時期
④　注目すべき時期　⑤　変化の途中の時期　⑥　未来の一時期

**問3**　＝線Ⅰ「編集の妙」の説明として最も適当なものを、次の①～⑥のうちから、一つ選びなさい。解答番号は、[16]。

①　読者が、メディアの拡散したい記事を中心に読むことを通じて、偏った情報を得ること
②　読者が、自分の興味にそった記事を探し読むことを繰り返すことで、幅広い情報を得ること
③　メディアが、読者にとって興味深い記事を中心に発信し、読者の注目を得ようと努力すること

（注11）ロハス……健康や環境を大切にしながら生活するスタイル。

（注12）機動戦士ガンダム……一九七九年から翌年にかけてテレビ放映されたSFアニメーション作品。

**問1**　——線1～10を漢字で記すときに用いる字として最も適当なものを、次の各群の①～⑥のうちから、それぞれ一つずつ選びなさい。

解答番号は、1 [1]　2 [2]　3 [3]　4 [4]　5 [5]　6 [6]　7 [7]　8 [8]　9 [9]　10 [10]。

| | | | | | | | |
|---|---|---|---|---|---|---|---|
| 1 | センテン | ① 千 | ② 選 | ③ 線 | ④ 点 | ⑤ 天 | ⑥ 転 |
| 2 | ユウゴウ | ① 有 | ② 優 | ③ 雄 | ④ 合 | ⑤ 号 | ⑥ 郷 |
| 3 | シュシャ | ① 主 | ② 種 | ③ 取 | ④ 者 | ⑤ 斜 | ⑥ 舎 |
| 4 | テキチュウ | ① 的 | ② 笛 | ③ 敵 | ④ 柱 | ⑤ 宙 | ⑥ 仲 |
| 5 | ユウハツ | ① 勇 | ② 夕 | ③ 遊 | ④ 初 | ⑤ 髪 | ⑥ 発 |
| 6 | テイ | ① 丁 | ② 体 | ③ 艇 | ④ 亭 | ⑤ 低 | ⑥ 呈 |
| 7 | イヨウ | ① 威 | ② 移 | ③ 偉 | ④ 用 | ⑤ 要 | ⑥ 様 |
| 8 | カンキ | ① 感 | ② 歓 | ③ 喚 | ④ 記 | ⑤ 企 | ⑥ 岐 |
| 9 | ガイネン | ① 該 | ② 概 | ③ 涯 | ④ 年 | ⑤ 然 | ⑥ 粘 |
| 10 | ジンブン | ① 尋 | ② 甚 | ③ 尽 | ④ 分 | ⑤ 文 | ⑥ 聞 |

どをさす。

（注2）ウィン―ウィン……取引する双方に利益があること。

（注3）エコシステム……本来は「生態系」の意味だが、ここでは、さまざまな企業や事業などが相互に依存しあっている様子を生物の生態系にたとえてこのように呼んでいる。

（注4）サードパーティ Cookie……Cookie とは、ブラウザでインターネット上のウェブサイトを閲覧した際に作成され、データを一時的に保管しておく仕組み。サードパーティ Cookie とは利用者が訪問しているウェブサイト以外から作成されている Cookie のこと。

（注5）サブスクリプション（サブスク）モデル……料金を払うことで、一定期間製品やサービスを使う権利を得られるビジネスモデルのこと。

（注6）ドーパミン……神経伝達物質の一つで、快く感じる原因となる脳内の報酬系と呼ばれる神経系の活性化において、中心的な役割を果たす。

（注7）フィルターバブル現象……インターネット上の検索エンジンなどを通じて得られる情報が、その検索エンジンなどの利用履歴にもとづいて個々の利用者向けに最適化された情報となり、その個人が好まないと思われる情報に接する機会が失われる状況。

（注8）ＵＩ（ユーザーインターフェース）やＵＸ（ユーザーエクスペリエンス）……ＵＩはソフトウェアやインターネット上のサービスなどで、利用者が目にするもののこと。ＵＸは利用者が商品やサービスを通じて得る体験のこと。

（注9）パンドラの箱が開いて……取り返しのつかない事態になって、の意味。

（注10）エンゲージメント……顧客の興味や注意を引きつけ、企業と顧客の結びつきを強めること。

の加速度的発展が新たな政治制度や経済モデルを切り拓《ひら》くとする加速主義の立場が台頭してきていますが、それらはニュータイプに理論的な基礎を与えるかもしれません。認知に直接働きかけて反応を得るという、非言語的なアテンション・エコノミーは、人類がニュータイプへと切り替わる5過渡期なのかもしれません。

私たちがこれまで考えてきた世界観と、サイバー空間を含む新たな世界観の間に大きな乖《かい》離が生まれてきていることは確かなようです。それにもかかわらず、私たちは古い考え方、古い生態系のまま動いてしまっています。

私たちは人間が生物としてもっている、カロリーを取りたい、甘いものを食べたい、面白いものを見たいという性向から逃れられません。同様に、面白い情報を読みたい、共有したい、自分と同じ価値観を持った仲間に囲まれていたい、世界は自分の期待する通りになっていると信じたい、という思いを消すことはできないでしょう。もって生まれた宿命を前提として、現在とは異なる社会システムをどうやってつくっていくかを考えることは情報化社会という大きな流れに直面している私たちに課せられた課題です。当面はアテンション・エコノミーの中で、いずれはアテンション・エコノミーに代わる新たな経済原理の下で、新しい情報空間のあり方を考えていく必要があるでしょう。

共通して貫くのは、「情報的健康（インフォメーション・ヘルス）」という考え方です。アテンション・エコノミーの弊害は、「情報的健康」の侵害――他律的な情報偏食――として捉えることで、より可視化され、その弊害を克服するアプローチは、「情報的健康」の実現を目的とすると捉えることで、より実効的になるように思われるからです。

（鳥海不二夫・山本龍彦『デジタル空間とどう向き合うか』より）

（注1）　デジタルプラットフォーム……インターネットを通じて事業者に提供される、電子商取引や情報配信などのための利用基盤や利用環境のこと。具体的には、検索サイト、オンラインショッピングモール、コンテンツ配信サービスな

知作戦」は、子どもたちの脳にダメージを及ぼす恐れがあります。

エンゲージメントのために認知過程を刺激させ、ドーパミンが出しっ放し、瞳孔が開きっ放しのような状態になっているわけですから、とても楽しい空間ではありますが、何らかの形で心に影響を与えていることは間違いないでしょう。しかし、「開きっ放し」が悪いことなのかもよくわかりません。認知科学や神経科学の研究が進めば、快楽をいつでも味わえる空間ができあがる可能性もあります。

あるニュースサイトでは、質が悪い記事か良い記事かの評価を人間の手で行っています。しかし、質が悪いと評価された記事のアクセス数は結構多く、その記事を読んだ人は、その後も継続率が高いというデータが出ています。ジャンクフードを食べるとまた食べたくなるようなものでしょうか。

そういう傾向に対して、何とかしなきゃいかんと、真っ当なメディアを立ち上げて頑張ろうとする人もいるでしょう。しかし、それはロハス(注11)な食堂と一緒で、一部の共感する人はやって来るのですが、ジャンクなものばかり食べている人はそもそも近づかないという[Ⅶ]ジレンマがあります。

『機動戦士ガンダム』(注12)というアニメの中に「ニュータイプ」という[9]ガイネンが出てきます。物語では、宇宙に進出して、時空を超えた非言語的コミュニケーション能力、直感力を手に入れた超能力者のような新しい人類をそう呼んでいます。ニュータイプと従来型の人類、オールドタイプの間の対立が物語の一つの軸になっているので、現在の情報空間ではこれと同じようなことが起きているのかもしれません。

すなわち、デジタル・ネイティブは情報空間のニュータイプであり、それ以前の人類はオールドタイプと捉えれば、人間は宇宙空間ではなく、サイバー空間・仮想空間に向かうことによって、ニュータイプに進化しつつあると考えることもできます。

哲学の世界でも、[10]ジンブン主義的で近代的なヒューマニズム(人間主義)を否定するポスト・ヒューマニズムや、テクノロジーや思想統制と紙一重で、非常に危険な行為でもあります。SNS上で情報を共有する前の注意8カンキなど、情報の拡散に熟慮を促すようなナッジは、誹謗《ひぼう》中傷や偽情報の増幅を抑えるために推奨されるかもしれませんが、ナッジ的な手法の有効性と限界については慎重に議論を重ねていく必要があります。

さらに言えば、Ⅵそのようなナッジを導入するインセンティブがプラットフォーマーにあるのか、という問題も存在します。ナッジを入れたほうがプラットフォーマーにとっても経済的に有利であるという状況がどのようにすれば作られるかを考えなければ、ナッジの利用は机上の空論となるでしょう。

何度も言う通りアテンション・エコノミーは、多くの人にとってウィン―ウィンな、[ク]化されたシステムとなっているように見えます。

しかし、インターネットが誕生して、たかだか二、三〇年しか経っていない中で、「これが[ク]な世界」だというのは[ケ]に過ぎるでしょう。もう少しAIなど技術が進歩することで、異なる社会・[コ]システムが登場してくることを[サ]したいところではありますが、現状ではアテンション・エコノミーというパンドラ（注9）の箱が開いて、その感情的・[シ]的な世界に、多くが浸ってしまっている状態です。

特にデジタル・ネイティブの世代は、アテンション・エコノミーの[ス]を強く受けています。アテンション・エコノミーは、社会全体では問題を引き起こしている一方で、興味がある情報に簡単にアクセスできるようになり、かつコンテンツにお金をかけずに楽しむことができる。個人の[セ]度を上げている側面も否定できないのです。デジタル・ネイティブ世代にアテンション・エコノミーの問題点を[ソ]してもなかなか伝わらず、説教くさく聞こえてしまうかもしれません。

他方で、フェイスブック(現メタ・プラットフォームズ)の元社員が「インスタグラムは十代女性の精神をむしばんでいる」と告発したり、スウェーデンの精神科医アンデシュ・ハンセンが『スマホ脳』で書いたように、エンゲージメント（注10）を高めるための「認私たちは［い］、人間は理性的であるという前提で社会や他者を理解しようとしてしまいます。例えばネット上の議論でも、理性があればこうするはずだという言い方が多いのですが、私たちは［う］理性的ではないことは、自然科学が明らかにしてきているところです。［え］、理性的で熟慮的な思考もできますが、アテンション・エコノミーの世界ではそれが抑制されます。だとすれば、理性的ではない動物的な部分を正面から認めたうえで、どういう情報空間が望ましいのか、情報提供は［お］行われるべきかを考えていく必要があるでしょう。

現在の社会が抱える情報摂取に関する諸問題を、アテンション・エコノミーを前提としつつ解決できるかどうかは、［か］ナッジ的な手法をどう考えるかによります。ナッジとは行動経済学の用語で、金銭的動機や強制なしに、人々が望ましい行動をとれるよう「軽く後押し」することです。

例えば、ごみ箱にペットボトルのサイズの丸い穴を開けておけば、ペットボトル用のごみ箱であることがすぐわかるので、「ペットボトル用ごみ箱」と書いていなくても、人々は自然にペットボトルを捨ててくれます。

もちろん、ナッジは悪用もされます。そのような邪悪なナッジは、［き］ヘドロを表す「スラッジ」とか、「ダークパターン」などと呼ばれます。例えばネットの画面上に「この商品に関する情報が欲しければここにチェックを入れてください」と記すよりも、「この商品に関する情報がいらない場合はチェックを外してください」と記したほうが、チェックの入った回答を得やすい傾向があります。人間というのは面倒くさがり屋なので、自分から考えて動かなければいけないことは、できるだけしたくありません。この認知バイアスを利用して、サイトを運営する側は自分たちに都合の良いように誘導してきます。

アテンション・エコノミーにおいては、放っておくと、人々は興味本位の情報や楽しい情報のほうに行きがちになりますが、ナッジを使って多様な情報にアクセスしやすくなる仕掛けを入れておくことも考えられます。また、脳神経学や心理学などの成果を動員すれば、人を知らず知らずのうちにもっと賢くさせる方向に誘導することも可能かもしれません。しかし、これは洗脳もちろん広告をクリックしやすい人のほうをターゲットにしたいというのはあるでしょう。例えばIT技術者はあまりネットの広告をクリックしないという説があります。仕組みを知っていると、クリックしたくなくなるからだそうです。そう考えると、IT技術者を避けるような記事のほうが高い広告効果を見込める可能性があり、そのような記事への広告が増加し、結果としてIT技術者を避ける記事が増加する、ということも起こり得るかもしれません。

しかし、現状ではクリック率が高い広告を優先的に出すよりも、大勢のユーザーが見るコンテンツに広告を出すほうが効率がよいという前提で、広告システムは動いているようです。

もちろん、このような仕組みを変換するのも容易ではありません。現在の広告システムはプラットフォーマー、広告主の双方にとって十分利益のあるシステムとなっています。Yそれを脱して新しいものを作り出すのは、困難な作業です。

近代は、個々人が自ら意思決定できるという理性的な人間像を前提に、法律や社会のシステムができあがっています。それは「自然」ではなく「作為」であり、虚構でもあった。けれども私たちは近代的システムのメリットを信じて、「虚妄に賭けてきた」わけです。しかし、今日のアテンション・エコノミーにおいては、認知過程を刺激させられることで、私たち人間の「自然」的、「動物」的な部分が7イヨウに拡張してきており、Vその虚構性すら維持できなくなってきています。「作為」性の必要な民主主義も、その維持が困難になってきている。人間としての自由はどうあれ、動物的な欲求・幸福を実現してくれるならば権威主義でもよいという考えも広がりつつあります。

［あ］ネット空間に浸《ひた》ってしまえば、自分の好きなものだけを見られ、読めます。これは動物としては快感以外の何物でもありません。また、UI（注8）（ユーザーインターフェース）やUX（ユーザーエクスペリエンス）も認知科学を巧みに利用しているので、中毒性が高い。この世界に一度どっぷり浸ってしまった人に、「もっと良い情報を読みましょう」と訴えかけたところで効果があるとは思えません。

われますが、これもまたアテンション・エコノミーが働いている典型例と言えるでしょう。

　仮に定額のサブスクモデルが主流になったとしても、興味本位の記事を求める利用者は、これまでと同様に、好みの記事ばかり提供してくれるところと契約するかもしれません。例えばアメリカの右派が集まっていたサイトがありました。これは、サブスクではありませんが、これと同じように、似た考え方を持つ人たちが集まるサブスクのメディアができる可能性があります。

　日本を代表する経済紙である日本経済新聞は、サブスクモデルである程度成功しているメディアと言われていますが、それはビジネスパーソンを中心とする読者層だからでしょう。情報の質にこだわらなければ、ネットの中に転がっている無料の情報で満足してしまいます。サブスクモデルによってフィルターバブル(注7)現象がなくなるわけではなく、むしろ悪化する可能性さえあります。

　以上のように、現在のアテンション・エコノミーを新しい経済原理に切り替えることは容易ではありません。もちろん、新たな経済原理の模索は、学際的に進めていかなければならない重要なテーマかもしれません。ただ、しばらく私たちはアテンション・エコノミーから逃れられないと考え、その中でどのように諸問題を解決していくべきかを検討していく必要がありそうです。

　アテンション・エコノミーという枠組みの中での一つの問題解決として、ページ閲覧数さえ稼げば広告収入が増える仕組みを変革する方向性が考えられます。現状の広告モデルでは、収益はもっぱらクリック率などの注目度に左右されるからです。

X

て、[ア]を検証して作り出すコンテンツが、[イ]本位のコンテンツの中に埋もれてしまう。ファクトの怪しい記事がどんどん増えて、拡散していってしまうのです。

これは、情報を十分に吟味して[ウ]的な意思決定を重ねていくことが[エ]となる民主主義にとって良いことではありません。[オ]の利益だけでなく、民主主義という[カ]的な利益にもかかわってくる話です。そして、アテンション・エコノミーによって多くの[カ]的問題が引き起こされることがわかっていても、情報提供者にとっても利用者にとってもアテンション・エコノミーをやめる[キ]的な理由がないのです。

一部では、サブスクリプション(注5)（サブスク）モデルが次の4トレンドになると言われています。しかし、実際サブスクモデルで、どこまでの利用者を獲得できるのかは不透明です。現在のビジネスモデルがうまくいっている状態をあえて変更するには、それなりの理由が必要でしょう。

「サブスクモデルのほうが質の良いコンテンツを提供できる」という可能性はありますが、例えば大量にコンテンツをバラ撒《ま》くことによって利益を得ているようなサイトでは、サブスクモデルはそもそも成立しないでしょうから、現状のままになるでしょう。

また、ユーザーも必ずしも「質の良い」コンテンツのみを求めているわけではなく、ただ時間をつぶせればいいと思っていたりします。そのようなユーザー向けにはサブスクモデルは成り立ちません。

アテンション・エコノミーの難しさは、利用者自身もまたⅣそれを求めているところにあります。私たちは動物的で反射的な存在でもあるので、ファストフードや脂っこい食べ物を目の前にすれば、ドーパミン(注6)が出て、本能的、生理的にそれらを求めてしまう。フェイクニュースやヘイト的なコメントは、まさにドーパミンが出やすい情報です。

「こいつは悪い奴だ」と思っている人に対する悪口を読むと、気持ちよくなります。選挙のときには政治家同士の悪口合戦が行デジタルプラットフォームは、どういう人が、いつ、何をクリックしているのかをデータとして集めることができます。(注4)「サードパーティCookie」が入れば、サイト横断的にユーザーの情報を集め、その属性や好みを予測・分析(プロファイリング)できるようになります。プロファイリングの結果を使い、ユーザーが興味をもちそうな情報だけを推薦していくシステム(レコメンダー・システム)によって、私たちは興味(を持っていると推定された)フィルターに掛けられた情報だけに接する、いわゆるフィルターバブルの中で情報を摂取しているといえます。

これまで、利用者が何にどれだけ関心を払うかは、利用者自身が決めていました。利用者はアテンションの振り分けに関する自己決定権をもっていたのです。ところが、プラットフォームは利用者のプロファイルや、認知科学の知見を巧みに利用することによって、利用者の意思決定を強く誘導できるようになりました。「認知作戦」とも言われるマーケティングです。こうみると、私たちは情報摂取に関して自己決定をしているのではなく、他者(プラットフォーマー)によってⅢ決定させられているとさえ言えそうです。

このような状況において生じる利用者の不利益は、プラットフォームによりその意思決定を不透明な形で誘導されるということに加え、記事の質低下にも及びます。

通常、ごく一部の記事は大量にクリックされ、それ以外の記事はほとんどクリックされません。このようなとき、コンテンツを提供する側の最適な選択は、とにかく一発当てることになります。一発当たれば、クリック数の少ない記事百本以上もの成果になるからです。

すると、どんな記事でも数さえ打てばヒットするものがあるという考えから、そもそもコンテンツとしての6テイをなしていない、中身の薄い記事が横行するようになります。こうしたことも、アテンション・エコノミーの問題点です。

記事の質の低下は民主主義の質の低下につながります。ジャーナリズムというと堅苦しい言い方ですが、取材をきちんとし記事一つひとつの勝負になると、かつては正確でまじめな内容であればよかった記事が、隣にあるおいしそうな記事との競争のため、そのままではいられなくなりました。どの記事もおいしそうに見えて、クリックを5ユウハツさせるものでなければならなくなったのです。そうなるとまずはクリックしたくなるタイトルにしようと、「タイトル詐欺」みたいなことも起こるようになりました。雑誌や新聞社からインタビューを受けたり記事を寄稿したときに、内容とはまったく違うタイトルの付いた記事がネット上に発信され、困った経験があります。

「クリック至高主義」とも言えるような状態を作ったことは、アテンション・エコノミーの問題点の一つでしょう。

その弊害が特に注目されたのが、二〇一六年の米国大統領選挙です。フェイクニュースと絡めてアテンション・エコノミーが問題となり、注目されました。このときには、マケドニアの若者たちがトランプ候補応援のために、適当にでっち上げた大量の記事を掲載したニュースサイトを作り上げるといったことも行われました。これはアテンション・エコノミーの最たるもので、クリック数さえ稼げれば、ジャーナリズムなんてどうでもよいという、分かりやすい例です。

これまでの民放テレビやラジオも、基本的には広告モデルを採用していたため、ある意味アテンション・エコノミーの論理でビジネスをしてきたとも言えるでしょう。しかし、電波の有限性ゆえにビジネスがそこまで過酷でなかったことに加えて、放送法には、放送する番組のジャンルについて一定のバランスに配慮しなさいという番組調和原則がありました。そのおかげで、アテンション・エコノミー3一辺倒にならないで済んでいたのです。

しかし、ネット上のプラットフォームの事業者には放送法上の規律はありませんから、基本的に何でもありの、アテンション争奪戦の世界になっています。しかも、利用者の行動履歴をデータとして利用することで、個々の利用者の好みや認知傾向が手に取るようにわかり、利用者の関心にマッチした記事をこれまでよりも簡単に提供できるようになる。Ⅱデータやアルゴリズム（情報処理の手順）が、アテンションの「強奪」を容易にさせたのです。

けることによって、広告主から広告費を取ってサービスを継続するビジネスモデルです。このネット上の広告によるビジネスモデルが、「アテンション・エコノミー」と呼ばれる現代社会の基盤となる経済原理を生み出しました。

ノーベル経済学賞（一九七八年）を受賞した認知心理学者・経済学者のハーバート・サイモンが、一九六〇年代後半に、情報経済においては人々の「アテンション＝関心」が「通貨」のように取引されるようになると予言しましたが、ネット社会が広がり、その予言は見事に[4]テキチュウしたと言えるでしょう。「アテンション・エコノミー」という言葉は、一九九七年にアメリカの社会学者マイケル・ゴールドハーバーによって提唱され、一般に使われるようになりました。

アテンション・エコノミーの基本にあるのは、利用者のアテンション（関心）を集めて広告を閲覧させる仕組みです。インターネット以前においては、私たちは記事が掲載されている媒体を認識し、そこから情報を取得していました。ところが、ネットの時代になると、多くの情報は情報ポータルサイトからアクセスされるようになり、媒体単位ではなく記事単位で閲覧されるようになりました。広告モデルにおいては、情報の発信者は記事一つひとつが注目されクリックされなければ収入につながりません。そのため個々の記事でいかにアテンションを引きつけられるかが勝負になります。

以前は媒体が先にありましたから、自分の好きな記事ばかり読むことはありませんでした。逆に言えば、メディアは記事のバランスをとって情報を発信することができたのです。以前、雑誌の編集者に、「おいしそうな記事と読ませたい記事をバランスよく配分する」と聞いたことがあります。新聞も同じで、興味深い記事で読者を引きつけたうえで、実際に読ませたい記事はその隣に配置したりします。結果として、読者はある程度幅広い情報を取れるようになっていました。そこには「編集」という過程があり、読者につまみ食いを許さず、偏食にならない仕組みになっていたとも言えるでしょう。

これに対して、ネットのプラットフォームの上では、コンテンツがばら売りされるので、[I]編集の妙が失われます。利用者はつまみ食いができるので偏食になりやすくなります。

健康に気遣って食事をする人が増えてくると、健康食品やダイエット食品など新たなビジネスが生まれてきました。同様に情報的健康を目指すことが人々の[2]コンセンサスになってくれば、関連の産業が生まれてくることでしょう。さまざまな情報、メディアが混在する中で、ジャンクな情報ばかり扱うのもメディアの一つのあり方かもしれません。逆に「うちは質の良い情報を扱います。信頼がおける詳細な情報を使って、情報的健康を考慮したものを提供していますよ」という企業が現れても不思議ではありません。

情報的健康を実現するための第一歩は、ユーザーが主体的に情報を[3]シュシャ選択する手助けをすることでしょう。

例えば、たばこのパッケージには「喫煙はあなたにとって肺がんの原因の一つになります」と記載されているように、ユーザーに対して、摂取している情報は何か、それによってどのような結果が生じうるのかを何らかの形で示すことができれば、情報的健康の促進につながるかもしれません。重要なのは情報を規制することではなく、その情報はどういうものであり、それを摂取することによって何が起きうるのかを示すことだと私は考えます。

ユーザーの多くが自身の利益になると納得できるとともに、情報を提供している企業にとっても、インセンティブが働く状況に持っていかなければなりません。今の時代はとりわけ経済の視点が外せません。個々のシステムの構築や実現すべき社会システムの提言はできますが、そのシステムが世の中に受け入れられるためには、経済的な視点や人間心理の視点が伴わないとうまくいきません。

アテンション・エコノミーという、現代社会を支配する強力な経済原理がある中で、何ができるでしょうか。アテンション・エコノミーに代わる新しい経済原理を考えることも必要ですが、アテンション・エコノミーの範囲で解決する方法を模索する必要もあります。

ネット社会におけるサービスの多くは広告モデルを使っています。サービスの利用自体はただですが、コンテンツに広告をつしかし、受け手にとって都合のいい情報は、フェイクニュースかどうか考える前についつい見てしまいますし、フェイクではないと思いたくなるでしょう。フェイクニュースを提供する側も、よく見られるとわかっているから提供しているのです。その結果として、受け手は欲しい情報が得られ、提供側は多くのアクセスが得られるウィン−ウィン（注2）の関係が成り立っています。

このような情報の受け手と提供側双方にメリットがある、しかし、フェイクニュースの氾濫のような社会全体に歪《ひず》みを生じるエコシステム（注3）に対して、私たちは何をすればよいのでしょうか。

ここで提案する方向をひと言で言えば、情報的健康（インフォメーションヘルス）の実現です。情報的健康とは情報摂取のバランスをとることによって、フェイクニュースなどへの「免疫」（批判的能力）を獲得している状態です。

私は、デジタル空間の情報摂取を食事に[1]なぞらえることで、一定の解決策が見えてくるのではないかと気づきました。人間は健康維持のために食事をする一方で、楽しみのために食べることもあります。おいしいものを食べると幸せになりますが、どんなにおいしいものでも、そればかり食べていると健康を害します。

私たちが好きなものを自由に食べられるようになったのは、近代以降でしょう。その結果、栄養状態が良くなる一方で、生活習慣病をはじめ、新たな疾患を引き起こすようにもなりました。飽食の問題点がわかってくると、今度は、食事はバランスよく摂《と》るべきで、食べ過ぎにも気をつけるべきと理解するようになりました。

情報の摂取も食事とよく似ています。情報摂取には、新たな知見を得て、賢くなるという側面と、エンターテインメント、楽しみのためという側面があります。一方で、情報摂取には私たちが食事をするときに働かせているような「抑え」は存在せず、毎日好きなものばかり食べている状態に近いでしょう。しかし、食事については私たち自身をアップデート（更新）させバランスを考えるようになったのと同じように、情報についても私たち自身をアップデートさせ、バランスの良い情報摂取を実現できるのではないでしょうか。

デジタル情報空間で起きているさまざまな問題の根底には、アテンション・エコノミー（関心を競う経済）と人間が[1]センテン的に持つ脆《ぜい》弱性があります。例えば、人々は必ずしも正しい情報を求めているわけではありません。正しい情報が提示されれば、誰もが正しい考え方に至るわけではありません。多くの人は賢くなりたいからではなく、楽しむために情報を得ています。

情報が本当かどうかは二の次で、ただ面白いから話題にし、みんなに拡散します。そのような、正しい情報を求めていない私たちと、関心を得ることによって経済的インセンティブ（動機）があるデジタルプラットフォーマーとの[2]ユウゴウによって、さまざまな社会問題が発生しうるのです。

そして、この問題はＳＮＳなどのプラットフォームに限りません。アテンション・エコノミーに支配されている多くのメディアも、ＳＮＳと同様、危うい状況にあります。アテンション・エコノミーのもとでは、企業もメディアも、エンターテインメントを求める人々の心情に応える方向にシフトしていきます。

情報飽和による弊害が特に目立つようになったのは、ごく最近、二〇一〇年以降のことです。二〇世紀末にインターネットが普及し、二〇〇〇年代には多くの人がインターネットを閲覧するようになりました。しかし、誰もが発信するまでには至りませんでした。それが、二〇一〇年代になると、大規模なＳＮＳ、プラットフォームが出現し、情報提供者が大幅に増加することで情報の飽和が目立ってきました。

人間が一日に情報取得のために使える時間、すなわち情報可処分時間は限られています。以前であれば、社会的に十分な情報を得るために、毎朝一時間程度、新聞を端から端までじっくり読んでいました。その中には大して興味のない情報も含まれていたでしょう。しかし、今はインターネット上で、好きなタレントの情報を追っていくだけで、同じ一時間が過ぎてしまいます。

好きな情報ばかり見続けてしまうという人の性向を止める方法はありませんし、止めるべきではないでしょう。特定の情報の摂取を抑制するということは、人の自由を奪うこととほぼイコールのため、法的にも心理的にも強制するのは不可能です。

# 国語

（六〇分）

**次の文章を読んで、あとの問い（問1～問15）に答えなさい。解答番号は 1 から 55 。《配点100》**

インターネットは、日々の買い物から家族や友人とのコミュニケーション、ニュースの閲覧まで、なくてはならない存在になっています。特にメールや各種ＳＮＳ（ソーシャル・ネットワーキングサービス）など現代社会のコミュニケーションの多くは、ネット上の（注1）デジタルプラットフォームを介して行われています。

情報社会の発展によって、私たちの日常生活の利便性が向上している一方で、デマやフェイクニュースの拡散、社会の分断、プラットフォーム事業者による個人の認知過程へのハッキングなど、新たな社会問題も多数発生しています。このような、私たちの日常生活に必要不可欠となったネットが社会にもたらす問題を、どのように解決していけばよいのでしょうか。

インターネットの発達により情報化社会となった現在では、あまりに多くの情報が存在しているため、すべての情報を吟味し、どの情報を信用して意思決定をするべきかを見極めることは困難となっています。その結果、フェイクニュースやデマなどの問題が生じていることは、多くの人が実感しているのではないでしょうか。しかし、この問題を技術的に解決するのは困難です。

# 解答編

## 英語

**I　解答**　**問1.** (ア)―①　(イ)―③　(ウ)―③　(エ)―②　(オ)―④
**問2.** (a)―④　(b)―①　(c)―②　(d)―②　(e)―④
**問3.** (あ)―④　(い)―①　(う)―②　**問4.** ③，④

### 解説

**《欠陥のあるロボットは日本の子どもが潜在能力を解き放つ手助けとなる》**

**問1.** (ア)　第1段第1文で，「子どもは周りの世界がどのように機能しているのかを学びたいという自然な好奇心から科学に惹かれる」とあることから，子どもの話だとわかる。よって①が正解。

(イ)　第3段第4文（“Everyone took turns …）に「皆が交代でそれ（ロボット）の世話をした」とあることから，良い影響があったとわかる。よって③ positive（impact）「プラスの（影響）」を選ぶ。

(ウ)　第5段第4文（“When this happens, …）に，「これが起こると，子どもたちは喜んでロボットが忘れている部分を思い出す手助けをする」とあることから，それと反対に「もしロボットが単に話をする」のであれば，「子どもたちはただ座って受動的に聞くだろう」とわかる。よって③ passively「受動的に」が正解。

(エ)　第6段第2文（“They can act …）に「それらは（交流の）架け橋としてはたらく」とあり，空所(エ)の直後には，その具体例が続く。したがって，② For instance「たとえば」が正解。

(オ)　空所(オ)を含む文（In another case, …）の後半（instructing it in …）で，「彼が学校で学んだことについてそれに教えて」とあることから，④「教師」の役割を担っていることがわかる。

**問2.** (a)　look(ing) after は「世話をする」という意味なので，同義の

④taking care ofを選ぶ。

(b) on its ownは「それ自身で」という意味なので，①by itselfが正解。

(c) liken(s)は「なぞらえる」という意味なので，②compares「なぞらえる，たとえる」が近い。

(d) struggleは「悪戦苦闘する」という意味なので，②find difficult「困難だとわかる」が近い。

(e) apply(ing) はここでは「～を応用する」という意味なので，④using「使う」が近い。

**問3．** **(あ)** 第3段第1文（Okada admits that …）に「彼が作ったムーという名の最初のロボットは，機能面で不十分な点が多く残る単純なモデルだった」とあることから，④が正解。

**(い)** 第5段第3文（"It retells folktales …）に，「それは民話を語るが，ときどき大事な単語を忘れてしまう」とある。①は「それは自身で話を作って語ることのできるロボット」とあり，「自身で話を作る」という点が本文の内容に一致しない。

**(う)** ①「子どもたちは教師からよりも友好的なロボットからのほうが，より効果的に科学技術を学ぶことができる」

本文全体を通して，欠陥のあるロボットの有用性が述べられており，教師との比較もないため，誤り。

②「子どもたちにロボットとのやりとりの機会を与えることで，科学技術への彼らの興味を高めることができる」

第1段第3文（What can be …）では，子どもたちが科学への興味を持ち続けるにはどうしたらよいかと問いかけており，第2段以降では，その1つの方法として欠陥のあるロボットとの交流が挙げられているので，本文の内容に一致する。

③「将来，ロボットは大人にだけでなく障がいのある子どもも含めた小さな子どもたちにも使用できるようになる必要がある」

第6段（Okada also sees …）と第7段（He notes …）の内容より，すでに障がいのある子どもにも使用できることがわかる。

④「どの子どもが幼いうちから科学技術により興味を持っているかを見極めることが大切だ」

本文にそのような記述はない。

**問4．** ①「岡田教授は，小学校教育の専門家である」

第2段第3文（Professor Okada Michio…）より，豊橋技術科学大学の教授で，ロボットの分野の第一人者であることがわかるので，誤り。

②「ロボットゴミ箱は，ゴミを持っている人のところに走っていき，彼らがゴミ箱にゴミを捨てられるようにする」

第4段第2文（"When it comes…）に「それはゴミを見つけると助けを求める」とあり，本文の内容に一致しない。

③「『欠陥のあるロボット』は子どもたちに達成感を与えることができるので子どもたちにとって良いものだ」

第5段第1文（Okada says that…）に「岡田氏は，このような単純なやりとりが子どもたちに満足感や達成感を与えると言う」とあり，本文の内容に一致する。

④「『欠陥のあるロボット』は自閉症の子どもが他者とコミュニケーションをとる手助けにもなる」

第6段第3文（"(　エ　), a child…）に「自閉症の子どもが，シャツのポケットに収まるロボットに自分のエッセイを授業で読んでもらうことができる」とあり，同段第1文（Okada also sees…）の内容から，これがコミュニケーションの助けになると考えられる。本文の内容に一致する。

⑤「ダウン症候群の子どもの例は，親が自分の子どもが学校で学んだことを知る必要はないことを示している」

本文にこのような記述はない。

## Ⅱ　解答

**問1．** (ア)―③　(イ)―②　(ウ)―②　(エ)―③　(オ)―①　(カ)―③

**問2．** (a)―④　(b)―④　(c)―③　(d)―④　(e)―④

**問3．** (あ)―③　(い)―②　**問4．** ③，⑤

## 解説

**《幸せな人になる方法》**

**問1．** (ア)　第3段第2文（Research has found…）に「良好な社会的関係は幸福の最も強いサインだ」とあることから，正解は③。

(イ)　第4段第1文（In the Harvard…）に，「ハーバードの成人発達研究では，参加者を80年以上にわたって調査した長期的な研究で，研究者らは人間関係とその関係性においてどれだけ人々が幸せであるかが，健康全般に強く影響を与えることを見出した」とあることから，②solid「強固な，信頼できる」を選ぶ。

**(ウ)**　空所(ウ)の後に including improved mood「気分を改善することを含めて」とあることから，「利点」を意味する②を選ぶ。

**(エ)**　第5段（Exercise is good …）と第6段（In one analysis …）では，運動と幸福の関係性が述べられているので，「つながり，関係」という意味の③が正解。

**(オ)**　空所(オ)の後の injustices は「不正」なので，①deal with ～「～に対処する」を選ぶ。他の選択肢だと「不正に従う」，「不正を支持する」など，不正を肯定する意味になる。

**(カ)**　最終段第1文（This sense of …）には「この目的意識は様々な要因に影響されるが，あなたが育てることのできるものでもある」とある。空所(カ)には肯定的な内容が入ると考えられるので，③を入れる。「それにはあなたが深く関心のある目標を見つけることが含まれ，それによりその目標に向けて努力するために生産的で前向きな行動に取り組むことができる」となり，意味が通る。

**問2．(a)**　from time to time は「時々」という意味なので，正解は④。

**(b)**　indicator はここでは「サイン」の意味なので，正解は④。

**(c)**　numerous は「多数の」という意味なので，正解は③。

**(d)**　as little as は「たった～だけ」という意味なので，正解は④。

**(e)**　affordable は「手頃な価格の」という意味なので，④inexpensive「安価な」が正解。

**問3．(あ)**　(A)では「基本レベルの幸福をコントロールすることはできないかもしれないが，あなたの人生をより幸せで充実したものにするためにできることはある」と述べられており，③の内容と一致する。

**(い)**　①は第3・4段，③は第7・8段，④は最終3段でそれぞれ述べられている。幸せになる方法として当てはまらないのは②。

**問4．**①「双子の全般的な生活満足度は遺伝子のためほとんど同じである」

　本文中にこのような記述はない。

②「もしあなたがより幸せになりたいならば，新しい友人を作ろうとせず，

古くからの友人との関係を保つべきだ」

第4段最終文（Consider deepening your …）に「既存の関係を深めることを考慮し，新しい友人を作る方法を探しなさい」とあり，一致しない。

③「運動は，身体的にだけでなく，心理的にも人に影響を与える」

第5段第1文（Exercise is good …）に「運動は体と心の両方に良い」とあり，一致する。

④「日常の問題を毎晩書くことは，ストレスを増加させる」

本文中にこのような記述はない。

⑤「人は自分の興味や情熱を探求することによって目的意識を見出すことができる」

第10段第1文（Some things you …）に「目的意識を見つけ…るためにできることには，興味や情熱を探求すること…が含まれる」とあり，一致する。

## III 解答

**(1)**—③　**(2)**—①　**(3)**—④　**(4)**—①　**(5)**—④　**(6)**—③
**(7)**—④　**(8)**—④　**(9)**—④　**(10)**—②

### 解説

**(1)**　「世界で最も有名な科学者の2人」という意味になるよう③of the most を選ぶ。

**(2)**　後の箇所に her parents … by her grandfather「彼女の両親はとても忙しかったので，祖父に育てられた」とあることから，「子どものとき」という意味になるように①As を選ぶ。

**(3)**　「～と一緒に」という意味になるのは④together with である。

**(4)**　familiar with ～「～に詳しい」

**(5)**　現在完了形で「連絡を取り続けている」という意味になるように，④を選ぶ。

**(6)**　be known for ～「～で知られている」

**(7)**　back and forth「前後に，行ったり来たり」

**(8)**　get *A* *done*「*A* が～された状態にする」

**(9)**　depend on ～「～次第だ」

**(10)**　How about *doing*?「～するのはどうですか」

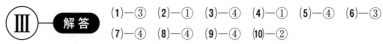

## Ⅳ 解答

（２番目・４番目の順に）（ア）―③・②　（イ）―④・②　（ウ）―④・①　（エ）―②・④　（オ）―①・②　（カ）―③・②　（キ）―⑤・②　（ク）―②・③　（ケ）―④・①　（コ）―②・⑤

### 解説

（ア）（Yumi）took it for granted that（her mother prepared her breakfast every day.）

take *A* for granted「*A* を当然だと思う」 ここでは，形式目的語の it が用いられ，その内容が that 節で述べられている。

（イ）（I cannot）agree with your idea even though other（people say it is OK.）

agree with ～「～に賛成する」 even though SV「～だとしても」

（ウ）（Yesterday, Jonathan performed at the King Theater and）his enthusiastic performance impressed all the audience(.)

（エ）（Mary likes adventure books and fell）in love with the book recommended（by her friend.）

fall in love with ～「～が大好きになる」 recommended は分詞の後置修飾で the book に説明を加えている。

（オ）（I could not）feel at home because my father（was very angry at me for spending too much money.）

feel at home「心が休まる」

（カ）（He）surprised me by coming out（from behind the door suddenly so I screamed very loudly.）

与えられた日本語では「私は驚いて」とあるが，英文では He が主語になっていることに注意して，He surprised me「彼が私を驚かせた」とする。by *doing*「～することによって」

（キ）（I）looked up the word but could not（find the meaning in the dictionary.）

look up ～「（単語など）を辞書で調べる」

（ク）（Cathy needs to）save money in order to（study in Singapore next summer.）

save money「お金を貯める」 in order to *do*「～するために」

（ケ）（I）had to walk all the（way home because the bus service was not available.)

have to *do*「〜しなければならない」を過去形にしている。all the way to〜「〜まではるばる」 ここではhomeが副詞であるため，前置詞toは用いない。

(コ) (Jim had) no choice but to decide (to move into the apartment because that was the only one he could afford.)

have no choice but to *do*「〜せざるを得ない」

# 化学

## I　解答

**問1.** (1) 1 —④　2 —③　3 —⑥　4 —②
(2) 5 —①　6 —⑦
(3) 7 —⑥　8 —⑩　9 —⑤　10—⑬　11—①　12—⑨

**問2.** 13—②　14—③　15—④　16—⑦　17—①　18—⑥　19—⑤

### 解説

**《元素の周期律，同族元素，元素の検出，身のまわりの物質》**

**問1.** (1)　図1～図4は周期表で原子番号1～30までの元素の周期律を表したものである。

**1.** 図1は，原子番号2，10，18の18族の貴ガス（希ガス）元素で極小の値をとり，原子番号9，17の17族のハロゲン元素で極大の値をとっている。したがって，価電子数を表したものである。

**2.** 図2は，原子番号の増加とともに値が大きくなる傾向があり，原子量を表したものである。

**3.** 図3は，同一周期では18族元素が大きく，1族元素が小さい。また，原子番号2のヘリウムHeが最大の値をとっている。したがって，(第一)イオン化エネルギーを表したものである。

**4.** 図4は，図2とは異なり，原子番号の増加とともに単調に増加しており，原子番号と陽子数は等しいので，陽子数を表したものである。

(2)　図1～図4の○で示された元素はカルシウムCaである。2族に属するアルカリ土類金属元素であり，2個の電子を失って二価の陽イオンになりやすい。

(3)　A，B，Cの各元素と，炎色反応の色はそれぞれ次のようになる。

A：リチウムLi，赤色

B：カリウムK，赤紫色

C：銅Cu，青緑色

**問2.** **13.** 塩化ナトリウムNaClであり，NaCl水溶液を陽イオン交換膜を用いて電気分解すると，陰極側の溶液に水酸化ナトリウムNaOHが生成する。

**14.** 油脂を NaOH で加水分解（けん化）するとグリセリンと高級脂肪酸のナトリウム塩が得られる。この高級脂肪酸のナトリウム塩がセッケンである。

**15.** ベーキングパウダーや発泡入浴剤には炭酸水素ナトリウム $NaHCO_3$ が含まれている。

**16.** 植物の生育に必要な窒素 N を多く含む肥料を窒素肥料といい，アンモニウムイオン $NH_4^+$ などが含まれている。選択肢からは硫酸アンモニウム $(NH_4)_2SO_4$ となる。

**17.** さらし粉は水酸化カルシウム $Ca(OH)_2$ の懸濁液に塩素 $Cl_2$ をゆっくり通じてつくられる。

$$Ca(OH)_2+Cl_2 \longrightarrow CaCl(ClO)\cdot H_2O$$

**18.** 乾燥剤や道路の凍結防止剤には，塩化カルシウム $CaCl_2$ が用いられている。

**19.** 炭酸カルシウム $CaCO_3$ は貝殻の主成分である。$CaCO_3$ とセッコウ $CaSO_4\cdot 2H_2O$ と粘土を混ぜてセメントが作られる。

**II 解答**　**問1.** (1)**20**—⑫　**21**—⑭　(2)**22**—⑩　(3)**23**—②　(4)**24**—⑧　(5)**25**—⑰

**問2.** **26**—⑰　**27**—⑱　**28**—②　**29**—⑤　**30**—⑥　**31**—⑩　**32**—⑳　**33**—⑨

**問3.** **34**—④　**35**—⑦　**36**—③　**37**—⑩　**38**—⑨　**39**—⑪

## 解説

**《物質量，化学反応式とその量的関係，酸化と還元，活性化エネルギー》**

**問1.** (1)　$3.0\times10^{23}$ 個のメタン $CH_4$（分子量 16）の質量は

$$16\times\frac{3.0\times10^{23}}{6.0\times10^{23}}=8.0[g]$$

このメタンが占める体積（標準状態）は

$$\frac{3.0\times10^{23}}{6.0\times10^{23}}\times22.4=11.2[L]$$

(2)　硫酸分子 $H_2SO_4$ 1 分子に含まれる酸素原子 O は 4 個なので，$4.8\times10^{24}$ 個の O を含む $H_2SO_4$ の物質量は

$$\frac{4.8\times10^{24}}{6.0\times10^{23}}\times\frac{1}{4}=2.0\text{〔mol〕}$$

**(3)**　標準状態の $O_2$ 2.24 L に含まれる $O_2$ 分子の数は

$$6.0\times10^{23}\times\frac{2.24}{22.4}=6.0\times10^{22}\text{〔個〕}$$

**(4)**　0.20 mol/L の水酸化ナトリウム NaOH 水溶液 50 mL に含まれる NaOH の物質量は

$$0.20\times\frac{50}{1000}=1.0\times10^{-2}\text{〔mol〕}$$

したがって，NaOH（式量 40）の質量は

$$40\times1.0\times10^{-2}=0.40\text{〔g〕}$$

**(5)**　炭酸カルシウム $CaCO_3$（式量 100）20.0 g の物質量は

$$\frac{20.0}{100}=0.200\text{〔mol〕}$$

必要な塩化水素 HCl（分子量 36.5）の質量は

$$36.5\times0.200\times2=14.6\text{〔g〕}$$

したがって，求める 20.0％の塩酸の質量は

$$14.6\times\frac{100}{20.0}=73.0\text{〔g〕}$$

**問２．**酸性溶液中で式(i)より，スズ(Ⅱ)イオン $Sn^{2+}$ は電子を放出して $Sn^{4+}$ に変化しているので，$Sn^{2+}$ の反応は酸化反応である。また，式(ii)より，過マンガン酸イオン $MnO_4^-$ は電子を受け取って $Mn^{2+}$ に，式(iii)より，二クロム酸イオン $Cr_2O_7^{2-}$ は電子を受け取って $Cr^{3+}$ に変化している。したがって，$MnO_4^-$ と $Cr_2O_7^{2-}$ の反応はいずれも還元反応である。

また，反応前後で電荷の総和は等しくなるので，電子の数を $x$ 個とすると，式(i)～式(iii)それぞれについて

$$Sn^{2+} \longrightarrow Sn^{4+}+xe^-$$

$$(+2)=(+4)+(-1)\times x \qquad x=2$$

$$MnO_4^-+8H^++xe^- \longrightarrow Mn^{2+}+4H_2O$$

$$(-1)+(+1)\times8+(-1)\times x=(+2)+0 \qquad x=5$$

$$Cr_2O_7^{2-}+14H^++xe^- \longrightarrow 2Cr^{3+}+7H_2O$$

$$(-2)+(+1)\times14+(-1)\times x=(+3)\times2+0\times7 \qquad x=6$$

**A** の水溶液中の $Sn^{2+}$ を $Sn^{4+}$ に酸化するのに必要な $KMnO_4$ 水溶液を $x$〔mL〕とすると，授受した電子の物質量は等しいので，次式が成り立つ。

$$0.15\times\frac{20}{1000}\times2=0.10\times\frac{x}{1000}\times5$$

$$x=12〔\mathrm{mL}〕$$

**B** の水溶液中の $Sn^{2+}$ を $Sn^{4+}$ に酸化するのに必要な $K_2Cr_2O_7$ 水溶液を $y$〔mL〕とすると，授受した電子の物質量は等しいので，次式が成り立つ。

$$0.15\times\frac{20}{1000}\times2=0.10\times\frac{y}{1000}\times6$$

$$y=10〔\mathrm{mL}〕$$

**問3．** 右図より，この反応の活性化エネルギーは，反応物 $\left(SO_2+\frac{1}{2}O_2\right)$ から活性化状態（遷移状態）になるまでのエネルギーであり，125kJ である。反応物と生成物 $(SO_3)$ のもつエネルギーは，「反応物のもつエネルギー」>「生成物のもつエネルギー」より，反応は発熱反応であることがわかり，その反応熱はエネルギーの差である 94kJ である。この反応で触媒を用いると，反応の活性化エネルギーは小さくなり，反応速度は大きくなるが，反応物，生成物のもつエネルギーは変化しないので，反応熱は変化しない。

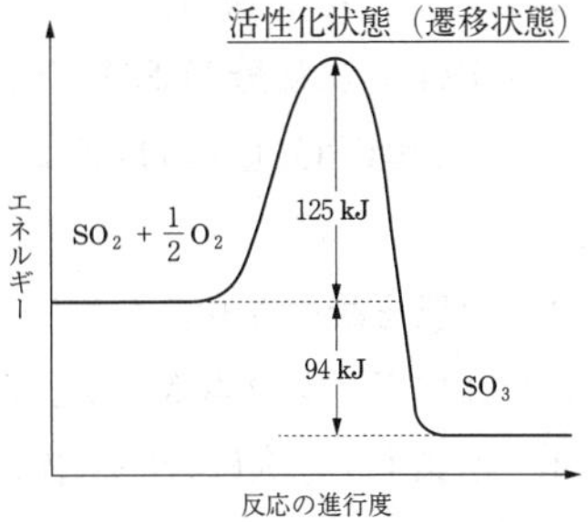


## Ⅲ　解答

**問1．** (1) **40**—②　**41**—⑦　**42**—⑫　**43**—⑭　**44**—④　**45**—③　**46**—⑤　**47**—⑥　**48**—⑨　**49**—⑥

(2) **50**—⑮

**問2．** (1) **51**—③　(2) **52**—⑫　(3) **53**—⑦　(4) **54**—①　**55**—⑤　**56**—⑧

## 解説

**《金属イオンの性質，身のまわりの無機物質》**

**問1．** (1)　$Ag^+$，$Cu^{2+}$，$Fe^{3+}$ を含む混合水溶液に希塩酸を加えると，塩化銀 AgCl の白色沈殿が生じる。AgCl にアンモニア水を加えると，次の反応が起こり，無色の溶液に変化する。

$$AgCl+2NH_3 \longrightarrow [Ag(NH_3)_2]^+ + Cl^-$$

ろ液（希塩酸で酸性）には$Cu^{2+}$，$Fe^{3+}$が含まれており，硫化水素$H_2S$を通じると，黒色の硫化銅（Ⅱ）$CuS$が沈殿する。$H_2S$は還元剤としてはたらき，$Fe^{3+}$を$Fe^{2+}$に還元しているので，酸化剤として硝酸$HNO_3$を加えて$Fe^{2+}$を$Fe^{3+}$に戻してから，$NH_3$と塩化アンモニウム$NH_4Cl$を加えると，赤褐色の水酸化鉄（Ⅲ）の沈殿が生じる。

**(2)**　アルカリ金属元素のイオンは沈殿を生じにくく，炎色反応によって元素の検出をする。選択肢の中では，$Na^+$が該当し，炎色反応は黄色を示す。

**問2．(1)**　リン酸肥料である過リン酸石灰は，リン酸カルシウム$Ca_3(PO_4)_2$に硫酸$H_2SO_4$を加えて加熱することでつくることができる。

$$Ca_3(PO_4)_2+2H_2SO_4 \longrightarrow \underbrace{Ca(H_2PO_4)_2+2CaSO_4}_{\text{過リン酸石灰}}$$

**(2)**　豆腐を凝固させるために，にがりが使用される。にがりの成分はおもに塩化マグネシウム$MgCl_2$である。

**(3)**　水素$H_2$の次に軽い気体はヘリウム$He$であり，貴ガス（希ガス）に分類される。

**(4)**　ハロゲン元素の単体はフッ素$F_2$，塩素$Cl_2$，臭素$Br_2$，ヨウ素$I_2$であり，いずれも二原子分子である。また，常温・常圧で淡黄色の$F_2$，黄緑色の$Cl_2$は気体であり，赤褐色の$Br_2$は液体，黒紫色の$I_2$は固体である。

# 生　物

## Ⅰ　解答

**問1.** (1) 1―⑦　2―⑧　3―⑪　4―①
(2)―⑦　(3)―②　(4)―⑪

**問2.** (1)―⑤　(2) 9―⑮　10―⑯

**問3.** (1) 11―③　12―①　13―⑱　14―⑦　15―⑬　16―⑧　17―⑥
18―②　19―⑤
(2) 20―④　21―⑤　22―②

### 解説

**《体内環境の維持》**

**問1.** (2)　ヒトの血液の有形成分の数は知っておくべきデータである。多い順に列挙すると

赤血球：400万～500万個/$mm^3$
血小板：20万～40万個/$mm^3$
白血球：6000～9000個/$mm^3$

となる。したがって，赤血球に関する文章を選べばよい。a．生体防御は白血球のはたらき。b．酸素の運搬は赤血球のはたらき。c．病原体の排除は白血球のはたらき。d．寿命が約8～12日なのは血小板である。e．ヒトの赤血球は核がなく，中央がくぼんだ円盤状である。

(3)　血液凝固反応では，プロトロンビンがトロンビンになり，トロンビンの作用でフィブリノーゲンがフィブリンになるため，aが正しい。なお，bのプラスミンは肝臓でつくられる物質であり，血液凝固によって生じた血ぺいを溶かす物質（線溶という）であるため誤り。また，血液凝固に必要なイオンはカルシウムイオンであるため，cが正解で，d・eは誤りとわかる。

**問2.** (1)　図の縦軸の値が相対値であることと，赤血球の内液と等張な食塩水が0.9%であることから，縦軸の値の1.0を基準に考えると，浸透圧が1.0になるグルコース液の濃度は5%とわかる。

(2)　グルコース濃度が等張液となる5%よりも高い場合に赤血球は縮み（A液），低い場合に溶血する（B液）と考えられるため，8%，10%の

溶液に入れたときに赤血球内の水が外液に移動して縮み，０%，0.5%，１%の溶液に入れたときに外液の水が赤血球内に移動して吸水するため破裂（溶血）する。

**問３．**(2)　下線部Ａ：グリコーゲンの合成を促進すると血糖値は低下するので，インスリンのはたらきとわかる。

下線部Ｂ：グリコーゲンが分解されてグルコースになると血糖値は上昇するので，すい臓から分泌されるホルモンであるグルカゴンとわかる。

下線部Ｃ：タンパク質からのグルコースの合成（糖新生という）を行うのは糖質コルチコイドである。

## Ⅱ　解答

**問１．**(1)**23**―①　**24**―⑥　**25**―⑦　**26**―⑮　**27**―⑤　**28**―⑫

(2)―⑦　(3)―④　(4)**31**―⑤　**32**―③　**33**―③

**問２．**(1)―⑨　(2)**35**―⑩　**36**―①　**37**―②　**38**―⑤

**問３．**(1)―④　(2)**40**―①　**41**―⑤

**問４．**(1)―②　(2)**43**―⑩　**44**―①　**45**―⑥

### 解説

**《遺伝情報の発現》**

**問１．**(4)　シャルガフの法則より，二本鎖DNAではＡとＴ，ＣとＧの割合が等しくなる。したがって，Ａの割合が30%のとき，Ｔも30%となり，全体の60%がＡとＴとなるので，残りの40%はＣとＧが20%ずつを占める。

**問２．**(1)　ａ．正文。表中の生物で原核生物は大腸菌だけであり他は真核生物である。大腸菌のゲノムサイズは約460万塩基対であるのに対し，他の真核生物はゲノムサイズが最も小さいシロイヌナズナでも約1.2億塩基対であるため，ゲノムサイズは原核生物のほうが小さいとわかる。

ｂ．誤文。大腸菌は約460万塩基対の中に約4500個の遺伝子があるので，460万塩基対÷4500個＝1022.2よりおよそ1000塩基対あたり１個の割合で遺伝子をもつことになる。

ｃ．正文。メダカとメキシコサンショウウオのゲノムサイズに対する遺伝子の割合（遺伝子数÷塩基対数×100）をそれぞれ求めると

　　メダカ：20000個÷8億塩基対×100＝0.0025〔%〕

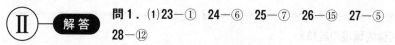

メキシコサンショウウオ：

23000 個÷320 億塩基対×100＝0.000071875〔%〕

となる。したがって，ゲノムサイズに対する遺伝子の割合はメダカのほうが大きい。

d．正文。cと同様に，大腸菌の割合も求めると

大腸菌：4500 個÷460 万塩基対×100＝0.0978〔%〕

となり，原核生物は真核生物よりもゲノムサイズに対する遺伝子の割合が大きいことがわかる。

(2)　1つの遺伝子が2000個の塩基対からなり，タンパク質を指定する遺伝子は20000個あるので，ヒトゲノムの中にあるタンパク質を指定する領域は

2000 塩基対／個×20000 個＝40000000 塩基対

となる。したがって，これが32億塩基対の中で占める割合を求めると

40000000 塩基対÷32 億塩基対×100＝1.25〔%〕

となる。

**問3．**(1)　複製中の細胞は，複製の進み具合によって細胞内のDNA量が異なるため，DNA量の相対値が2と4の間になる。

(2)　測定した3000個の細胞に占めるDNA合成期や分裂期の細胞の割合は，1細胞周期20時間に占める割合と一致するので

DNA合成期：750 個÷3000 個×20 時間＝5 時間

分裂期：150 個÷3000 個×20 時間＝1 時間

となる。

**問4．**図4には開始コドン（AUG）と終止コドン（UAA，UAG，UGA）が含まれるので，最初に出てくるAUGを開始コドンとして3塩基ずつ区切っていくとよい。最初に出てくる開始コドンは19番目のAから始まるAUGであり，終止コドンは67番目のUから始まるUGAである（下の□で囲った部分）。以下はその配列を書き出したものである（下の数字はアミノ酸の数）。

| | | | | | | | | | | | |
|---|---|---|---|---|---|---|---|---|---|---|---|
| [AUG] | GCC | CUG | UGG | AUG | GCC | CUC | CUG | CCC | CUG | CUG | GCG |
| 1 | 2 | 3 | 4 | 5 | 6 | [7] | 8 | 9 | 10 | 11 | 12 |
| CGC | UGG | GCC | CUC | [UGA] | | | | | | | |
| 13 | 14 | 15 | 16 | | | | | | | | |

したがって，7番目のアミノ酸はCUC（下線部）よりロイシンとわかる。さらに，終止コドンはアミノ酸を指定しないので，合計16個のアミノ酸を指定していることがわかる。

## III　解答

**問1.** (1)46−⑭　47−⑥　48−①　49−⑤　50−③　51−⑮　52−⑦
(2)−⑧　(3)−③

**問2.** (1)−⑤　(2)−⑦　(3)−⑥

**問3.** (1)58−⑥　59−①　(2)−②　(3)−⑦　(4)−⑦

## 解説

**《光合成と呼吸》**

**問1.** (2)　植物細胞であっても，表皮系に属する表皮細胞（ア）や根毛の細胞には葉緑体がない。ただし，表皮系の細胞であっても気孔をつくる孔辺細胞には葉緑体がある。

(3)　③誤文。双子葉植物の茎の維管束系であれば木部（道管）と師部（師管）の間に形成層があるが，葉の維管束系に形成層はない。

**問2.** (1)　示された条件がそれぞれ正しかった場合，どのような結果になるか考えてみるとよい。

1つ目：低温による$CO_2$吸収速度の低下の原因が気孔の閉鎖によるものであれば，光を照射しても気孔は開かないため，葉の内部（図1のイやウ）の$CO_2$濃度は低下するはずである。

2つ目：葉緑体の機能の低下が原因であれば，光を照射すると気孔は開くが葉緑体で$CO_2$が使われないため，葉の内部（図1のイやウ）の$CO_2$濃度は上昇するはずである。

したがって，⑤光照射時の葉の細胞間の$CO_2$濃度を測定することで，$CO_2$濃度が低下すれば1つ目の条件が，上昇すれば2つ目の条件が原因だとわかる。

(2)　光合成が活発に行われれば大気中の$CO_2$濃度が低下するので，図2のグラフの傾きを見ればよい。最も傾きが低下しているのは7月から8月である。

(3)　光合成には緑色植物やシアノバクテリアが行う光合成と，紅色硫黄細菌や緑色硫黄細菌が行う光合成がある。両者は反応式も覚えておく必要がある。

緑色植物やシアノバクテリアが行う光合成

$6CO_2 + 12H_2O \longrightarrow C_6H_{12}O_6 + \boxed{6O_2} + 6H_2O$　… 酸素が発生する。

紅色硫黄細菌や緑色硫黄細菌が行う光合成

$6CO_2 + 12H_2S \longrightarrow C_6H_{12}O_6 + \boxed{12S} + 6H_2O$　… 酸素が発生しない。

**問3．**(2)　細胞小器官aは葉緑体であり，bはミトコンドリアである。葉緑体ではカルビン・ベンソン回路（カルビン回路）でATPを消費する反応がある。

(4)　ア．正文。葉緑体aで行う光合成とミトコンドリアbで行う呼吸はともに複数の酵素が関与する一連の反応である。

イ．正文。光合成は光エネルギーをATPのエネルギーに変換して利用し，呼吸は有機物のもつ化学エネルギーをATPのエネルギーに変換するため，ともにエネルギーの移動や変換が行われる。

ウ．正文。葉緑体にはチラコイド膜上に電子伝達系が，ミトコンドリアにはマトリックスにクエン酸回路と内膜に電子伝達系があるため，ともにATPの合成を行う。

りそう」と述べている。また、最終段落でも「アテンション・エコノミーの弊害……その弊害を克服するアプローチ……より実効的になるように思われる」と述べており合致している。

⑦点線5の直後の段落の「私たちがこれまで考えてきた世界観と……新たな世界観の間に大きな乖離が生まれてきている……私たちは古い考え方、古い生態系のまま動いてしまっています」という内容に合致している。

着目する。直前に同内容の言葉が入っているとすればEには⑤が入る。

**問9** **(1)** 文節には自立語が一つしか含まれないので、自立語の数が文節の数である。自立語は「それ」「脱し」「新しい」「もの」「作り出す」「困難な」「作業」の七つである。「それを／脱して／新しい／ものを／作り出すのは、／困難な／作業です」と区切る。

**(2)** 注意が必要なのは「困難な」は形容動詞なので、「困難」と「な」には分解できない点である。「それ／を／脱し／て／新しい／もの／を／作り出す／の／は、／困難な／作業／です」と区切る。

**(3)** 「それ」は代名詞で、名詞に含まれる。「それ」「もの」「作業」の三つ。

**(4)** (2)で区切った十三の単語のうち、七つの自立語を除くと六つの単語があるが、最後の「です」は活用があるため、助詞ではなく助動詞である。したがって助詞は五つになる。

**問10** 二重傍線部Ⅴを含む段落冒頭に「個々人が自ら意思決定できるという理性的な人間像を前提に……それは『自然』ではなく『作為』であり、虚構でもあった」とある。この内容に合致している選択肢は①である。

**問12** 二重傍線部Ⅵの直後の内容から考えるとよい。「ナッジを入れたほうがプラットフォーマーにとっても経済的に有利であるという状況」を作る方法を考えないと、「ナッジの利用は机上の空論となる」と述べている。「机上の空論」ということは、「ナッジを使って多様な情報にアクセスしやすくなる仕掛けを入れておくこと」が、現時点では必ずしもプラットフォーマーの利益につながるわけではないということを示している。

**問14** ジレンマとは〝二つの相反する事柄の板ばさみになって、どちらとも決めかねる状態〟の意である。これだけで⑤が正解であると考えられるが、一応確認しておくと、二重傍線部Ⅶの直前の「真っ当なメディアを立ち上げて頑張ろう……ジャンクなものばかり食べている人はそもそも近づかない」という内容に合致している。

**問15** ⑤全体を通してアテンション・エコノミーの問題点がいくつか指摘され、空欄Xの二段落前では「私たちはアテンション・エコノミーから逃れられない……その中でどのように諸問題を解決していくべきかを検討していく必要があ

**問15**　⑤・⑦（順不同）

## 解説

**問3**　二重傍線部Ⅰの直前の段落に「おいしそうな記事と読ませたい記事をバランスよく配分する」「興味深い記事で読者を引きつけたうえで、実際に読ませたい記事はその隣に配置したりします……そこには『編集』という過程があり」とある。「見てほしい記事」と「興味深い記事とを組み合わせて発信」するとした④の内容が合致している。

**問4**　「アテンション・エコノミー」のことを、第四段落で「関心を競う経済」と説明している。二重傍線部Ⅱの「アテンションの『強奪』」とは、別のところに向かっていた関心を奪うことだと言える。直前に「利用者の行動履歴をデータとして利用することで、個々の利用者の好みや認知傾向が手に取るようにわかり、利用者の関心にマッチした記事をこれまでよりも簡単に提供できる」とある。この二つの内容に合致しているのは①である。

**問5**　二重傍線部Ⅲのある段落冒頭に「これまで、利用者が何にどれだけ関心を払うかは、利用者自身が決めていました」とある。それが今や「認知科学の知見を巧みに利用することによって、利用者の意思決定を強く誘導できるようにな」ったのである。「自己決定」をしていると思っているが、実は「誘導」されていたということを強調しているのである。

**問7**　二重傍線部Ⅳの直前の段落に「必ずしも『質の良い』コンテンツのみを求めているわけではなく」とある。では何を求めているのかというと、直後で述べているように「ファストフード……ドーパミンが出て、本能的、生理的にそれらを求めてしまう」「フェイクニュースやヘイト的なコメントは、まさにドーパミンが出やすい情報」が求めているそれであり、①の「興味本位の記事」が合致している。

**問8**　A・Bは挿入する文章の二段落目が「今のネットの広告モデル」の説明になっていることに着目する。一段落目にはネットの広告ではない例が入るはずである。テレビの例を入れるのが適切であるから、②→④となる。Cは前の内容を受けてのものなのでここには①を入れるのが適切である。D・Eは最後の「読者層を決めなくても」の「も」に

# 国語

**出典**　鳥海不二夫・山本龍彦『デジタル空間とどう向き合うか――情報的健康の実現をめざして』〈はじめに／第1章　アテンション・エコノミーに支配される私たち〉（日経プレミアシリーズ）

**解答**

**問1**　**1**―⑤　**2**―④　**3**―③　**4**―①　**5**―⑥　**6**―②　**7**―⑥　**8**―③　**9**―②　**10**―⑤

**問2**　**1**―⑥　**2**―③　**3**―②　**4**―⑤　**5**―⑤

**問3**　④

**問4**　①

**問5**　④

**問6**　**ア**―③　**イ**―①　**ウ**―⑤　**エ**―⑦　**オ**―②　**カ**―④　**キ**―⑥

**問7**　①

**問8**　**A**―②　**B**―④　**C**―①　**D**―③　**E**―⑤

**問9**　**(1)**―⑦　**(2)**―⑬　**(3)**―③　**(4)**―⑤

**問10**　①

**問11**　**あ**―①　**い**―⑤　**う**―③　**え**―⑥　**お**―④　**か**―②　**き**―⑦

**問12**　②

**問13**　**ク**―⑤　**ケ**―⑧　**コ**―③　**サ**―②　**シ**―⑦　**ス**―①　**セ**―④　**ソ**―⑥

**問14**　⑤

## 学校推薦型選抜（専願Ⅱ日程／併願Ⅱ日程）

# 問題編

### ▶試験科目・配点

| 学　部 | 教　科 | 科　　目 | 配　点 |
|---|---|---|---|
| 文・国際・人間科学・看護リハビリテーション | 外国語 | 英語 | 100点 |
| | 国　語 | 国語（古文・漢文を除く） | 100点 |
| | 調査書 | (評定平均値)×10 | 50点 |
| 医　療　栄　養 | 選　択 | 英語,「『化学基礎・化学[*1]』,『生物基礎・生物[*2]』から1科目」,「国語（古文・漢文を除く）」のうち2教科選択 | 各100点<br>(計200点) |
| | 調査書 | (評定平均値)×10 | 50点 |

### ▶備　考

- 医療栄養学部で3教科受験した場合は高得点2教科で判定する。
- 外国語（英語）の試験は外部検定試験を利用でき，大学の定めた基準に応じて換算する。ただし大学で実施する外国語（英語）の試験は必ず受験するものとする。

**【Ⅰ＋Ⅱ得点合計型について】**

- 学校推薦型選抜 専願（Ⅰ・Ⅱ）／併願（Ⅰ・Ⅱ）日程の結果を利用し，Ⅰ日程の筆記試験（200点満点）＋Ⅱ日程の筆記試験（200点満点）＝400点満点で判定する。
- 学校推薦型選抜［Ⅰ日程］と［Ⅱ日程］の両日程を受験する場合のみ，［Ⅰ＋Ⅱ得点合計型］に出願できる。
- ［Ⅰ日程］で専願の場合は，［Ⅱ日程］でも専願にする必要がある（併願も同様に両日程とも併願にする必要がある）。
- ［Ⅰ日程］および［Ⅱ日程］の出願とは別に［Ⅰ＋Ⅱ得点合計型］で出願する必要がある。

•［Ｉ日程］［Ⅱ日程］［Ｉ＋Ⅱ得点合計型］でそれぞれ希望する学科を選択できる。

•［Ｉ＋Ⅱ得点合計型］で医療栄養学部を出願する場合は，［Ｉ日程］［Ⅱ日程］ともに医療栄養学部で出願している場合に限る。

＊1　化学基礎（全範囲）および化学（物質の状態と平衡，物質の変化と平衡，無機物質の性質と利用）から出題する。

＊2　生物基礎（全範囲）および生物（生命現象と物質，生殖と発生）から出題する。

# 英　語

(60分)

〔Ｉ〕 次の英文を読んで，**問1～問4**に答えなさい。

(解答番号は 1 ～ 16 )(32点)

編集部注：問題文中の網掛け部分は個人名を置き換えています。

**Low-paying hotel industry struggles to win back workers**

Hotels and inns around Japan are making various moves(a) to deal with staffing shortages, but they have largely avoided one step that experts say could reduce the problem: offering improved employment benefits.

The COVID-19 pandemic gave a severe shock to the hospitality sector, and many workers quit their jobs at hotels and other *accommodations. Visitor numbers have increased in recent months following the eased entry restrictions on foreign tourists and the *resumption of the government travel support program. But staffing numbers have not ( ア ).

The Okawaso inn in the Ashinomaki hot spring area of Aizu-Wakamatsu, Fukushima Prefecture, has been a topic of interest on social media because its high-ceilinged lobby is very similar to a location in the popular *Demon Slayer: Kimetsu no Yaiba* anime series. But the inn is using only about 70 percent of its 110 rooms because of a staff shortage. ( イ ) rising demand for the rooms, only about half of the guest capacity is filled on a daily basis. With 20 fewer workers compared to before the pandemic, the inn has been forced to limit reservations.

"We have taken the strategy of limiting the number of guests, but we've raised the average price per room by improving services and customer satisfaction through, for example, renovations," said A, the company president.

The COVID-19 pandemic led to a plunge(b) in the number of group guests, such as senior citizens, so the inn moved towards targeting smaller groups. But that meant providing meals in separate rooms.

Hotels and inns have long struggled to attract and retain(c) workers because the average pay is about 20 percent less than what the general working population receives, ( ウ ) labor ministry statistics. The owner of a hotel in an entertainment district of Osaka city will sometimes work at the front desk and help to clean rooms because of a staff shortage. The hotel can operate(d) only about 75 percent of its rooms. "The impression has stuck that the lodging industry is an unstable one as a workplace," the owner said.

A resort hotel in Kyoto has reduced the number of rooms with in-room dinner service and offers only breakfast or no meals at all because it lacks enough workers. And instead of offering dishes one course at a time, the entire meal is brought to the guest ( エ ).

"The staffing shortage problem is worse than before," said [ B ], an executive at Tokyo-based Dive Inc., a staffing company that introduces part-time jobs in resort areas. "It was said that about 100,000 or so people quit the hotel industry due to the pandemic, and many are not returning to the sector," he said.

Hotels desperate for(e) staff have inquired with Dive for new employees. The number of requests has increased by about 2.5 times from the level before the pandemic. From July 2022, the government of Yuzawa, a town in Niigata Prefecture known for its hot springs, has operated a job-matching site(A) that allows individuals to sign on for a single shift or to work for just a few hours a day.

One of the hotels operated by Nagano-based Hoshino Resorts is the OMO 5 Kyoto Sanjo hotel. The hotel uses smaller and lighter dishes so that more plates can be washed and dried at once in the dishwasher. That means fewer workers are needed to handle the breakfast traffic.

Digital technology(B) has also been used to operate hotels with fewer staff members by, for example, mechanizing the check-in process and automatically managing reservations.

Mitsuo Fujiyama, a senior researcher at Japan Research Institute Ltd., said the （ オ ） to deal with structural problems in the hospitality sector, such as low pay, has led to the negative effects now.

"There is a need to improve pay, reform working conditions and push for a digital transformation," Fujiyama said. "Hotels and tourism areas that make (c)such moves will flourish while those that do not will disappear. A *bipolarization will proceed even further in the future."

*〔注〕 accommodation：宿泊施設　　resumption：再開

bipolarization：二極化

**問1**　空所（ ア ）～（ オ ）に入れるのに最も適した語(句)を①～④の中からそれぞれ一つ選び，その番号をマークしなさい。

(ア) ① been reformed　② been restricted
③ recovered　④ reduced　**1**

(イ) ① As well as　② Despite
③ Instead of　④ Thanks to　**2**

(ウ) ① according to　② apart from
③ in contrast to　④ prior to　**3**

(エ) ① all at once　② perfectly
③ separately　④ without care　**4**

(オ) ① effort　② inability
③ technology　④ will　**5**

**問2**　下線部(a)～(e)の語(句)の意味に近いものを①～④の中からそれぞれ一つ選び，その番号をマークしなさい。

(a) ① changing locations　② changing shifts
③ moving many times　④ taking different actions　**6**

出典追記：The Asahi Shimbun Asia & Japan Watch, March 17, 2023　一部改変

(b) ① full improvement ② great reform
③ sharp fall ④ small increase [ 7 ]

(c) ① help ② invite
③ keep ④ reward [ 8 ]

(d) ① carry ② have
③ oppose ④ use [ 9 ]

(e) ① hopeless at ② impossible for
③ in great need of ④ with no lack of [ 10 ]

**問3** 本文の内容を考えて，次の(あ)〜(う)に最も適したものを①〜④の中からそれぞれ一つ選び，その番号をマークしなさい。

(あ) The purpose of the site mentioned in the underlined part (A) is for individuals to [ 11 ].

① have a full-time job
② obtain temporary work
③ sign a contract for a full-time position
④ work as a permanent employee

(い) The benefits of the underlined part (B) do NOT include [ 12 ].

① automating the check-in process
② computerizing the reservation system
③ increasing income from room use
④ managing hotels with fewer workers

(う) The underlined part (C) does NOT refer to [ 13 ].

① improving labor conditions
② increasing digital technology
③ increasing employee costs
④ raising wages

**問4**　次の①〜⑧の中から本文の内容と一致するものを三つ選び，その番号をマークしなさい。 14 15 16

① The COVID-19 pandemic caused a lot of hotel workers to quit their job.

② The number of foreign tourists has continued to increase under the severe restrictions on entry to Japan.

③ The Okawaso inn is famous for a large garden which interests many anime fans.

④ Compared to before the pandemic, workers in hotels and inns receive 20% less pay.

⑤ B said that the staffing shortage problem is not as bad as it used to be.

⑥ The OMO 5 Kyoto Sanjo hotel uses smaller and lighter dishes as a strategy to solve its staff shortage.

⑦ Digital technology is not so helpful since people are more important for good hospitality.

⑧ Mitsuo Fujiyama believes it is necessary for pay to be improved in the hotel industry.

〔II〕 次の英文を読んで，**問 1 〜問 4** に答えなさい。
（解答番号は [ 17 ] 〜 [ 30 ] ）（28点）

編集部注：問題文中の網掛け部分は個人名を置き換えています。

**Japan schools easing gender-based rules for uniforms**

"Girls wear skirts, boys wear pants," used to be the common expectation for school uniforms in Japan. But recently, students are being offered more options, no longer bound(a) by the standards of "boyish" and "girlish". As pressure builds to change school rules nationwide, a social trend respecting diversity from a "gender-free" point of view seems to be emerging.

Gyoda Junior High School, run by Funabashi City in Chiba Prefecture, is set to introduce new school uniforms. Blazers and pants will be available for boys and girls. Students will be able to wear the designated(b) skirts if they wish. For other items such as neckties and bow ties, students will also be free to choose according to their preferences(c) and moods.

A , a 14-year-old second-year student at the school, was trying on the new uniforms. "It feels like we're all wearing the same uniforms now, regardless of gender. A necktie with a skirt, pants with a bow — it's wonderful that we have so many options now," she said excitedly.

Although it used to be strict about girls wearing skirts with blazers and boys wearing high-collared, button-up jackets called *gakuran*, Gyoda Junior High （ ア ） its rules. At the end of the 2019 school year, it began allowing girls to wear pants. At the end of 2021, girls were given the option of wearing neckties, no longer limited to bow ties. Following consultations(d) with parents while gradually adding options, the school ended up completely *overhauling the uniforms.

Leading the push for change was the school's 39-year-old *head of academic affairs B , who came out as transgender during the process. （ イ ）, the school was able to take a flexible approach while balancing the need for school-appropriate clothing. "When it was time to make the uniforms, we needed to have some kind of framework. Within that, we thought about how to let students express their individuality and what options we could provide to support that,"  B  said.

  C  , the school's 60-year-old principal, added, "We have students of different nationalities and some who have special needs. We hope these changes help others think about diversity in general, not just gender."

According to a Mainichi Shimbun survey conducted in November and December 2022, the ( ウ ) gender-free uniforms goes beyond Gyoda Junior High. All 67 *boards of education in Japan's 47 prefectures and 20 major cities were asked about school rule revisions. When asked to name concrete examples, 11 of the boards responded that female students ( エ ) to wear pants. Other boards gave responses such as, "Making uniforms that consider students who identify as LGBTQ+" and "No longer distinguishing between male and female in the rules about uniforms."

Ryo Uchida, a professor of sociology of education at Nagoya University's Graduate School of Education and Human Development, said, "I think this is a positive shift(e)." Uchida added, "(A)There is a lot of unseen pressure to fit in at school, and being different from others can make one stand out. For example, schools need to find ways students can wear pants without that being taken as an announcement of their gender identity."

*〔注〕 overhaul：見直す　　head of academic affairs：教務主任
board of education：教育委員会

**問1** 空所( ア )～( エ )に入れるのに最も適した語句を①～④の中からそれぞれ一つ選び，その番号をマークしなさい。

(ア) ① decided to tighten　　② has been easing
③ is maintaining　　④ will soon review　　17

(イ) ① Because of that　　② Despite that
③ In addition　　④ In contrast　　18

(ウ) ① argument about ② move away from
③ opposition to ④ trend towards 19

(エ) ① all want ② are not permitted
③ will have ④ would be allowed 20

**問2** 下線部(a)～(e)の語の意味に最も近いものを①～④の中からそれぞれ一つ選び，その番号をマークしなさい。

(a) ① disappointed ② excited
③ restricted ④ supported 21

(b) ① chosen ② comfortable
③ fashionable ④ smart 22

(c) ① beliefs ② choices
③ dislikes ④ experiences 23

(d) ① disagreements ② discussions
③ lectures ④ measurements 24

(e) ① addition ② change
③ reaction ④ time 25

**問3** 本文の内容を考えて，次の(あ)～(う)について最も適したものを①～④の中からそれぞれ一つ選び，その番号をマークしなさい。

(あ) Which of the following is true about A 's attitude to the new uniforms? 26

① She has been wearing the new uniform since she entered Gyoda Junior High School.
② She is excited about having a choice of different uniform styles.
③ She prefers to wear a necktie with a skirt.
④ She was happy to continue wearing a skirt with a blazer.

(い) Which of the following is true about C 's opinions? 27

① He believes gender issues are not as important as students with special needs.

② He thinks diversity is a problem in his school.

③ He wants people to understand that students are different in many ways besides gender.

④ He wants to increase the number of students of different nationalities.

(う) The underlined sentence (A) means that [ 28 ].

① being different as a student puts pressure on the school

② it is difficult for students to be unlike other students

③ standing out at school can be a good experience for students

④ there is pressure on students to be different from others

**問 4**　次の①～⑤の中から本文の内容と一致するものを二つ選び，その番号をマークしなさい。[ 29 ] [ 30 ]

① Girls at Gyoda Junior High School were allowed to wear pants from the end of the 2019 school year.

② Girls at Gyoda Junior High School should now wear neckties instead of bows.

③ According to [ B ], allowing students to express their individuality was an important reason for introducing the new uniforms.

④ Gyoda Junior High School is unique in its plan to have gender-free rules about uniforms.

⑤ Ryo Uchida is a student of sociology of education in the graduate school of Nagoya University.

〔Ⅲ〕 次の英文( 1 )～( 10 )の空所に入れるのに最も適したものを①～④の中からそれぞれ一つ選び，その番号をマークしなさい。
(解答番号は 31 ～ 40 )(20点)

One of Japan's most interesting geographical features is the Naruto whirlpools (*uzushio*), located between the islands of Shikoku and Awaji. The whirlpools ( 1 ) the large volumes of water moving between the Seto Inland Sea and the Pacific Ocean and can be seen four times a day between high and low tide. The whirlpools vary in size ( 2 ) on the strength of the tides. The largest whirlpools occur during spring tides, between late March and late April, ( 3 ) the speed of the current reaches 20 kilometers per hour.

(1) ① are created ② are created by
③ create with ④ creating 31

(2) ① depend ② depending
③ depends ④ to depend 32

(3) ① although ② despite
③ during ④ when 33

(4) There are so many children ( 4 ) in the playground.
① being played ② play
③ played ④ playing 34

(5) Mayumi has been absent from school for a long time. I wonder ( 5 ) has happened to her.
① what ② when
③ who ④ why 35

(6) Little ( 6 ) I know that she left for Singapore last week.
① am ② did
③ do ④ was 36

(7) We should not criticize people ( 7 ) their backs.

① above　② behind

③ between　④ under　[ 37 ]

(8) Hey, Mom, do you mind my ( 8 ) your umbrella today when I go to school?

① use　② used

③ using　④ to use　[ 38 ]

(9) Hurry up, ( 9 ) you will be late for school.

① and　② but

③ if　④ or　[ 39 ]

(10) A: Why ( 10 ) we go on a picnic tomorrow? The weather forecast says it will be wonderful weather.

B: Yes, let's!

① did　② didn't

③ do　④ don't　[ 40 ]

〔Ⅳ〕 次の(ア)～(コ)の日本文の意味を表すように，①～⑤の語(句)を並べ替えて英文を完成し，2番目と4番目にくる語(句)の番号をマークしなさい。ただし文頭にくるものも小文字になっています。(解答番号は [ 41 ] ～ [ 60 ] )(20点)

(ア) これは私が最近読んだ中で，一番興味深い記事だ。

This is ＿＿ [ 41 ] ＿＿ [ 42 ] ＿＿ have read recently.

① I　② interesting　③ most

④ news article　⑤ the

(イ) 来年の春，イギリスに住んでいるおばの家を訪れるのを，私たちは楽しみにしている。

We ＿＿ [ 43 ] ＿＿ [ 44 ] ＿＿ aunt's house in England next spring.

① forward　② look　③ our

④ to　⑤ visiting

(ウ) わー，大変，雨がひどく降っている。傘を持って行きなさいという母のアドバイスを聞けばよかった。

Oh, no, it is raining so hard. _____ [ 45 ] _____ [ 46 ] _____ my mother's advice to bring an umbrella with me.

① have ② I ③ listened

④ should ⑤ to

(エ) 私は甘いものが大好きです。ケーキを食べると幸せな気分になります。

I love sweets. _____ [ 47 ] _____ [ 48 ] _____ happy.

① cakes ② eating ③ feel

④ makes ⑤ me

(オ) 最近，エイミーがすることと言ったら，SNS用に写真を撮ることばっかりだ。

Recently, all _____ [ 49 ] _____ [ 50 ] _____ take pictures for social media.

① Amy ② does ③ is

④ that ⑤ to

(カ) 嵐のせいで，私たちの飛行機は時間通りに着かないかもしれない。

Because of the storm, our plane _____ [ 51 ] _____ [ 52 ] _____.

① arrive ② may ③ not

④ on ⑤ time

(キ) 先生が，修学旅行の前に風邪をひかないように注意する必要があると言っています。

Our teacher tells us that we need to be careful _____ [ 53 ] _____ [ 54 ] _____ before going on a school trip.

① a ② avoid ③ catching

④ cold ⑤ to

(ク) ジョージは新しいシャツを買うために，ゼブラという名のお店を探していました。

George _____ [ 55 ] _____ [ 56 ] _____ Zebra to get his new shirt.

① a shop　② for　③ looking
④ named　⑤ was

(ケ) エネルギーの節約は，持続可能な未来を作るために重要である。

Saving _____ [ 57 ] _____ [ 58 ] _____ a sustainable future.

① build　② energy　③ important
④ is　⑤ to

(コ) あそこで犬の散歩をしている女の子は私の娘です。

_____ [ 59 ] _____ [ 60 ] _____ there is my daughter.

① a dog　② girl　③ over
④ the　⑤ walking

# 化　学

（60 分）

原子量が必要な場合は，以下の値を使用しなさい。

H = 1.0，C = 12，N = 14，O = 16，Na = 23，S = 32，Cl = 35.5，K = 39

なお，アボガドロ定数は $6.0 \times 10^{23}$ /mol とし，標準状態（0 ℃，$1.013 \times 10^{5}$ Pa）における気体 1 mol の体積を 22.4 L とする。

〔Ⅰ〕 次の**問1**，**問2**に答えなさい。［解答番号 [1] ～ [21] ］(30点)

**問1**　次の文章の空欄 [1] ～ [8] に当てはまる最も適切な語句を下の①～⑩からそれぞれ1つ選びなさい。

物質を構成する最小単位の基本粒子を [1] という。ドルトンは「[1] はそれ以上分割できない究極の粒子」と考えたが，その後，[1] はさらに小さな粒子からできており，[1] の中心には，正の電荷をもつ [2] があり，その周囲を負の電荷をもつ [3] が取り巻いていることが明らかとなった。[2] は，正の電荷をもつ [4] と電荷をもたない [5] で構成され，[6] 数は [4] と [5] の数の和で求めることができる。原子番号が同じ原子で [5] の数が異なる原子を [7] という。

また，いくつかの元素には，同じ元素からなる単体で，色や硬さ，電気の伝えやすさなど性質の異なる [8] が存在する。

①　元　素　　②　原　子　　③　分　子　　④　原子核　　⑤　電　子
⑥　中性子　　⑦　陽　子　　⑧　同素体　　⑨　同位体　　⑩　質　量

**問2**　次の表の空欄 [9] ～ [21] にあてはまる最も適切な語句を下の①～⑮からそれぞれ1つ選びなさい。

| 結晶の種類 | 結合の種類 | 物質の例 | 融点 | 硬さ | 電気伝導性 |
|---|---|---|---|---|---|
| イオン結晶 | [9] | [10] | [11] | [12] | 融解液 [13]<br>固体 [14] |
| 共有結合の結晶 | [15] | [16] | [11] | [12] | なし<br>(黒鉛を除く) |
| 分子結晶 | 分子間力 | [17] | [18] | [19] | [14] |
| 金属結晶 | [20] | [21] | さまざま | さまざま | [13] |

①　イオン結合　　②　共有結合　　③　金属結合
④　原　子　　⑤　分　子　　⑥　高　い
⑦　低　い　　⑧　硬　い　　⑨　軟らかい
⑩　な　し　　⑪　あ　り　　⑫　ダイヤモンド
⑬　銅　　⑭　塩化ナトリウム　　⑮　ヨウ素

〔II〕 次の**問1**から**問3**に答えなさい。［解答番号 [22] ～ [43] ］(35点)

**問1** 次の文章を読んで，(1)，(2)に答えなさい。

- 27 g の水 $H_2O$ の物質量は [22] mol である。
- 100 g の水 $H_2O$ に 25 g の硝酸カリウム $KNO_3$ を溶かした。この水溶液 10 g には，[23] g の硝酸カリウムが溶けている。
- 80 g の水酸化ナトリウム NaOH を水に溶かして 500 mL の水溶液とした。この水溶液のモル濃度は [24] mol/L である。
- 4.6 g のエタノール $C_2H_6O$ と標準状態で 11.2 L の体積を占める酸素 $O_2$ を容器内に封入したのち，点火してすべてのエタノールを完全燃焼させた。この反応は以下の反応式で示される。

$$C_2H_6O + \boxed{25}\,O_2 \longrightarrow \boxed{26}\,CO_2 + \boxed{27}\,H_2O$$

- 反応によって生成した水 $H_2O$ の質量は [28] g である。反応後に残っている酸素は標準状態で [29] L である。

(1) 空欄 [22] ～ [24] にあてはまる最も適切な数値を下の①～⑫からそれぞれ1つ選びなさい。なお，同じ番号を2回以上選んでもよい。

① 0.50　② 1.0　③ 1.5　④ 2.0　⑤ 2.5　⑥ 3.0
⑦ 4.0　⑧ 5.0　⑨ 6.0　⑩ 7.0　⑪ 8.0　⑫ 9.0

(2) 空欄 [25] ～ [29] にあてはまる最も適切な数値を下の①～⑬からそれぞれ1つ選びなさい。なお，同じ番号を2回以上選んでもよい。ただし，化学反応式の係数が必要ない場合は，①を選びなさい。

① 1　② 2　③ 3　④ 4　⑤ 5　⑥ 6
⑦ 2.7　⑧ 3.6　⑨ 4.5　⑩ 5.4　⑪ 7.2　⑫ 8.1
⑬ 9.0

**問2**　次の文章を読んで，空欄 [30] ～ [36] にあてはまる最も適切な語句あるいは数値を下の①～⑰からそれぞれ1つ選びなさい。

難溶性の塩である塩化銀 AgCl は，わずかではあるが水に溶解する。25℃におけるその溶解度(モル濃度)は $1.3 \times 10^{-5}$ mol/L である。

AgCl 飽和水溶液において，溶解した微量の AgCl には次の溶解平衡が成り立つ。

$$AgCl(固) \rightleftarrows Ag^+ + Cl^-$$

25℃における AgCl の溶解度積($K_{sp}$)は [30] $(mol/L)^2$ である。$1.0 \times 10^{-3}$ mol/L の塩化ナトリウム NaCl 水溶液 500 mL に $1.0 \times 10^{-3}$ mol/L の硝酸銀 $AgNO_3$ 水溶液を 500 mL 加えると，混合した溶液中の $[Ag^+]$ と $[Cl^-]$ の濃度積は溶解度積 $K_{sp}$ より [31] から，塩化銀 AgCl の [32] 色沈殿が生成する。[32] 色沈殿の生成の有無から，溶液中に [33] が含まれているかどうか分析することができる。一方，[34] を含む水溶液に少量のアンモニア水を加えると，[35] の [36] 色沈殿を生じる。さらに，[35] は過剰のアンモニア水に溶けて無色の溶液となる。

① 大きい　② 小さい　③ 白　④ 褐
⑤ 黒　⑥ 青　⑦ 塩化物イオン　⑧ 銀イオン
⑨ 酸化銀　⑩ 塩化アンモニウム
⑪ $1.3 \times 10^{-5}$　⑫ $2.6 \times 10^{-5}$　⑬ $1.3 \times 10^{-10}$
⑭ $1.7 \times 10^{-10}$　⑮ $3.4 \times 10^{-10}$　⑯ $1.3 \times 10^{-12}$
⑰ $2.6 \times 10^{-12}$

**問3**　次の熱化学方程式(i)～(iv)について，空欄 [37] ～ [43] にあてはまる最も適切な語句あるいは数値を，下の①～⑱からそれぞれ1つ選びなさい。同じ番号を2回以上選んでもよい。なお，燃焼により生じる水は液体とする。

$$\mathrm{CO(気)} + \frac{1}{2}\mathrm{O_2(気)} = \mathrm{CO_2(気)} + 283\,\mathrm{kJ} \quad \text{(i)}$$

$$\mathrm{C(黒鉛)} + \frac{1}{2}\mathrm{O_2(気)} = \mathrm{CO(気)} + 111\,\mathrm{kJ} \quad \text{(ii)}$$

$$\mathrm{CH_4(気)} + \frac{3}{2}\mathrm{O_2(気)} = \mathrm{CO(気)} + 2\mathrm{H_2O(液)} + 608\,\mathrm{kJ} \quad \text{(iii)}$$

$$2\mathrm{H_2(気)} + \mathrm{O_2(気)} = 2\mathrm{H_2O(液)} + 572\,\mathrm{kJ} \quad \text{(iv)}$$

(i)式は一酸化炭素COの [37] を表す熱化学方程式であり，(ii)式は一酸化炭素の [38] を表す熱化学方程式である。液体の水 $H_2O$ の生成熱は [39] kJ/mol である。黒鉛Cの燃焼熱は [40] kJ/mol である。二酸化炭素 $CO_2$ の生成熱は [41] kJ/mol である。メタン $CH_4$ の燃焼熱は [42] kJ/mol である。メタンの生成熱は [43] kJ/mol である。

| | | | |
|---|---|---|---|
| ① 溶解熱 | ② 中和熱 | ③ 燃焼熱 | ④ 生成熱 |
| ⑤ 36 | ⑥ 75 | ⑦ 111 | ⑧ 172 |
| ⑨ 286 | ⑩ 394 | ⑪ 497 | ⑫ 572 |
| ⑬ 608 | ⑭ 683 | ⑮ 719 | ⑯ 891 |
| ⑰ 1002 | ⑱ 1180 | | |

〔Ⅲ〕　次の**問1**から**問3**に答えなさい。[解答番号 [44] ～ [63] ](35点)

**問1**　次の文章(1)～(10)を読んで，正しいものには①，間違っているものには②を解答欄 [44] ～ [53] に記入しなさい。

(1)　水酸化ナトリウムの固体を空気中に放置すると溶ける。この現象を風解という。 [44]

(2)　カルシウムイオンの炎色反応は橙赤色を呈する。 [45]

(3)　ヨウ素と臭素は周期表の17族に属する元素であり，いずれも常温常圧では液体である。 [46]

(4)　濃硫酸の性質は，濃度約98%，淡黄色の粘性のある液体であり，有機化合物に対して脱水作用もある。 [47]

(5)　市販の硝酸濃度60%前後のものを濃硝酸といい，強い酸化力がある。また，光や熱で分解しやすいため，褐色びんに入れて冷暗所に保存する。 [48]

(6)　塩化コバルト(Ⅱ)を含ませたシリカゲルは，乾燥時には青色，吸湿時には淡赤色を呈するので，水分の吸収を確認することができる。 [49]

(7)　単体が金属の性質を示す元素を，典型元素という。 [50]

(8)　元素の周期表では，同じ族に属するものを互いに同族元素といい，価電子の数は同じであり性質が似ていることが多い。 [51]

(9)　スズは周期表の14族に属する元素であり，水素よりもイオン化傾向は大きい。 [52]

(10)　鉛は放射線を遮るための遮へい材として使用される。 [53]

**問2**　次の文章を読んで，空欄 [54] ～ [57] にあてはまる最も適切な語句を下の①～⑧からそれぞれ1つ選びなさい。

鉄イオンには，鉄(Ⅱ)イオンと鉄(Ⅲ)イオンの2種類があり，水酸化ナトリウム水溶液を [54] 色の硫酸鉄(Ⅱ)水溶液に加えると [55] 色の沈殿が生じる。一方， [56] 色の塩化鉄(Ⅲ)水溶液に水酸化ナトリウム水溶液を加えると， [57] 色の沈殿が生じる。

① 緑 白　② 黒　③ 黄 褐　④ 白
⑤ 青　⑥ 血 赤　⑦ 淡 緑　⑧ 赤 褐

**問3** 次の文章(1)～(3)を読んで，空欄の [58] ～ [63] にあてはまる最も適切なものを下の①～⑱からそれぞれ１つ選びなさい。

(1) 錯イオンは，金属イオンを中心に，アンモニア分子やシアン化物イオンのような [58] をもった分子や陰イオンが [59] 結合してできたイオンをいう。

(2) 肥料の３要素として， [60] ，リンPおよびカリウムKがある。

(3) 地殻中に最も多く含まれる元素は [61] である。この元素の同素体には [62] や [63] がある。

① 酸素 $O_2$　② カルシウム Ca　③ オゾン $O_3$
④ 窒素 N　⑤ フラーレン $C_{60}$　⑥ 共有電子対
⑦ 酸素 O　⑧ 水素 H　⑨ 配 位
⑩ イオン　⑪ $^{2}H$　⑫ 共 有
⑬ $^{13}C$　⑭ $^{14}C$　⑮ $^{17}O$
⑯ $^{18}O$　⑰ 非共有電子対　⑱ フラーレン $C_{70}$

# 生　物

（60 分）

〔Ⅰ〕 細胞の多様性と共通性に関して，**問 1**～**問 3** に答えなさい。
（解答番号 [ 1 ] ～ [ 18 ] ）(33点)

**問 1** 次の文章を読み，(1)～(3)に答えなさい。（解答番号 [ 1 ] ～ [ 6 ] ）

生物の体は，細胞からできている。すべての細胞は， [ 1 ] に包まれた構造をもち，細胞の内部と外部を隔てている。生物は細胞の構造から，核を持つ細胞からなる [ 2 ] と，核をもたない細胞からなる [ 3 ] に分けられる。 [ 2 ] の細胞は，核と細胞質からなり，核の中に DNA が存在するが， [ 3 ] の細胞の DNA は [ 4 ] 中に存在する。 [ 2 ] の細胞の細胞質には細胞小器官があってそれぞれが特定の機能を分担している。細胞小器官や [ 4 ] には，さまざまな酵素が含まれていて物質の合成や分解などの化学反応が行われている。

(1) 文中の [ 1 ] ～ [ 4 ] に入る語句として，最も適切なものを選択肢①～⑮のうちから１つずつ選びなさい。（解答番号 [ 1 ] ～ [ 4 ] ）

| | | |
|---|---|---|
| ① 多細胞生物 | ② 単細胞生物 | ③ 原核生物 |
| ④ 細胞質 | ⑤ 真核生物 | ⑥ 核小体 |
| ⑦ 染色体 | ⑧ 細胞膜 | ⑨ リボソーム |
| ⑩ ゴルジ体 | ⑪ リソソーム | ⑫ 滑面小胞体 |
| ⑬ 核　膜 | ⑭ セルロース | ⑮ 粗面小胞体 |

(2) 次のうち，細胞小器官の機能として正しいものはどれか。最も適切なものを選択肢①～⑤のうちから１つ選びなさい。（解答番号 **5** ）

① リボソームは，不要な物質の分解に関与する

② ゴルジ体は，脂質の合成に関与する

③ 小胞体は，エネルギーを産生する

④ 中心体は，動物細胞の細胞分裂に関与する

⑤ ミトコンドリアは，脂質の合成を行う

(3) 原核細胞，動物細胞，植物細胞を構成する色々な構造体の存在の有無を表にまとめた。表１のA～Dは，構造体のどれに相当するか。最も適切なものを選択肢①～⑥のうちから１つ選びなさい。ただし，Cは呼吸に関係する小器官である。（解答番号 **6** ）

表１

| 細胞の構造体 | 原核細胞 | 真核細胞（動物） | 真核細胞（植物） |
|---|---|---|---|
| DNA | 有 | 有 | 有 |
| A | 無 | 有 | 有 |
| B | 有 | 無 | 有 |
| C | 無 | 有 | 有 |
| D | 無 | 無 | 有 |

選択肢

| | A | B | C | D |
|---|---|---|---|---|
| ① | 葉緑体 | 核　膜 | 細胞壁 | ミトコンドリア |
| ② | 葉緑体 | 核　膜 | ミトコンドリア | 細胞壁 |
| ③ | 核　膜 | 細胞壁 | ミトコンドリア | 葉緑体 |
| ④ | 細胞壁 | 核　膜 | 葉緑体 | ミトコンドリア |
| ⑤ | 細胞壁 | ミトコンドリア | 葉緑体 | 核　膜 |
| ⑥ | ミトコンドリア | 核　膜 | 細胞壁 | 葉緑体 |

**問2**　次の文章を読み，(1)～(3)に答えなさい。(解答番号 [ 7 ] ～ [ 14 ])

図は，多くの生物が有機物を利用して水やエネルギーを放出する模式図である。この過程は [ 7 ] といい，[ 7 ] は，真核細胞の [ 8 ] が重要な役割を果たしている。

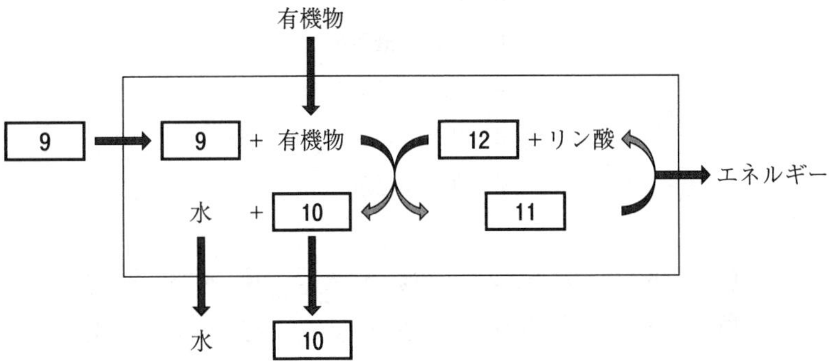


図

(1)　文中もしくは図中の [ 7 ] ～ [ 12 ] に入る語句として，最も適切なものを選択肢①～⑱のうちから1つずつ選びなさい。
(解答番号 [ 7 ] ～ [ 12 ])

① 核小体　　② リボソーム　　③ ゴルジ体
④ リソソーム　　⑤ 滑面小胞体　　⑥ 粗面小胞体
⑦ ミトコンドリア　　⑧ 酸　素　　⑨ 二酸化炭素
⑩ 消　化　　⑪ 呼　吸　　⑫ AMP
⑬ ADP　　⑭ ATP　　⑮ 光合成
⑯ デンプン　　⑰ 無機質　　⑱ エンドサイトーシス

(2)　ヒトは，体内で有機物を利用してエネルギーを産生する。その際に，ある細胞小器官で行われる反応が2つある。次のa～eの中から正しい組み合わせとして，最も適切なものを選択肢①～⑩のうちから1つ選びなさい。(解答番号 **13** )

a　解糖系
b　クエン酸回路
c　尿素サイクル
d　カルビン・ベンソン回路
e　電子伝達系

①　a，b　②　a，c　③　a，d　④　a，e　⑤　b，c
⑥　b，d　⑦　b，e　⑧　c，d　⑨　c，e　⑩　d，e

(3)　生命活動は化学反応が連鎖的に起こることで成り立っており，生体内で必要な化学反応は酵素によって進行する。次のa～eの中で，酵素の特徴として，正しいものをすべて含む最も適切な組み合わせを選択肢①～⑯のうちから1つ選びなさい。(解答番号 **14** )

a　すべての酵素は細胞内でつくられる
b　すべての酵素は細胞外ではたらく
c　酵素は基質特異性がない
d　酵素は主に糖質でできている
e　酵素は反応の前後で変化しない

①　a，b　②　a，c　③　a，d　④　a，e
⑤　b，c　⑥　b，d　⑦　b，e　⑧　c，d
⑨　c，e　⑩　d，e　⑪　a，b，c　⑫　a，b，d
⑬　a，b，e　⑭　b，c，d　⑮　b，c，e　⑯　c，d，e

**問3**　酵素の実験に関して，(1)および(2)に答えなさい。
（解答番号 15 ～ 18 ）

ヒトの消化酵素A～Cを用いて各栄養素を基質として反応させた。酵素Aは pH 7の条件で実験を行い，酵素BとCについては pH 2と pH 8の2つの条件で実験を行った。それらをまとめたものが表2である。

酵素と基質が反応したものには○を，反応しなかったものには×を記入している。ただし，実験に使用した消化酵素は，だ液，胃液，すい液のいずれかに含まれている。

表2

| | 酵素A | 酵素B | 酵素B | 酵素C | 酵素C |
|---|---|---|---|---|---|
| pH | pH 7 | pH 2 | pH 8 | pH 2 | pH 8 |
| デンプン | ○ | × | × | × | × |
| タンパク質 | × | ○ | × | × | ○ |
| 脂質 | × | × | × | × | × |

(1)　表2の酵素A～Cの名称は何か。最も適切なものを選択肢①～⑫のうちから1つずつ選びなさい。（解答番号 15 ～ 17 ）

A・・・ 15
B・・・ 16
C・・・ 17

① リパーゼ　② カタラーゼ　③ プロモーター
④ ウレアーゼ　⑤ ペプシン　⑥ アミラーゼ
⑦ アルブミン　⑧ ヌクレアーゼ　⑨ プラスミン
⑩ 制限酵素　⑪ クロマチン　⑫ トリプシン

(2)　表2の酵素A～Cについての説明として，最も適切なものを選択肢①～⑤のうちから1つ選びなさい。(解答番号 [18] )

①　酵素Aは，胃液に含まれる

②　酵素Bは，だ液に含まれる

③　酵素Bは，すい液に含まれる

④　酵素Cは，胃液に含まれる

⑤　酵素Bは酸性条件下で，酵素Cは弱アルカリ性条件下ではたらく

〔II〕 生殖と発生に関して，**問1～問2**に答えなさい。
(解答番号 [19] ～ [43] )(34点)

**問1**　染色体について，次の文章を読み，(1)～(4)に答えなさい。
(解答番号 [19] ～ [34] )

生殖細胞ができるときの分裂は，染色体数が半減するので減数分裂とよばれる。この分裂では連続した2回の核分裂が起こる。このうち第1回目の分裂では [19] が起こり，第2回目の分裂は [20] が起こるのがふつうである。

染色体のうち，形や大きさが等しい1対の染色体を [21] といい，減数分裂第一分裂の前期に [21] が対合する。ところが雌雄どちらかで形や大きさが異なる，あるいは対をなしていない場合がある。このような染色体を，性の決定に重要な役割を果たしていることから [22] といい，雌で形や大きさが等しく対になっているものを [23] ，雄だけにあって対になっていないものを [24] という。また，それ以外の染色体を [25] といいその半数をAで表すと，この生物では雌の染色体構成は [26] ，雄は [27] となる。

(1) 文中の 19 ～ 27 に入る語句として，最も適切なものを選択肢①～⑳のうちから1つずつ選びなさい。(解答番号 19 ～ 27 )

| | | |
|---|---|---|
| ① 常染色体 | ② 性染色体 | ③ 染色体数の倍加 |
| ④ 染色体数の半減 | ⑤ 相同染色体 | ⑥ 体細胞と同じ核分裂 |
| ⑦ 複　製 | ⑧ 分　化 | ⑨ 分　配 |
| ⑩ 2A＋XO | ⑪ 2A＋XX | ⑫ 2A＋XY |
| ⑬ 2A＋ZZ | ⑭ 2A＋ZW | ⑮ A＋X |
| ⑯ A＋Y | ⑰ X染色体 | ⑱ Y染色体 |
| ⑲ Z染色体 | ⑳ W染色体 | |

(2) 下のA～Cは，3種の動物の体細胞の染色体像を示したものである。それぞれの動物の性決定様式として最も適切なものを選択肢①～④のうちから1つずつ選びなさい。(解答番号 28 ～ 30 )

雌　　雄　　雄

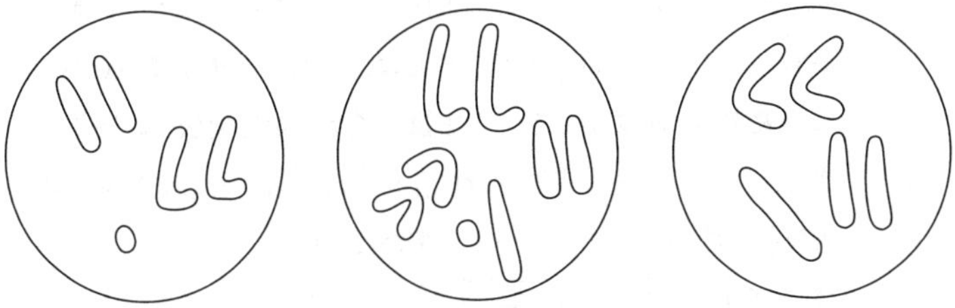

A　　B　　C

A・・・ 28

B・・・ 29

C・・・ 30

① XY型　　② XO型　　③ ZW型　　④ ZO型

(3) 下に示す動物の体細胞の染色体像のうち，性染色体はどれか。ア～オの中からすべてを含むものとして最も適切な組み合わせを選択肢①～⑧のうちから1つ選びなさい。(解答番号 **31** )

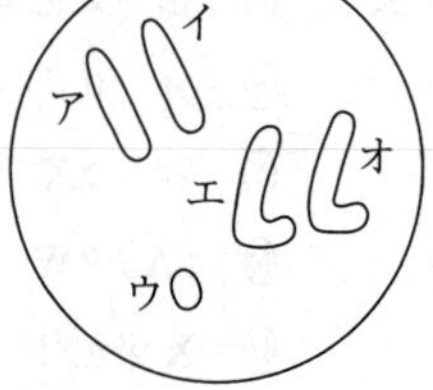


① ア　② イ　③ ウ
④ ア，イ　⑤ エ，オ　⑥ ア，イ，ウ
⑦ ウ，エ，オ　⑧ ア，イ，エ，オ

(4) 下は，ある生物の常染色体の一対を示している。この生物において，遺伝子座ⅠとⅢはホモ接合で，遺伝子座Ⅱについてはヘテロ接合であることがわかっている。遺伝子座Ⅰ～Ⅲは，それぞれ遺伝子$A(a)$～$C(c)$に対応し，大文字と小文字で表される遺伝子は，対立遺伝子の関係にあるものとする。下に示すⅰ～ⅲの位置に存在する遺伝子として最も適切なものを選択肢①～⑥のうちから1つずつ選びなさい。
(解答番号 **32** ～ **34** )

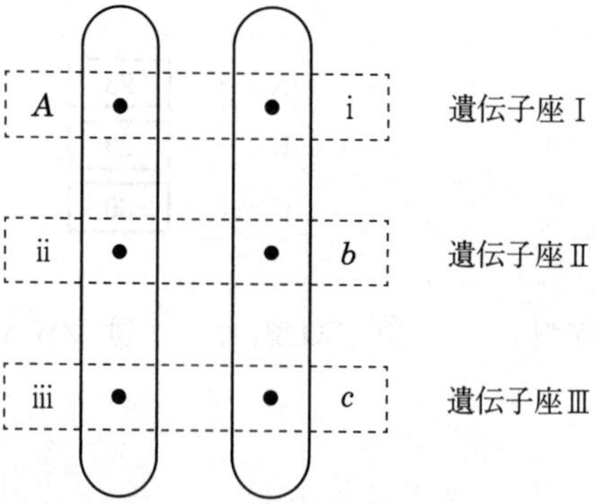

i ・・・ [32]

ii ・・・ [33]

iii ・・・ [34]

① $A$　　② $B$　　③ $C$　　④ $a$　　⑤ $b$　　⑥ $c$

**問2**　遺伝子型について，次の文章を読み，(1)〜(3)に答えなさい。
(解答番号 [35] 〜 [43] )

ある植物の花には赤花と白花がある。この花の形質は一対の対立遺伝子に支配されている。この赤花と白花を用いて，次のような実験を行った。

この赤花純系個体の花粉を白花純系個体のめしべに受粉したところ，雑種第一代($F_1$)は，すべて赤花であった。したがって，この植物の [35] は，赤花である。また，この植物の赤の遺伝子を $A$，白の遺伝子を $a$ と表すと，親(受粉前)の赤花の遺伝子型は [36] ，白花の遺伝子型は [37] ，$F_1$ の遺伝子型は [38] と表すことができる。

さらに，$F_1$ を自家受精させて生じた雑種第二代($F_2$)では，赤花と白花の割合を最も簡単な整数比で表すと，赤花：白花＝ [39] ： [40] となった。この場合の遺伝子型の割合は， [36] ： [37] ： [38] ＝ [41] ： [42] ： [43] であると考えられる。

(1)　文中の [35] に入る語句として，最も適切なものを選択肢①〜③のうちから1つ選びなさい。(解答番号 [35] )

①　対立形質　　②　優性形質　　③　劣性形質

(2)　文中の [36] 〜 [38] に入る語句として，最も適切なものを選択肢①〜③のうちから1つずつ選びなさい。ただし，同じ選択肢を何度使ってもよい。(解答番号 [36] 〜 [38] )

①　$AA$　　②　$Aa$　　③　$aa$

(3)　文中の［39］～［43］に入る数字として，最も適切なものを選択肢①～⑯のうちから1つずつ選びなさい。なお，比は最も簡単な数値で表すこと。ただし，同じ選択肢を何度使ってもよい。
(解答番号［39］～［43］)

| | | | |
|---|---|---|---|
| ①　1 | ②　2 | ③　3 | ④　4 |
| ⑤　5 | ⑥　6 | ⑦　7 | ⑧　8 |
| ⑨　9 | ⑩　10 | ⑪　11 | ⑫　12 |
| ⑬　13 | ⑭　14 | ⑮　15 | ⑯　16 |

〔Ⅲ〕 肝臓に関して，**問1**～**問4**に答えなさい。(33点)
(解答番号 44 ～ 64 )

**問1**　図は，肝臓と他臓器との関連について示したものである。(1)～(3)に答えなさい。なお，図中の矢印は血液や胆汁の流れを示している。
(解答番号 44 ～ 51 )

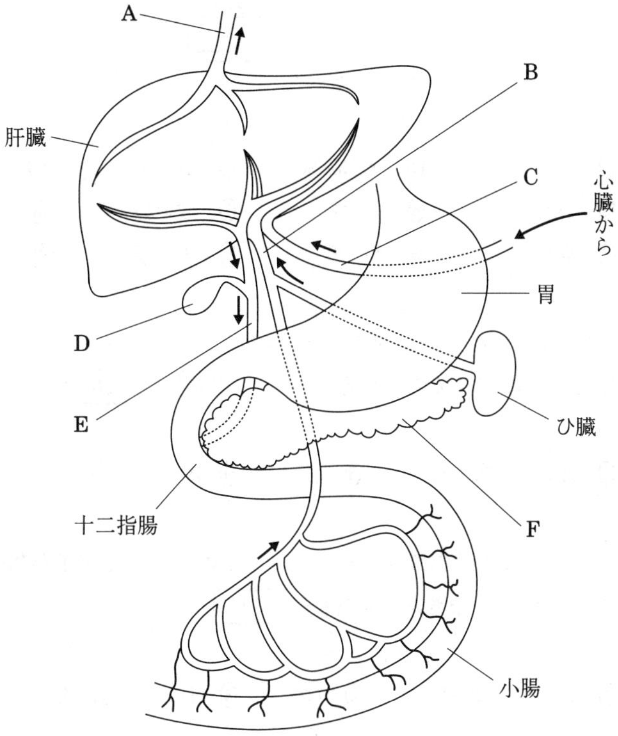


図

(1)　図のA〜Fの名称として最も適切なものを選択肢①〜⑫のうちから1つずつ選びなさい。(解答番号 [44] 〜 [49] )

A・・・ [44]
B・・・ [45]
C・・・ [46]
D・・・ [47]
E・・・ [48]
F・・・ [49]

① リンパ管　② 下大静脈　③ 肝門脈　④ 肝動脈
⑤ 肝静脈　⑥ 大動脈　⑦ すい臓　⑧ じん臓
⑨ 胆のう　⑩ 胆　管　⑪ 大　腸　⑫ 肺

(2)　図のA〜Fのうち消化吸収された栄養素を豊富に含むものはどれか。選択肢①〜⑥のうちから1つ選びなさい。(解答番号 [50] )

① A　② B　③ C　④ D　⑤ E　⑥ F

(3)　図のA〜Fのうち酸素濃度が最も高いものはどれか。選択肢①〜⑥のうちから1つ選びなさい。(解答番号 [51] )

① A　② B　③ C　④ D　⑤ E　⑥ F

**問2**　肝臓の構造に関して次の文章を読み，(1)〜(3)に答えなさい。
(解答番号 [52] 〜 [56] )

肝臓が機能する単位を肝小葉といい，約 [52] mmの角柱状をしている。ひとつの肝臓には，約 [53] 万個の肝小葉が存在し，それぞれの肝小葉は約 [54] 万個の肝細胞を含む。

(1) 文中の 52 ～ 54 に入る数字として最も適切なものを①～⑧のうちから1つ選びなさい。ただし，同じ選択肢を何度使ってもよい。
(解答番号 52 ～ 54 )

① 1　② 5　③ 10　④ 20
⑤ 50　⑥ 100　⑦ 200　⑧ 500

(2) 肝小葉における血液と胆汁の流れについて正しいものはどれか。最も適切なものを選択肢①～⑤のうちから1つ選びなさい。(解答番号 55 )

① 血液，胆汁は，いずれも中心部から周辺部へと流れる
② 血液，胆汁は，いずれも周辺部から中心部へと流れる
③ 血液は周辺部から中心部へ，胆汁は中心部から周辺部へと流れる
④ 胆汁は周辺部から中心部へ，血液は中心部から周辺部へと流れる
⑤ 血液も胆汁も一定の方向には流れていない

(3) 次のa～eのうち肝臓のはたらきとして正しいものの組み合わせを選択肢①～⑩のうちから1つ選びなさい。(解答番号 56 )

a　グリコーゲンの合成
b　アンモニアの生成
c　尿素の分解
d　抗体の生成
e　凝固因子の合成

① aとb　② aとc　③ aとd　④ aとe　⑤ bとc
⑥ bとd　⑦ bとe　⑧ cとd　⑨ cとe　⑩ dとe

**問3**　肝臓と腎臓の比較を表にしたものである。最も適切なものを選択肢①～⑤のうちから1つずつ選びなさい。(解答番号 [57] ～ [60] )

表

| | 調節する物質 | 排出する物質 | 扱う物質の性質 |
|---|---|---|---|
| 腎臓 | イオン, [57] | イオン, [57], 尿素 | [59] |
| 肝臓 | 糖, アミノ酸 | ビリルビン, [58] | [60] |

① 水　② コレステロール　③ グロブリン
④ 水溶性　⑤ 脂溶性

**問4**　次の文章を読み, (1)～(3)に答えなさい。(解答番号 [61] ～ [64] )

自然界では, 物質は徐々に変化している。例えば, 過酸化水素を放置しておくと, 長い時間のうちに水と [61] に分解する。ここに酸化マンガン(IV)を入れると反応は急激に進む。同じように, 過酸化水素に肝臓から抽出したカタラーゼを入れると, 反応はいっそう急激に起きる。

(1)　[61] に入る語句として最も適切なものを選択肢①～⑤のうちから1つ選びなさい。(解答番号 [61] )

① 酸　素　② 水　素　③ 二酸化炭素
④ 窒　素　⑤ ATP

(2)　次のa～eは酸化マンガン(IV)についての記述である。正しいものはどれか。選択肢①～⑤のうちから1つ選びなさい。(解答番号 [62] )

① 酵素のはたらきを促進する

② 酵素の量を増加させる

③ 無機触媒の1つである

④ 反応とともに減少する

⑤ 反応とともに増加する

(3) 酸化マンガン(Ⅳ)とカタラーゼを用いた反応速度と温度の関係について，最も適切なものを選択肢①〜⑥のうちから1つずつ選びなさい。基質は十分に存在するものとする。(解答番号 63 ， 64 )

酸化マンガン(Ⅳ)・・・ 63

カタラーゼ・・・ 64

①

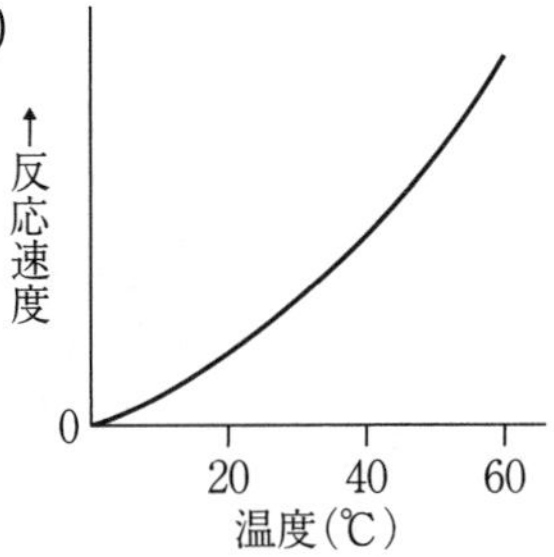


②

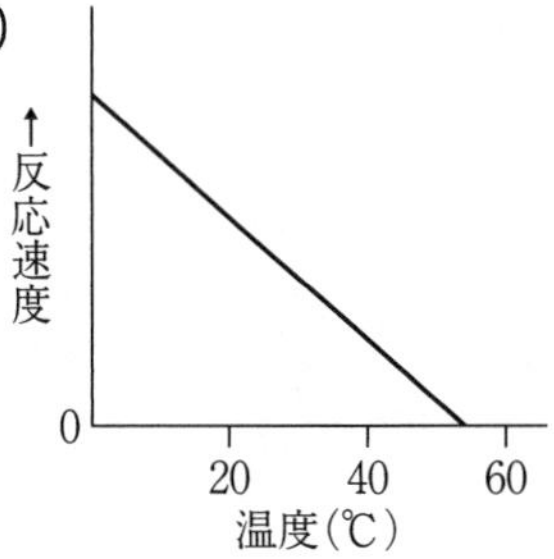


③

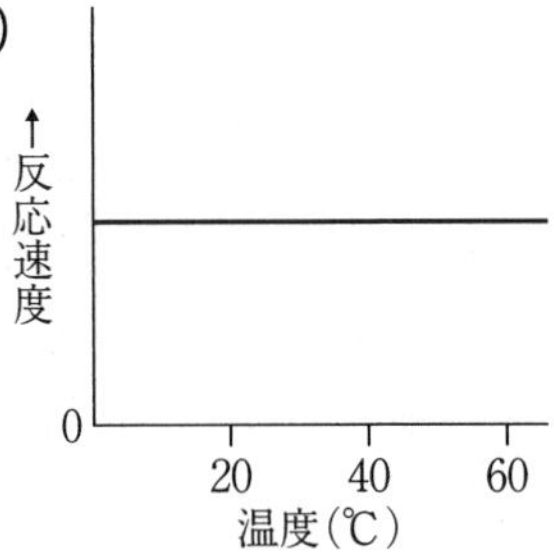


④

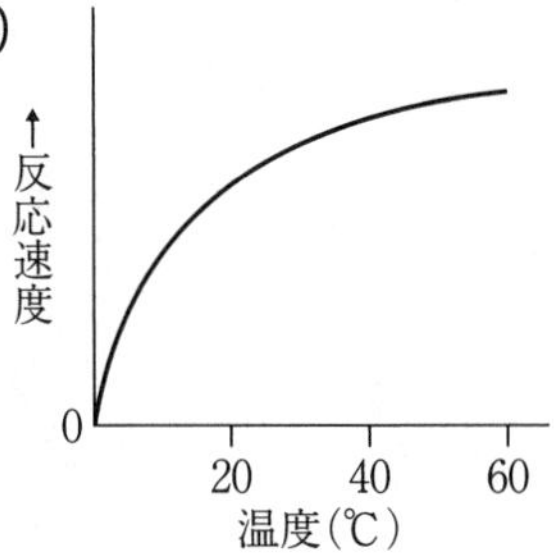

⑤

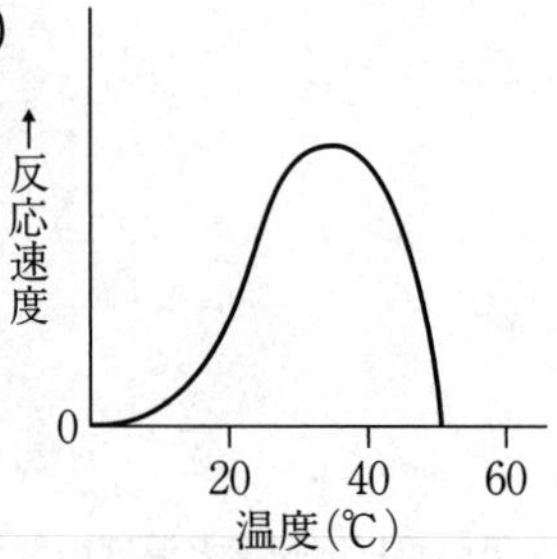


⑥

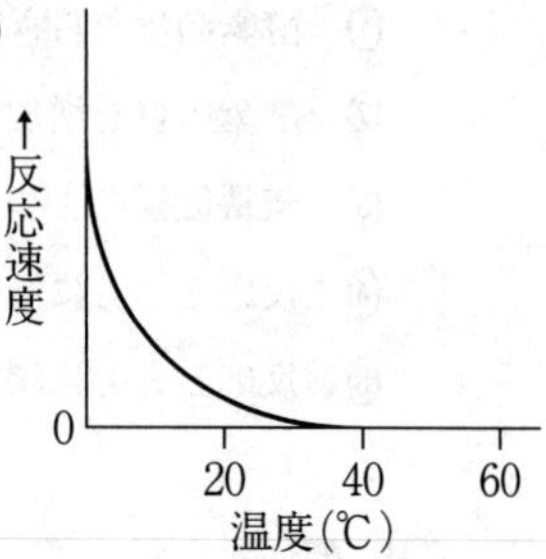

解答番号は、α 49 β 50 γ 51 δ 52 。

| | ルーチンワーク | 創造的な仕事 |
|---|---|---|
| 機械 | α | β |
| 人間 | γ | δ |

① 現実世界における日常的な行為
② 学習データを用いた創作・定式化された問題の解決
③ ノイズに埋もれた情報の修復
④ デジタル空間における記号情報の処理
⑤ 自らの物語による創作・問題の創造
⑥ 統計的処理に基づく全く新しい行為の創造

**問14**　本文の内容と合致するものを、次の①～⑧のうちから、二つ選びなさい。解答番号は、53 54 。

① ＡＩ技術の進歩には、人間を超えるＡＩの実現を可能とする、研究者の育成が何よりも大切である。
② 人間は自身の体験から得た物語を創造する力によって、豊かな生が得られる。
③ 人間とコンピューターが共生するには事務作業と創造的な仕事とを明確に振り分ける必要がある。
④ ＡＩ技術は人間の知能を代替するもので、人間の能力を超える無限の可能性を秘めている。
⑤ 機械は膨大な量のデータを収集・分析し、人知の及ばない事故の予兆も可能にする。
⑥ 人間の感覚は、視覚などから得た画素情報を変換し情報処理するが、あいまいで不確実なものである。
⑦ 人間の持つ創造性が、進化した情報社会を豊かに生き抜くための大きな鍵となっている。
⑧ アメリカン・フロンティア精神によって、ＡＩと人間の共生が理想的な形で発展される。

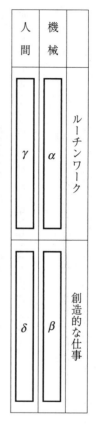

**問11**　□ E～Lに入るものとして最も適当なものを、次の①～⑩のうちから、それぞれ一つずつ選びなさい。なお、同じ番号を二回以上用いてはならない。もし用いた場合には、同じ番号の解答を全て誤答とする。

解答番号は、E **40**　F **41**　G **42**　H **43**　I **44**　J **45**　K **46**　L **47** 。

①　配慮　②　自在　③　強要　④　移行　⑤　躍起
⑥　既存　⑦　前提　⑧　歓迎　⑨　捕獲　⑩　着目

**問12**　‖線Ⅳとあるが、なぜか。その理由として最も適当なものを、次の①～⑥のうちから、一つ選びなさい。

解答番号は、 **48** 。

①　目の前の情報を画素として認識し、切り分けることができるから
②　視覚や聴覚からの情報に限らず、経験によって身体感覚を通じて捉えるから
③　身体から得た感覚を、ルーチン化された作業へと変換する力があるから
④　視覚や聴覚による情報を変換し、瞬時に処理することができるから
⑤　科学が苦手とする創造的な仕事は、ＡＩ技術の力で補えるから
⑥　複雑な日本の文化は、型通りの作業を繰り返し固定化するから

**問13**　‖線Ⅴについて、139～137頁の内容を踏まえて、機械と人間の得意とするものを分類した次の表の、空欄 □ α～δに入るものとして最も適当なものを、次の①～⑥のうちから、それぞれ一つずつ選びなさい。なお、同じ番号を二回以上用いてはならない。もし用いた場合には、同じ番号の解答をすべて誤答とする。

① 人間らしさを奪ってしまうという構造
② 生まれた家柄で職業が決まってしまう時代
③ 人間としての創造性を発揮できる第一歩
④ 人間らしく生きることができる時代

**問9**　〈　　〉e～gに入るものとして最も適当なものを、次の①～⑥のうちから、それぞれ一つずつ選びなさい。なお、同じ番号を二回以上用いてはならない。もし用いた場合には、同じ番号の解答をすべて誤答とする。
解答番号は、e **36** f **37** g **38** 。

① もちろん　② あまり　③ まったく　④ たとえ　⑤ はたして　⑥ まさに

**問10**　══線Ⅲとあるが、そう言えるのはなぜか。その理由として最も適当なものを、次の①～⑥のうちから、一つ選びなさい。解答番号は、 **39** 。

① いつか人間はコンピューターに取って代わられるから
② 歴史や伝統、自然などが軽視され、多様性が否定されるから
③ 誰もが情報の発信者となる夢のような可能性を示唆しているから
④ 新しいネットワークと伝統的な存在が混在してしまっているから
⑤ コンピューターの進化により、新しい情報が氾濫し過ぎたから
⑥ 常にコンピューターとの共生を強いられているから

問6 《　》 i～ivに入るものとして最も適当なものを、次の①～⑦のうちから、それぞれ一つずつ選びなさい。なお、同じ番号を二回以上用いてはならない。もし用いた場合には、同じ番号の解答をすべて誤答とする。

解答番号は、i **27** ii **28** iii **29** iv **30** 。

① 自　分　② 集　団　③ 他　人　④ 知　人

⑤ 心の広い人　⑥ 声の大きな人　⑦ 体格の良い人

問7 ━━線Ⅱ「そうした構造」とは何を指しているか。その説明として最も適当なものを、次の①～⑥のうちから、一つ選びなさい。解答番号は、**31** 。

① ネットワーク社会では、個人が持つ情報量が大きく作用すること

② ネットワーク社会では、コンピューターが下す判断に全て委ねられること

③ ネットワーク社会では、個人が持つ創造性に左右されてしまうこと

④ ネットワーク社会では、個人が持つ意見は黙殺されてしまうこと

⑤ ネットワーク社会の中心では、人の意見が批判的に分析されること

⑥ ネットワーク社会を生き抜くために、自分の意見を固持すること

問8 □ 甲～丁に入るものとして最も適当なものを、次の①～④のうちから、それぞれ一つずつ選びなさい。なお、同じ番号を二回以上用いてはならない。もし用いた場合には、同じ番号の解答をすべて誤答とする。

解答番号は、甲 **32** 乙 **33** 丙 **34** 丁 **35** 。

エ　①　青写真を描く　②　由来を知る　③　欺瞞《まん》を暴く　④　縮図を見る

オ　①　民意に反する　②　衆愚に陥る　③　本質を捉える　④　愁眉を開く

カ　①　見るに見かねた　②　見るに堪えない　③　取って付けた　④　取るに足らない

キ　①　一歩引いて　②　根を詰めて　③　将来を見て　④　前を向いて

**問4**　〈　〉a～dに入るものとして最も適当なものを、次の①～⑥のうちから、それぞれ一つずつ選びなさい。なお、同じ番号を二回以上用いてはならない。もし用いた場合には、同じ番号の解答をすべて誤答とする。

解答番号は、a **22** b **23** c **24** d **25** 。

①　すなわち　②　こうして　③　しかし　④　たとえば　⑤　さて　⑥　まず

**問5**　━━線Ⅰとあるが、なぜか。その理由として最も適当なものを、次の①～⑥のうちから、一つ選びなさい。

解答番号は、 **26** 。

①　人間は描かれていない内容でも、確率から考えて判断できるから

②　人間の想像力は無尽蔵にあるので、機械のデータを上回るから

③　人間にはそれぞれ個性があり、一つとして同じものはないから

④　人間は過去の経験から想像を膨らませたり連想させたりすることができるから

⑤　人間はさまざまなデータから確実性の高い情報を選び出すことができるから

⑥　人間の歴史には数々の物語が創造的に描かれるから

4　フダン　①付　②負　③譜　④団　⑤段　⑥談

5　センザイ　①洗　②潜　③宣　④材　⑤財　⑥罪

6　ヘイガイ　①兵　②幣　③弊　④外　⑤概　⑥該

7　エンチョウ　①遠　②援　③延　④超　⑤兆　⑥調

8　ゲンセン　①厳　②限　③現　④泉　⑤繊　⑥選

9　シンテン　①新　②信　③真　④点　⑤展　⑥転

10　ソウキ　①相　②総　③想　④気　⑤期　⑥機

**問2**　　A～Dに入るものとして最も適当なものを、次の①～⑥のうちから、それぞれ一つずつ選びなさい。なお、同じ番号を二回以上用いてはならない。もし用いた場合には、同じ番号の解答をすべて誤答とする。解答番号は、A 11 B 12 C 13 D 14。

①驚異　②一般　③楽観　④魅力　⑤差別　⑥決定

**問3**　（　）ア～キに入るものとして最も適当なものを、次の各群の①～④のうちから、それぞれ一つずつ選びなさい。解答番号は、ア 15 イ 16 ウ 17 エ 18 オ 19 カ 20 キ 21。

ア　①複雑さ　②空恐ろしさ　③冷徹さ　④無意味さ

イ　①一進一退　②日進月歩　③因果応報　④悪戦苦闘

ウ　①意見を仰いで　②真理を求めて　③知見を広げて　④視点を合わせて

る、すなわち「問題の設定」という行為は、人間にのみ許されるものです。人間が「問題の設定」ができるのは、自分自身の人生を生きるなかで、自分が何をなすべきかがわかっているからこそです。それはすなわち、自分の人生という、自らの物語を日々創造し続けているということでもあります。これは、目的が与えられてはじめて動くことができる機械には決して到達することのできない高い壁といえます。

リックライダーの思想は、情報社会という新しい時代を切り拓《ひら》くことに大きく貢献しました。そのなかでは、大きな目標と能力をもつ個人は、創造性を発揮し、次々に新しいものを生み出し、時代を変えていく力をもちます。しかし、誰もが最初から大きな目標をもっているわけでなく、現在の情報社会が良しとする生き方に合致しているわけでもありません。情報社会を、誰もが豊かに生きられるようにするには、人間の創造性をとらえ直すことが大きなヒントになります。

（松田雄馬『人工知能に未来を託せますか？』より）

**問1**　——線1〜10に用いられる漢字と同じ漢字を含むものを、次の各群の①〜⑥のうちから、それぞれ一つずつ選びなさい。

解答番号は、1 [1]　2 [2]　3 [3]　4 [4]　5 [5]　6 [6]　7 [7]　8 [8]　9 [9]　10 [10]。

1　ソボク　①祖　②疎　③素　④僕　⑤睦　⑥墨

2　グゲン　①愚　②具　③偶　④限　⑤減　⑥厳

3　カゴン　①可　②加　③過　④権　⑤厳　⑥勤

発見して解決していくという明確な役割分担がありました。今、リックライダーの思想に対し、現代の人間や機械への理解を反映させると、異なる視点が見えてきます。

　機械は、あくまでも「デジタル空間」のなかで行う、デジタルデータの処理を得意とします。とくに、映像や画像などのように、多くの情報が含まれるものについては「ここに馬がいる」など、人間がすでに意味付け（記号付け）を行っているものについては、処理することができます。しかし、人間が記号を与えなければ、映像や画像は「単なる画素の羅列」にすぎず、与えた記号以上の何かを生み出すことはなく、淡々と計算を行うにすぎません。人間が、コンピュータ上のデジタル空間で同じ計算を行えば、その速度も正確さも、コンピュータにまったく及びません。しかし、同じように見える作業であっても、現実世界で行う場合、状況は一変します。コンピュータと現実世界は相性が良くありません。画素の色は常に変化し、見つけたものがノイズに埋もれて消えてしまうこともあります。見たいものが物陰に隠れて一部が見えなくなってしまうことも頻繁に起こります。人間は、そうした状況であっても難なく情報を補完して「そこにいる馬はきっとこのような姿だ」と推測します。V現実世界において、目の前の情報から、想像力を働かせ、目的を達成する行為は、人間のほうがはるかに得意なのです。

　また、一九六〇年代には人間は創造的な仕事が得意であり、技術としてのＡＩはそれが苦手であるという認識がありました。現在の科学技術の進歩は、この認識に再考を促しています。たとえば、ゴッホの作品をいくつも学習させたうえでゴッホ風の新しい絵を描画したり、囲碁や将棋で、これまでにないまったく新しい一手を発見したりなど、現在のコンピュータ科学は、機械に創造的な仕事を行うことを可能にしています。しかしながら、創造的な仕事のすべてが機械に置き換えられるというのは誤りであり、人間にこそ許される創造性は、確かに存在します。機械は、人間が学習させたデータを用いた創作や、人間が定式化した問題の解決手段を見出すことは得意とします。その一方で、機械それ自体は、「自分が何をやりたいか」などの目的意識をもっているわけではなく、ただ、与えられた役割を果たす道具にすぎません。したがって、機械に対して、解くべき問題を与えてやができるようになるかもしれません。そして、バルトはまさに情報社会の問題を指摘するかのように、箸に対する考察をしめくくっています。

わたしたち西洋人の食事の習慣には相もかかわらず、槍《やり》と刀で武装した狩猟の動作しかないのだが……。

（ロラン・バルト『表徴の帝国』）

ナイフとフォークのように、切断して効率的に捕食するという考え方は、リックライダーの思想にも見出すことができます。人間は目標を設定し、機械はルーチン化された作業を行う、という役割の分離。その一方で、「守破離」を良しとする日本文化は、単純な型の繰り返しのエンチョウ線上に、独自の技を展開し、豊かな創造性を発揮する未来を描きます。これは、コンピュータ科学にもヒントを与えます。

写真のなかにいる馬を認識するという、コンピュータ科学における問題を考えるとき、そもそも「認識とは何なのか」ということを考えることなしに、その問題に対処することはできません。写真を、ナイフとフォークを使って食事を切り分けるようにして、画素に切り分けてしまっては、私たちの心のなかで起こる「そこに馬の親子がいて」「草を食《は》んでいて」「平和そうだなぁ」などという感覚を得ることはできません。感覚は、視覚や聴覚を含め、単に画素情報を変換するだけの情報処理ではありません。今、ここに自分がいるからこそ、その感覚を得ることができます。自分自身の身体を使って、これまで培ってきた経験を通して育った身体感覚によって「感じる」ことは可能になります。人間の感覚とは何か、心とは何か、そして、人間とは何か。Ⅳ日本文化には、近代科学に足りないものを補ってくれる可能性が眠っています。

リックライダーが描いた「人とコンピュータの共生」という姿には、機械はルーチン化された事務作業を、そして人間が問題を

[ J ] に技を展開できるようになる、といった考え方です。単純作業の先に創造性がある、とすら解釈できる日本武道の考え方は、情報社会の土台となる思想と、必ずしも、一致しないようにも見えます。これは、リックライダーの時代には、人間と機械の創造性に対する考え方が不十分であったことによるのではないでしょうか。

　情報社会では、自ら目標を立て、新しいものを創造していく行為が [ K ] されます。その一方で、明確な目標をもたない人に、それをもつことを強要する社会とも解釈できます。しかしながら、明確な目標をもたない人が創造的でないわけではありません。人間が生きていることは、それ自体が創造的な行為です。今、人間の創造性をとらえ直すことができるのであれば、現代の情報社会は、そのよさを失うことなく、新しく生まれ変わる可能性があります。そして、そのヒントは日本文化に見出すことができるのです。

　二十世紀のフランスの哲学者ロラン・バルトは、独自の考察で日本文化を分析し、西洋文化にない視点を見出しています。たとえば、彼は、著書『表徴の帝国』のなかで、私たち日本人が当たり前のように用いる「箸」の使われ方に、西洋にはない思想があることを指摘しています。西洋の食事文化においてはナイフとフォークが用いられます。狩猟の武器でもあるそれらは、獲物を切断し、手足をばらばらにして突き刺します。一方、箸は、獲物を [ L ] するにも、切断するにも非効率的であり、時間効率や省力化のみに焦点を当てるならば、捨て去られるものかもしれません。しかし、箸という存在があるからこそ、私たちは、食べ物を「暴行を加える餌食」とすることなく、さらに、私たち自身を肉をむさぼり食うだけの存在とすることなく「見事な調和をもって変換された物質」とすることができる、とバルトは表現します。箸は、その素材の柔らかさも手伝って、人が赤ん坊の身体に触れるときのような、母性的ともいえる、配慮のゆきわたった力によって、食材を扱います。箸に見出される日本文化の思想をもって情報社会を生きることができるのであれば、人間は、リックライダーの描くような「自ら目標を立て、新しいものを創造していく」ことを強要されることなくとも、情報技術によってつながる人と人とがお互いを理解し、心を通わせ合うこと現代の情報社会を創造したリックライダーの思想を下支えしているアメリカン・フロンティア精神は、誰もがネットワークを介して情報にアクセスし、また、自らの力で情報を発信することのできる夢の社会を創造してきた一方で、彼らの精神に合致しない伝統を押しつぶすという危険な側面も併せもちます。アメリカン・フロンティア精神は、それに合致する開拓者精神をもつ人にとっては生きやすい反面、伝統に価値を感じるなど、その精神に合致しないものも抱いている人にとっては、押しつぶされるような生きづらさを感じることでしょう。そして、ネットワークそのもののもつ、社会を画一的な価値観に向かわせるという危険な側面が、今、アメリカン・フロンティア精神とあいまって、Ⅲ生きづらさを感じる現代人に対して牙を剥《む》いているのではないでしょうか。

現在、私たちの生きている時代は、リックライダーらが生き、多くの研究者が人間を超えるＡＩの実現に［　Ｅ　］になっていた一九五〇年代によく似ています。歴史が繰り返すとするならば、ＡＩブームは一段落し、「人とコンピュータの共生」という考え方に［　Ｆ　］する人が増えていくはずです。実際、二〇一八年頃から、専門家の間では、ＡＩブームが「幻滅期」に入ったとの指摘がされはじめ、「ＡＩ」を単純につくること、使うことよりも、どのように社会に浸透させていくのか、すなわち「社会実装」という話題に議論が［　Ｇ　］しています。

「人とコンピュータの共生」という思想は、人間が目標を立て、ルーチン化された作業を機械が行うという、人間と機械の明確な役割分担を設定するとともに、人間を、［　Ｈ　］なしに、目標を設定できるものと想定していました。研究者にとって、目標の設定は当然のことであり、単純作業は煩わしいものでした。しかしながら、彼の感じたことは、すべての人にあてはまるわけではありません。

日本武道には、古くから「守破離」という考え方があります。師匠から教わった型を徹底的に守り、他者の型と照らし合わせて研究することができるようになるまで鍛錬を重ねて、はじめて［　Ｉ　］の型を破り、最後には［　Ｉ　］の型から離れ、とに問題意識をもち、事務作業をコンピュータに代替させることで、自分自身がより創造的（クリエイティブ）な研究生活を送ることを目指しました。そして、人とコンピュータの違いを冷静に分析したうえで「人は目標を定め、仮説を立て、尺度を決め、評価を行う。計算機械はルーチン化された仕事はするが、それは技術的かつ科学的思考の洞察や決定の材料にすぎない」と断じたのです。

さらに「人とコンピュータの共生」という考え方を軸に、彼は、人間の「知」のあり方についても考察を深めます。アメリカ国防総省国防高等研究計画局（ＡＲＰＡ）の研究部門の部長に任命された彼は、「地球規模のコンピュータ・ネットワーク」を構築するＡＲＰＡＮＥＴと呼ばれるコンピュータ・ネットワークの研究開発を牽引《けんいん》することとなりました。これがまさに、現在、私たちが日々利用している、インターネットの原型です。すなわち、私たちの生きるこの情報社会を支える根本思想は「コンピュータが人間に取って代わる」のではなく、「人間とコンピュータが共生する」社会像を基盤にしているといえます。ルーチン化された事務作業など、コンピュータが得意なことをコンピュータが担い、創造的な仕事を人間が担うという共生関係が基盤にある社会です。

日本の情報科学者である西垣通は自身の著書で、リックライダーの思想について、「『パソコンの思想とはつきつめればアメリカン・フロンティア精神のことである』と言ってもよいだろう。それは、あらゆる次元で、統御し操作できる領域を拡大していく精神的ダイナミズムのことである」としたうえで、アメリカン・フロンティア精神の二面性を論じています。アメリカのもつ開拓者精神は、現状に満足せず、常に勇気と克己心をもって難問を乗り越え、皆で協力して理想の実現のために努力することによる開拓の歴史や画期的な発明、ファンタジー創造の文化があり、ボランティア精神に溢《あふ》れています。その一方で、飽くことなき「侵犯」をもたらしインディアンたちを残酷に征服し、自然環境を無惨に破壊し、伝統美を子どもっぽくけばけばしい大衆的娯楽で押しつぶすという、負の側面も併せもちます。

まで遡り、それをつくった人の想いに迫ることで、今、社会に何が起こっているのか、そして、社会はこれからどこに向かっているのかを知ることができます。その上に立ってこそ、私たちはこれからどこに向かっていくべきかを考えることができるのです。〈　e　〉、人間一人に考えられることは小さくとも、過去の先人が何を想い、どのようにして現代社会を築き上げてきたかを知ることで、先人の思い描いた世界のさらに先を見ることができます。それが〈　f　〉、一七・一八世紀のイギリスの科学者アイザック・ニュートンが遺《のこ》した「巨人の肩の上に立つ」という言葉の意味です。

さて、現代のネットワーク社会の歴史に関して興味深いのは、その始まりがＡＩの研究にあったということです。ＡＩ研究が盛り上がりを見せるなか、その研究姿勢に対して問題意識をもつ研究者が生まれ、ＡＩ研究を否定したところに、ネットワーク社会の原点を見出すことができます。このような研究の歴史を通して、始まりに触れることで見えてくるのは、現代社会が与える恩恵とその限界です。ネットワーク社会を、その構造だけでなく、歴史的背景からも理解していくことで、今、私たちが何に向き合うべきかを考えることができます。〈　g　〉語られることのない、ＡＩとネットワークとのつながりを知り、現代社会を裏側から見るために、七〇年前まで時代を遡ってみたいと思います。彼らの描いた未来は、そのまま現代社会に反映されており、その意味で、彼らが何を考え、何を実現してきたかを理解することは、現代においても大きな意味をもちます。

時は一九五〇年代、アメリカを中心に、最初のＡＩブームが起こりました。そのブームを否定し、ブームの「後の時代」の礎を築いた創始者ともいえる人物の思想は、現代にまで連綿と受け継がれる情報社会そのものを築き上げたといえます。アメリカの音響心理学者でアメリカ音響学会会長でもあったジョゼフ・カール・ロブネット・リックライダーです。

リックライダーは、生態系におけるイチジクとイチジクコバチとの切っても切れない共生関係に着想を得て、人間とコンピュータとが、どのように「共生」していけるかを分析しました。当時の大勢のＡＩ研究者とは異なり、彼は、人間を超えるようなコンピュータを開発することには関心がありませんでした。その代わりに自分自身の研究生活が事務作業に支配されているこ

「技術」といえるかもしれません。

ネットワーク化された現代社会を生きていると「昔は良かった」と感じる人は少なくないかもしれません。科学技術が発達し、世界中がネットワークによってつながり、手元のスマートフォンから常に情報が手に入る現代社会では、少しでも油断していると社会から取り残されてしまうような強迫観念に駆られてしまい、ゆっくり落ち着いて自分を見つめ直す時間を取ることすら、難しいように感じられてしまいます。

しかしながら、（　キ　）考えてみると、現代ほど「恵まれている」時代もまた、これまでにないことだったという見方もできます。過去には、［　甲　］もありました。たとえ職業選択の自由があっても、どこで生まれ育ったかによって得られる情報が決まり、それによって、ある程度の将来は決まってしまっていました。ところが今や、誰もが自由に情報に触れることができ、ネットワークを介して、地球の裏側の人とでも出会うことができます。現代は、これまでの時代とは比較にならないほど、［　乙　］といえます。そして、前述の通り、ネットワーク社会が［　丙　］を客観視することができれば、それは、忙しい現代社会においても、［　丁　］につながると考えられます。それに加え、ここでは、現代社会をとらえるうえで、さらに重要な視点について考えていきたいと思います。

物事には、必ず始まりがあります。現代のネットワーク社会もまた、ある日突然始まったわけではありません。そこには、始まりをつくった人がいて、その人は、つくりたい理想の社会に対する何らかの想《おも》いをもっていたはずです。歴史を学ぶということは、過去に起こった出来事の表面だけをなぞることではありません。過去の出来事は、必ず現代とつながっています。そして、過去の出来事にも、必ずそれを起こした人がいて、その人にも、社会に対する想いがあったはずです。現代社会の始まりにを導き出す可能性が高いでしょうか。実際のところ、まったく同じ番組でこのような設定があったわけではありません。ただ、クイズの問題が難しければ難しいほど、観覧者のなかでは混乱が生じることは間違いないでしょう。誰にも相談しない状況下で答えを考えるのであれば、一人ひとりの判断は必ずしも正しくないかもしれませんが、足し合わせることで正解に近づくことができます。しかし、《　i　》の意見によって《　ii　》の意見を変えられるとすると、状況は一変します。「自分の意見は少数派のようだ」「自分よりも賢い〇〇さんの意見は自分とは異なるようだ」「どうやら△△さんという人は、この分野に詳しいらしく、彼の答えは××のようだ」などといった、クイズの問題とは関係のない情報も付加され、自分自身の判断それ自体が《　iii　》の判断に引きずられていきます。そして、実際には正解かどうかはさておき、集団のなかで《　iv　》が核となってつくられたものが、その集団のなかで導き出された答えとなってしまうのです。

　これらクイズ番組のような現象は、私たちの社会のなかで至るところに見られます。私たちは、誰にも相談することなく、自分自身の判断で意思決定を行う場合と、誰かの意見を参考にしながら、自分の意見を変えていく場合の両方があります。興味深いことに、両者は、統計的性質が大きく異なります。

　ネットワーク社会のなかで、個々人の小さな影響力は無視され、その結果として、本来、一人ひとりが生きていることそれ自体によって発揮される創造性は、（　カ　）ものとして無視されていきます。この現象は、ネットワーク化された社会そのものが構造的にもつ性質であり、避けることはできません。しかしながら、Ⅱそうした構造について知ってさえいれば、この社会で起きているさまざまな現象を客観視することができます。

　前述した通り、データを統計分析することとそれ自体による恩恵は大きく、現代社会にとって欠かすことのできない基盤技術になりつつあります。統計分析の良さを生かしながら、誰もが人間らしさを発揮し、豊かに生きる社会を実現するために、社会の構造についての理解を深め、客観的なものの見方をすることもまた、これからの社会にとって私たちが身につけるべき基盤の入ることのできない発電所などの場所で、事故の予兆などの発見に応用することもできます。データの統計的性質の分析は、現代社会にとって、なくてはならない基盤技術になりつつあります。

しかしながら、事はそう単純ではありません。スマートフォンやパソコンを通して、一人ひとりがネットワークによってつながる現代社会において、データの統計分析は、光と影を兼ね備えた諸《もろ》刃の剣ともいえます。ネットワーク社会のなかで、データの統計的分析による相異なる二つの側面について、例を用いて紹介します。

今、あなたは、クイズ番組に出場しているとします。そして、自分には答えのわからない四択問題に直面しており、専門家一人か、あるいは、ほとんどが素人ばかりの観覧者からのアンケート結果のどちらかに助けを求めることができるとします。どちらに助けを求めたほうが、正しい答えに近づけるでしょうか。興味深いことに、専門家一人が答えを選択するよりも、アンケートで最も多くの人が選択した答えのほうが、正解である確率が圧倒的に高いといわれています。あるクイズ番組では、専門家に助けを求めた場合の正答率は六五％だったのに対し、アンケートによる正答率は九一％に達したそうです。『「みんなの意見」は案外正しい』というタイトルの本があるように、たとえ一人ひとりが素人であっても、大勢の判断を総合することで、賢い判断を下すことができます。これは、「集団の知恵（the wisdom of crowds）」と呼ばれる知力が、私たち人間には備わっていることの一つの表れです。同時に、このクイズ番組の例は、たった一人の判断に依存するのではなく、集団による知恵を、統計的に分析することの重要性を説いているともいえます。

さて、私たち人間の集団は、思わぬ知恵を生み出す一方で、簡単に（　オ　）という性質も併せもっています。再び、あなた自身が、クイズ番組に出場していることを想定してみましょう。今度は、観覧者同士が互いに相談でき、また、ＳＮＳを通じて誰がどういった考えをもっているのかを見ながら、自分の意見をその都度変えていけるようなシステムを導入したうえで、観覧者アンケートを行う、という場面を想定します。このとき、専門家一人か、観覧者からのアンケート結果か、どちらが正しい答え報をつくり出し、連想する人間が頭のなかで描く表現とは［　D　］的に異なります。身体感覚をもたない機械は、データを用いた確率的な表現に頼らざるを得ないのです。

もちろん、人間も、確率的な表現に頼ることはあります。一度しか会ったことのない印象の薄い人を「Ａさんだったかもしれないし、Ｂさんだったかもしれない。どちらかというとＡさんである可能性が高い」などと考えたり、教科書の内容を思い出す際に「Ａだったかもしれないし、Ｂだったかもしれない」と考えたり、といった事例は当然ながら数多くあります。しかしながら、恐怖体験などの一度の強烈な経験から、そのときの情景をありありと思い出したり、目の前の一枚の写真から、必ずしもそこに描かれていない数多くのドラマを10ソウキしたり、などといったことは、私たち人間にはできても、機械にはできません。私たちは、「創造性を発揮せよ」などといわれるまでもなく、Ⅰ人間として生きている時点で、機械には決してできない能力を発揮しているのです。私たち人間にとって、生きることそれ自体が、創造性を発揮することに他なりません。しかしながら、自分自身が人間らしさを発揮していることを感じにくくさせる構造が、現代社会にはあります。ＡＩと社会についての議論を行う際、人間らしさを奪う社会の構造に関する話題を避けて通ることはできません。

私たちは、人間として生きているからこそ、ものを見、何かを感じ、行動することができます。私たち一人ひとりに、それまで生きてきた人生があり、それは、先人たちが築き上げてきた歴史の流れのなかで日々描かれる物語であり、その物語の上に立つからこそ「今、ここ」の環境で、何かを感じることができるのです。それは、機械には真似できない創造性そのものであるといえます。しかしながら、情報社会といわれる現代社会は、創造性を奪う構造をもっています。そのキーワードは「統計」「データ」、そして「ネットワーク」です。

昨今、「ＡＩ」が、画像や音声などのデータから統計情報を分析して学習を行うことができるとして注目されています。馬だけでなく、人間の画像を分析することで、職人のもつ高度な技のエッセンスをつかむことも夢ではありません。そして、人の立ちが二頭いる」とわかる映像であっても、機械にとっては、画素の集まりが知覚されるだけです。馬の映像を拡大してみると、そもそもどの画素が馬に対応していて、どの画素が背景に対応しているのかを「画素」という情報だけから判断するのは、容易でないことがわかります。

人間は、たった1枚の写真から、二頭の馬が草を食べている様子や、背景に村があり、そのまた後ろに山があることを見出《みいだ》します。それだけでなく、二頭が仲よさそうに並んでいる様子から「ひょっとするとこの馬は親子かもしれない」「村民によって放牧されているのかもしれない」などと、写真から連想することすらできます。見たり、感じたりといった、人間にとって当たり前のことは、機械にとってはまったく当たり前ではない行為です。人間の感覚は、身体を通じ、今、ここから得られる情報からつくり出されるものです。これこそが、私たちにとっては当たり前すぎることであり、受け入れがたいかもしれませんが、実は、人間にとっての創造力の8ゲンセンなのです。

何気《げ》ない「今、ここ」でしか得られない感覚から自由に想像力を発揮し、その場その場で発想を膨らませ、自分自身の思いで行動していくことができることそれ自体が、機械にはない、人間の能力そのものといえるのです。

近年の画像処理技術や機械学習技術など、「ＡＩ」と一括《くく》りにされる技術群の9シンテンによって、数多くの馬の画像データを機械に学習させることで、馬に共通する特徴を見出すことができるようになりました。馬の画像データを学習させた「ＡＩ」、すなわち、学習した画像データを統計的に分析することで、画像のなかの物体を認識する情報処理システムは、馬が映った映像を見て次のような表現をすることでしょう。「馬八九％、鳥一〇・一％、チョコレート〇・九％」。過去に学習した画像データを用いて計算を行う限り、その結果は、過去のデータから統計的に導き出さざるを得ず、確率的な表現にならざるを得ません。このため「過去のデータから判断すると、今、目の前にいるのが馬である可能性は八九％」といった表現をせざるを得ません。これは、たった一枚の写真から、まるで自分の身体がそこにあるかのように感じ、「この馬は親子かもしれない」などと、そこにはない情の（　ウ　）いきましょう。その先にこそ、私たちが人間らしさを発揮して生きていくことができる社会の（　エ　）ことができます。その第一歩として、人間と「ＡＩ」と呼ばれるものとの比較から始めましょう。

人間とは何か。そして、人間のもつ知能とは何か。現代科学における未解明の最大の問題は、人間から最も遠い宇宙と、最も近い自分たち自身であるといわれます。人間、脳、そして知能という、私たちにとって最も身近なはずのものは、最も理解することが難しいのです。

「ＡＩと呼ばれる技術」が社会に浸透し、人間の多くの仕事を代替していくといわれています。単純作業は「ＡＩ」に、そして、人間は「ＡＩ」にはできない創造的なことをするべき、ということが、まことしやかに語られています。しかしながら、実際のところは、たとえ単純作業に見えるものであっても、あくまで道具にすぎない「ＡＩと呼ばれる技術群」に必ずしも人間を代替できるものではありません（ここからは「ＡＩと呼ばれる技術群」を「ＡＩ」と表記し、人間の知能を人工的に実現するという概念を「人工知能」と表記します）。

人間と「ＡＩ」との違いを理解するために、人間にとって最も身近な行為の一つである「見る」ことについて考えてみましょう。〈　a　〉、人間でない機械はどのようにしてものを見ているのでしょうか。機械がものを「見る」ためには、最初にカメラという「目」を通して映像を取得する必要があります。機械にとっての目であるカメラ（とくにデジタルカメラ）の仕組みと、人間の目の仕組みはよく似ています。カメラのレンズで集められた光は、映像となって格子状に並んだ「画像センサー」に投影されます。〈　b　〉映像は、格子状に並んだ画素（ピクセル）の集まりとして知覚されます。画素は、画像データを構成する最小単位です。人間の目に入る光もまた、網膜に並ぶ網膜細胞（画素に相当する）に投影されます。〈　c　〉、機械の目も人間の目も、「画素の集まり」として、外界を知覚しているのです。

〈　d　〉、映像が「画素の集まり」として知覚されるだけでは、どこに何がいるかはわかりません。人間の目には明らかに「馬能そのものを代替しているように聞こえてしまいます。ここにこそ「ＡＩ」という言葉の響きと、実際に世の中に存在する「ＡＩと呼ばれる何らかの技術」との間の深い溝があるのです。

ＡＩの研究者は、その時代の最先端科学の知識を総動員して「きっと人間の知能とは、このようなものだろう」と想像されるものを形にしてきました。なかには人間の想像をはるかに下回るものも、予想外の形で社会に浸透していったものもあります。たとえば、プログラミング言語はＡＩの実現を目指すなかで生まれました。「機械に命令を理解させ、それを実現させるにはどうすればよいか」を研究するなかで誕生したプログラミング言語は、今や、技術者が私たちの住む社会を支える情報システムを開発するのに欠かせません。一方で、それを「ＡＩ」と呼ぶ人はほとんどいないのではないでしょうか。

研究者たちは「人間の知能」という難問に立ち向かいながら、その過程で生まれた技術によって社会を変え、情報社会といわれる現代社会そのものをつくりあげていったといえます。ＡＩの研究の歴史を知ることは、人類の歴史そのものを知ることといっても3カゴンではありません。

人間に生まれながらに備わっていながら解明されていない未知の能力は、意外にも、私たちが日々生きているなかで、知らず知らずのうちに発揮されています。ＡＩを研究していくと、人間が4フダン、当然のように行っている行為が、いかに創造的であり、ＡＩなどと呼ばれる技術がはるかに及ばないものであるかがわかります。にもかかわらず、人間のもつ大きな5センザイ能力に光が当たっていないことは、現代社会の6ヘイガイといえます。ＡＩの研究を通して社会を見ると、現代社会そのものが、人間らしさを奪ってしまう構造が見えてきます。ＡＩの研究者は、人間の知能とは何なのかを想像しながら情報社会をつくりあげていきました。その7エンチョウ線上にある現代の情報社会が、人間の能力そのものを奪ってしまっているとすると、皮肉な話です。筆者は、ＡＩの研究の歴史をたどっていくことによって、現代社会のからくりに気づくことができると考えています。

このように、ＡＩへの理解を深め、その過程で「人間らしさ」についても考察し、「人間らしさ」を奪う現代社会の構造については、言葉通り、人間の知能を人工的に実現したものです。もし、人間の知能すべてが人工的に実現でき、疲れを知らず、［　Ｂ　］的なスピードで無限の知識を学習できる機械が実現できるとすれば、人間よりもはるかに勝る人工人間が出現したといえます。万が一、人間の知能すべてを人工的に実現したＡＩなるものが登場したとすれば、それは、あらゆる人間の行為を代替できる夢の技術であると同時に、人間の存在そのものを危うくする「最終兵器」として、私たち人間の前に立ちはだかることになるかもしれません。そうなれば、人間がどれだけ創造性を高めようなどと（　イ　）したところで、無駄な努力に終わってしまうことでしょう。人類は、自ら発明したＡＩによって、滅びの道を歩む、という未来に向かっていくことになります。

「ＡＩ」という言葉から、そのような破滅的な未来を連想している人にとって、私の考えは希望を与えるかもしれません。逆にＡＩにすべてを代替させ、自らは働かなくてもよいという［　Ｃ　］的な未来を連想している人にとって、ここで私の描く現実は想像と異なり、がっかりするかもしれません。実は、人間よりはるかに勝り、人間の仕事を奪うＡＩ像は、根拠に基づくものではないのです。

では、根拠に基づくＡＩ像とはどんなものでしょう。それを知るには、ＡＩの研究者が実際に何を行っているかを知るのが近道です。

ＡＩの研究者は、一言でいうと、人間の知能とは何なのかを少しずつ解明し、明かされた人間の能力を人工的に実現する技術を発明することによって、人間の役に立てようとしています。

ここで何より重要なのは「人間の知能」が未《いま》だ解明されていないということです。解明されない「人間の知能」を人工的に実現するのは、そもそも不可能です。実際のところ、「人工知能研究の成果物」として世に送り出されている技術は、人間の知能そのものを人工的に実現したものではありません。あくまで、「人間の知能には、こういう側面もあるのではないか」と研究者らが考えたものが2グゲン化されたのが、私たちが「ＡＩ技術」などと呼ぶものです。しかし、やはりＡＩ技術と聞くと、それは、人間の知

# 国語

（六〇分）

**次の文章を読んで、あとの問い（問1～14）に答えなさい。解答番号は 1 ～ 54 。《配点100》**

走るスピードで車に勝てなくても「人間は車に勝てない」「人間は、走る仕事を車に奪われる」という人はどこにもいません。それなのに、なぜ、囲碁や将棋で人間に勝るコンピュータが出現したからといって「人間はＡＩに勝てない」「人間はＡＩに仕事を奪われる」などという表現が至るところで聞かれるのでしょうか。ＡＩ（人工知能）の研究を行うなかで、1ソボクに感じる疑問です。

世の中には、暗算が得意な人は大勢います。そして、どんなに複雑な計算を暗算できる人も、表計算ソフトの計算能力の足元にも及ばないことを、私たちは知っています。「人間は表計算ソフトに勝てない」などと主張して社会問題にする人はどこにもいません。表計算ソフトが計算能力で勝っているからといって、人間の仕事が奪われるわけではなく、表計算ソフトそのものは単なる道具にすぎないことを、私たちは知っています。表現を変えると、表計算ソフトには、人間の存在そのものが脅かされるわけではないということを、私たちは知っています。しかしながら「ＡＩ（人工知能）」が主語になると、状況は一変するようです。

「ＡＩ（人工知能）」という言葉は、非常に Ａ 的な響きと同時に、（ ア ）を感じさせる性質をもちます。人工知能と

# 解答編

## 英語

I　解答　問1．(ア)―③　(イ)―②　(ウ)―①　(エ)―①　(オ)―②
問2．(a)―④　(b)―③　(c)―③　(d)―④　(e)―③
問3．(あ)―②　(い)―③　(う)―③　問4．①，⑥，⑧

解説

**《低賃金のホテル産業が労働者を取り戻そうと奮闘》**

**問1．**(ア)　第2段第2文（Visitor numbers have …）で「旅行者の数は増えた」と述べられており，続く最終文ではButが使われていることから，「しかしスタッフの数は回復していない」とすると意味が通る。③recovered「回復した」を選ぶ。

(イ)　②Despite「～にもかかわらず」を選んで，「上昇する部屋の需要にもかかわらず，日常的には客の収容力の半分ほどしか埋まっていない」とする。

(ウ)　①according to ～「～によると」を選び，「労働省の統計によると」とする。

(エ)　第7段第2文（And instead of …）の前半は「そして一回に一品の料理を提供するかわりに」という意味になっており，手間を減らすための方法が続く箇所なので，①all at once「すべてを一度に」を選び，「食事すべてを一度に客に持っていく」とつなげる。

(オ)　②inability「無力」を選び，「低賃金といった接客業における構造的問題に対処することができていないことが，現在のマイナスの影響につながっている」という意味にする。

**問2．**(a)　making various movesはここでは「様々な変更を行っている」という意味なので，④taking different actions「異なる行動をとっている」が最も近い。

(b)　plunge は「急な下落」という意味なので，③sharp fall「急激な下落」が正解。

(c)　retain は「～を保つ」という意味なので，③keep が正解。

(d)　operate はここでは「運用する」という意味なので，④use が正解。

(e)　desperate for ～は「～を熱望する」という意味なので，③in great need of ～「～の大きな必要性にある」が最も近い。

**問3．** (あ)　波線部(A)に続く箇所から，このサイトにより「個人が単一のシフトに契約したり，1日に数時間だけ働いたりすることができる」とわかる。よって②obtain temporary work「一時的な仕事を得る」が正解。

(い)　波線部(B)を含む英文で，「デジタルテクノロジーは，たとえばチェックインのプロセスを機械化したり，自動的に予約を処理したりすることで，より少ないスタッフによってホテル運営をすることに用いられている」と述べられている。よって③increasing income from room use「部屋の利用からの収入を増やす」は含まれない。

(う)　(C)such moves「このような変化」が指すのは，前文の improve pay, reform working conditions and push for a digital transformation「賃金の改善，労働環境の改変，デジタル変革」である。よって当てはまらないのは③increasing employee costs「雇用の費用を増やす」。

**問4．** ①「COVID-19のパンデミックにより多くのホテル従業員が仕事を辞めた」

第2段第1文（The COVID-19 pandemic …）に「COVID-19のパンデミックは接客業に深刻な衝撃を与え，ホテルや他の宿泊施設の多くの従業員が仕事を辞めた」とあり，内容に一致する。

②「外国人観光客の数は，日本への厳しい入国制限の下でも増え続けた」

第2段第2文（Visitor numbers have …）に「訪問者の数は，外国人観光客への入国制限の緩和…により，ここ数カ月で増えた」とあり，内容に一致しない。

③「大川荘は多くのアニメファンの興味をひく大きな庭園で有名である」

第3段第1文（The Okawaso inn …）に「大川荘は…高い天井のロビーが，人気アニメ『鬼滅の刃』の場面に似ているという理由で，ソーシャルメディアで関心を集めて話題となった」とあり，内容に一致しない。

④「パンデミック前と比較して，ホテルや宿屋の労働者の賃金は 20% 少ない」

本文中にこのような記述はない。

⑤「 B は，スタッフ不足問題は以前ほどひどくないと言った」

第 8 段第 1 文（“The staffing shortage …）に「リゾート地域のパートの仕事を紹介する人材派遣会社，株式会社ダイブの幹部である B は，『スタッフ不足問題は以前よりも深刻だ』と言った」とあり，内容に一致しない。

⑥「OMO5 京都三条ホテルはスタッフ不足を解決する策として，より小さく軽い食器を使用している」

第 10 段最終 2 文（The hotel uses … the breakfast traffic.）に「そのホテルはより多くの食器を食洗機で一度に洗って乾かすことができるようにより小さく軽い食器を使っている。つまり朝食をとりに来た宿泊客に対応するのに必要なスタッフが少なくてもよくなることを意味する」とあり，内容に一致する。

⑦「良いもてなしには人のほうが大切であるため，デジタルテクノロジーはあまり役に立たない」

第 11 段第 1 文（Digital technology has …）に「より少ないスタッフでホテルを運営するためにデジタルテクノロジーも用いられている」とあり，役立っていると考えられるので内容に一致しない。

⑧「藤山光雄は，ホテル産業においては，賃金が改善されることが必要であると考えている」

最終段第 1 文（“There is a …）に藤山光雄の発言として「賃金の改善が必要だ」とあり，次文より，これはホテル産業についての発言なので内容に一致する。

## II 解答

**問 1.** (ア)―②　(イ)―①　(ウ)―④　(エ)―④

**問 2.** (a)―③　(b)―①　(c)―②　(d)―②　(e)―②

**問 3.** (あ)―②　(い)―③　(う)―②　**問 4.** ①，③

## 解説

**《日本の学校が性別によって決まる制服の校則を緩和している》**

**問 1.** (ア)　第 4 段第 2 文（At the end of the …）以降で，「2019 年度の

終わりに女子生徒がズボンを履くことを許可し始めた。2021年度の終わりには…」とあり，少しずつ規則が緩和されていることがわかる。よって正解は②。

(イ)　第5段第1文（Leading the push…）では「変革を率いるのは，この過程の中でトランスジェンダーであることを告白した，39歳の教務主任，　B　である」と述べられている。空所(イ)の後には「この学校は，学校に適した服装の必要性とのバランスを図りながら柔軟な取り組みをすることができた」とあるので，①Because of that「それが理由で」を選ぶと意味が通る。

(ウ)　第7段第2・3文（All 67 boards … to wear pants.）に「日本の47都道府県と20主要都市のすべての教育委員会が校則の改正について質問された。具体的な例をあげるように求められると，11の教育委員会が，女子生徒のズボン着用を認めると回答した」とあり，ジェンダーフリーの制服が行田中学校以外でも進められているとわかる。よって④「～への傾向」が正解。

(エ)　①は「(女子生徒は）皆ズボンを履きたい」，②は「(女子生徒は）ズボンを履くことを許可されない」，③は「(女子生徒は）ズボンを履かなければならない」，④は「(女子生徒は）ズボンを履くことを許可される」となり，制服のジェンダーフリー化の文脈で意味が通るのは④。

**問2．**(a)　bound は「束縛された」という意味なので，③restricted「制限された」が近い。

(b)　designated は「指定の」という意味なので，①chosen が近い。

(c)　preferences は「好み，好みによる選択」という意味なので，②choices が最も近い。

(d)　consultations は「協議」という意味なので，②discussions「話し合い」が近い。

(e)　shift は「変更」という意味なので，②change「変化」が正解。

**問3．**(あ)　第3段最終文後半（— it's wonderful that …）に「『今こんなにたくさんの選択肢があるのはすばらしい』と彼女は喜んで言った」とあるので，②が正解。この生徒は中学2年生で新しい制服を試着しているので，①は誤り。

(い)　第6段最終文（We hope these …）に「これらの変化が，人々が性別だけでなく全般的な多様性について考える助けとなることを望む」とあるので，正解は③。

(う)　波線部(A)は「学校には合わせなければならないという目に見えない多くのプレッシャーがあり，他者と異なることは一人を目立たせてしまう」という意味。学校では他の生徒と違っていると目立ってしまう，つまり個性的でいるのは難しいということなので，正解は②。

**問4．**①「行田中学校の女子生徒は2019年度の終わりからズボンを履くことが許可された」

第4段第2文（At the end of the …）に「2019年度の終わりに女子生徒がズボンを履くことを許可し始めた」とあり内容に一致する。

②「行田中学校の女子生徒は今ではリボンの代わりにネクタイを身につけなければならない」

第4段第3文（At the end of 2021, …）に「2021年の終わりには，女子生徒にネクタイをつける選択肢が与えられ，リボンだけに制限されなくなった」とあり，内容に一致しない。

③「 B によると，生徒に彼らの個性を表現させてやることが，新しい制服を導入する大切な理由だった」

第5段最終2文（“When it was … B said.）に「『制服を作る段になると，ある種の骨組みが必要だった。その中で，どのようにして生徒に個性を表現させるか，それをサポートするのにどのような選択肢を与えることができるかについて考えた』と B は言った」とあり，内容に一致する。

④「行田中学校は，制服に関するジェンダーフリーな校則を持とうとする点で独特である」

第7段第1文（According to a …）に「2022年11月と12月に実施された毎日新聞の調査によると，ジェンダーフリー制服への傾向は行田中学校に限られたことではない」とあり，内容に一致しない。

⑤「内田良は名古屋大学大学院教育社会学の学生である」

最終段第1文（Ryo Uchida, a …）に「名古屋大学大学院教育発達科学研究科，教育社会学の教授である内田良は…」とあり，内容に一致しない。

## III 解答

(1)—② (2)—② (3)—④ (4)—④ (5)—① (6)—②
(7)—② (8)—③ (9)—④ (10)—④

### 解説

(1) 「渦潮は瀬戸内海と太平洋の間の大量の水の動きによって作り出される」という受動の意味にしたいので，行為者を示すbyがある受動態の形の②を選ぶ。

(2) depending on ～「～次第で」

(3) 「最大の渦潮は3月下旬から4月下旬の大潮の間に起こる」とあり，そのときの潮流の速さが時速20kmに達するという内容だと考えられるので，「～とき」を表す④を選ぶ。

(4) 分詞の後置修飾で直前のchildrenに説明を加えている。childrenが「遊んでいる」と能動の意味なので現在分詞を選ぶ。

(5) 間接疑問文で「彼女に何があったのだろうか」という意味になる。空所の後が動詞なので，主語に置くことのできる疑問詞whatもしくはwhoだが，意味の通るwhatを選ぶ。

(6) 強調のために否定語が文頭に置かれた形。この場合，主語と動詞に倒置が起こるが，一般動詞（ここではknow）の文ではdoが前に置かれる。この設問では時制の一致でdidになる。「彼女が先週シンガポールに発ったとは全く知らなかった」という意味。

(7) behind *one's* back「（人）のいないところで」

(8) mind *doing*「～するのを気にする」という意味で，Do you mind *doing*?は「～してもよいですか」の意味。「（人）が～してもよいですか」を表したいときには，*doing*の前に名詞の目的格もしくは所有格を置く。

(9) 命令文＋or SVで「～しなさい。そうしなければ…」という意味を表す。

(10) Why don't we ～？「（一緒に）～しませんか」

## IV 解答

（2番目・4番目の順に） (ア)—③・④ (イ)—①・⑤
(ウ)—④・③ (エ)—①・⑤ (オ)—①・③ (カ)—③・④
(キ)—②・① (ク)—③・① (ケ)—④・⑤ (コ)—②・①

### 解説

(ア) (This is) the most interesting news article I (have read recently.)

「一番興味深い記事」は最上級を用いて the most interesting news article とする。

(イ) (We) look forward to visiting our (aunt's house in England next spring.)

look forward to *doing*「〜することを楽しみにする」

(ウ) (Oh, no, it is raining so hard.) I should have listened to (my mother's advice to bring an umbrella with me.)

should have *done*「〜すべきだった」

(エ) (I love sweets.) Eating cakes makes me feel (happy.)

Eating cakes が主語で「ケーキを食べること」。また，使役動詞 make を使った形。make *A* *do*「*A* に〜させる」

(オ) (Recently, all) that Amy does is to (take pictures for social media.)

all が関係代名詞 that の先行詞になった形。直訳すれば「エイミーがするすべてのことは…」となる。

(カ) (Because of the storm, our plane) may not arrive on time(.)

on time「時間通りに」

(キ) (Our teacher tells us that we need to be careful) to avoid catching a cold (before going on a school trip.)

be careful to *do*「〜するよう気をつける」と avoid *doing*「〜するのを避ける」を組み合わせた形。

(ク) (George) was looking for a shop named (Zebra to get his new shirt.)

named Zebra は分詞の後置修飾で a shop に説明を加えている。

(ケ) (Saving) energy is important to build (a sustainable future.)

主語は Saving energy で「エネルギーを節約すること」。to build は不定詞の副詞的用法で「〜するために」と目的を表している。

(コ) The girl walking a dog over (there is my daughter.)

walking 以下は分詞の後置修飾で the girl に説明を加えている。walk a dog「犬の散歩をする」

# 化　学

## I　解答

**問1．** 1―②　2―④　3―⑤　4―⑦　5―⑥
6―⑩　7―⑨　8―⑧

**問2．** 9―①　10―⑭　11―⑥　12―⑧　13―⑪　14―⑩　15―②
16―⑫　17―⑮　18―⑦　19―⑨　20―③　21―⑬

### 解説

**《原子の構造，結晶の分類》**

**問1．** 原子は中心にある原子核とその周りを取り巻く負の電荷をもつ電子から構成されている。また，原子核は正の電荷をもつ陽子と電荷をもたない中性子から構成されている。

ここで，原子番号は陽子の数と等しく，質量数は陽子の数と中性子の数の和である。原子番号が同じ原子で，中性子の数が異なることによって質量数が異なる原子どうしを互いに同位体という。

また，同じ元素からなる単体で，性質などが異なるものを互いに同素体という。同素体にはS（斜方硫黄，単斜硫黄，ゴム状硫黄），C（黒鉛，ダイヤモンド，フラーレンなど），O（酸素，オゾン），P（赤リン，黄リン）がある。

**問2．** イオン結晶は，陽イオンと陰イオンがイオン結合によって規則正しく配列したもので，塩化ナトリウム NaCl などがある。共有結合の結晶は，原子が共有結合のみで多数結びつき規則正しく配列したもので，ダイヤモンドCなどがある。分子結晶は，分子が分子間力によって規則正しく配列したもので，ヨウ素 $I_2$ などがある。金属結晶は金属原子が金属結合によって規則正しく配列したもので，銅 Cu などがある。

これらの結晶の融点や硬さは結合の強さに関係しており，共有結合の結晶やイオン結晶は結合力が強く，融点が高く，硬い。分子結晶の結合力である分子間力の結合力は弱いので，融点は低く，軟らかい。

電気伝導性は，電荷をもつ粒子が移動できる状態かどうかで区別することができる。イオン結晶は，固体ではイオンが移動できないので電気伝導性は示さないが，融解液ではイオンが移動できるようになるため，電気伝導性を示す。金属結晶では，固体でも融解液でも自由電子が存在するので，電気伝導性を示す。分子結晶は，電気伝導性は示さない。



**II 解答** **問1.** **(1)22**—③　**23**—④　**24**—⑦
**(2)25**—③　**26**—②　**27**—③　**28**—⑩　**29**—⑨

**問2.** **30**—⑭　**31**—①　**32**—③　**33**—⑦　**34**—⑧　**35**—⑨　**36**—④

**問3.** **37**—③　**38**—④　**39**—⑨　**40**—⑩　**41**—⑩　**42**—⑯　**43**—⑥

## 解説

**《物質量，化学反応式とその量的関係，溶解度積，熱化学》**

**問1.** **(1)22.** 27g の水 $H_2O$（分子量 18）の物質量は

$$\frac{27}{18}=1.5〔\mathrm{mol}〕$$

**23.** 求める硝酸カリウム $KNO_3$ の質量を $x$〔g〕とすると

$$\frac{KNO_3\text{の質量}}{KNO_3\text{水溶液の質量}}=\frac{25}{100+25}=\frac{x}{10}\qquad x=2.0〔\mathrm{g}〕$$

**24.** 80g の水酸化ナトリウム NaOH（式量 40）を溶かした 500mL の水溶液のモル濃度は

$$\frac{80}{40}\times\frac{1000}{500}=4.0〔\mathrm{mol/L}〕$$

**(2)** エタノール $C_2H_6O$ の完全燃焼の反応式は，次式で表される。

$$C_2H_6O+3O_2 \longrightarrow 2CO_2+3H_2O \quad \cdots\cdots ①$$

4.6g の $C_2H_6O$（分子量 46）と標準状態で 11.2L の酸素 $O_2$ の物質量はそれぞれ

$$C_2H_6O\text{の物質量}：\frac{4.6}{46}=0.10〔\mathrm{mol}〕$$

$$O_2\text{の物質量}：\frac{11.2}{22.4}=0.50〔\mathrm{mol}〕$$

①式より，反応式の係数比は物質量比だから，燃焼後に生成した水 $H_2O$（分子量 18）の質量は

$$18\times0.10\times3=5.4〔\mathrm{g}〕$$

また，反応後に残る $O_2$ の標準状態における体積は

$$22.4\times(0.50-0.10\times3)=4.48\fallingdotseq4.5〔\mathrm{L}〕$$

**問2.** AgCl の溶解度が $1.3\times10^{-5}$ mol/L であり，飽和溶液中の銀イオン，

塩化物イオンのモル濃度はともに，$[Ag^+]=[Cl^-]=1.3\times10^{-5}$ mol/L となる。したがって，溶解度積 $K_{sp}$ は

$$K_{sp}=[Ag^+][Cl^-]=(1.3\times10^{-5})^2$$
$$=1.69\times10^{-10}\fallingdotseq1.7\times10^{-10}\,[(\mathrm{mol/L})^2]$$

硝酸銀 $AgNO_3$ 水溶液と塩化ナトリウム NaCl 水溶液を混合した溶液中の $[Ag^+]$ と $[Cl^-]$ は

$$[Ag^+]=[Cl^-]=1.0\times10^{-3}\times\frac{500}{1000}=5.0\times10^{-4}\,[\mathrm{mol/L}]$$

したがって，濃度の積 $[Ag^+][Cl^-]$ は

$$[Ag^+][Cl^-]=(5.0\times10^{-4})^2=2.5\times10^{-7}\,[(\mathrm{mol/L})^2]$$

この値は，溶解度積より大きいので，AgCl の白色沈殿が生成する。

$AgNO_3$ の水溶液を加えたことによる AgCl の白色沈殿の有無から，溶液中に $Cl^-$ が含まれていることがわかる。

一方，$Ag^+$ を含む水溶液に少量の $NH_3$ 水を加えると酸化銀 $Ag_2O$ の褐色沈殿が生じ，さらに過剰の $NH_3$ 水を加えると，沈殿は溶解する。

$$2Ag^+ + 2OH^- \longrightarrow Ag_2O + H_2O$$
$$Ag_2O + 4NH_3 + H_2O \longrightarrow 2[Ag(NH_3)_2]^+ + 2OH^-$$

**問3.** (i)式は，一酸化炭素 CO の燃焼熱を表す熱化学方程式であり，(ii)式は CO の生成熱を表す熱化学方程式である。

液体の $H_2O$ の生成熱は，(iv)式 $\times\frac{1}{2}$ で求めることができ，その値は

$$572\times\frac{1}{2}=286\,[\mathrm{kJ/mol}]$$

黒鉛の燃焼熱を表す熱化学方程式は，(i)式＋(ii)式より

$$\mathrm{C(黒鉛)+O_2(気)=CO_2(気)+394\,kJ} \quad \cdots\cdots\text{(v)}$$

したがって，黒鉛の燃焼熱は 394 kJ/mol である。これは二酸化炭素の生成熱とも一致する。

メタン $CH_4$ の燃焼熱を表す熱化学方程式は，(i)式＋(iii)式より

$$\mathrm{CH_4(気)+2O_2(気)=CO_2(気)+2H_2O(液)+891\,kJ} \quad \cdots\cdots\text{(vi)}$$

また，メタンの生成熱を $Q$〔kJ/mol〕とすると，(vi)式より，反応熱＝「生成物の生成熱の総和」−「反応物の生成熱の総和」なので

$$891=(394+2\times286)-Q \qquad Q=75\,[\mathrm{kJ/mol}]$$

**Ⅲ　解答**　**問1．44**—②　**45**—①　**46**—②　**47**—②　**48**—①
**49**—①　**50**—②　**51**—①　**52**—①　**53**—①

**問2．54**—⑦　**55**—①　**56**—③　**57**—⑧

**問3．**(1)**58**—⑰　**59**—⑨　(2)**60**—④

(3)**61**—⑦　**62**—①　**63**—③（62, 63は順不同）

## 解説

**《物質の性質，保存法，鉄イオンの反応，錯イオン》**

**問1．44.** 誤り。水酸化ナトリウム $NaOH$ は空気中の水分を吸収し，その水に溶解する。この現象を潮解という。

**45.** 正しい。カルシウムイオン $Ca^{2+}$ を含む物質を炎の中に入れると橙赤色の炎色反応を示す。

**46.** 誤り。常温常圧で，ヨウ素 $I_2$ は固体，臭素 $Br_2$ は液体である。

**47.** 誤り。濃硫酸は無色の粘性のある液体であり，脱水作用があり，グルコース $C_6H_{12}O_6$ に濃硫酸を加えると次の反応が起こる。

$$C_6H_{12}O_6 \longrightarrow 6C+6H_2O$$

**48.** 正しい。濃硝酸は光や熱で分解しやすいので，褐色びんに保存する。

$$4HNO_3 \longrightarrow 4NO_2+O_2+2H_2O$$

**49.** 正しい。乾燥剤のシリカゲルに水分の吸収を確認する目的で青色の塩化コバルト(Ⅱ) $CoCl_2$ の無水物が用いられ，水分を吸収すると $CoCl_2$ の水和物となり，淡赤色となる。

**50.** 誤り。単体が金属の性質を示す元素を金属元素という。

**51.** 正しい。周期表で同じ族に属するものを互いに同族元素といい，同族元素の性質は似ている。

**52.** 正しい。スズ $Sn$ は14族元素であり，イオン化傾向は水素より大きい。

**53.** 正しい。鉛 $Pb$ は放射線の遮へい材として使用される。

**問2．** 硫酸鉄(Ⅱ) $FeSO_4$ 水溶液に水酸化ナトリウム $NaOH$ 水溶液を加えると，水酸化鉄(Ⅱ) $Fe(OH)_2$ の緑白色の沈殿が生じる。

また，塩化鉄(Ⅲ) $FeCl_3$ 水溶液に $NaOH$ 水溶液を加えると，水酸化鉄(Ⅲ)の赤褐色の沈殿が生じる。

**問3．**(1)　金属イオンにアンモニア $NH_3$ やシアン化物イオン $CN^-$ のような非共有電子対をもつ配位子が配位結合してできたイオンを錯イオンという。

(2) 肥料の3要素は，窒素N，リンP，カリウムKである。

(3) 地殻中に存在する元素は多い順から，O，Si，Al，Fe… の順であり，酸素Oの同素体には，酸素$O_2$やオゾン$O_3$がある。

# 生　物

## I　解答

**問1.** (1) **1**－⑧　**2**－⑤　**3**－③　**4**－④

(2)－④　(3)－③

**問2.** (1) **7**－⑪　**8**－⑦　**9**－⑧　**10**－⑨　**11**－⑭　**12**－⑬

(2)－⑦　(3)－④

**問3.** (1) **15**－⑥　**16**－⑤　**17**－⑫　(2)－⑤

### 解説

**《細胞の多様性と共通性》**

**問1.** (2)　①誤文。リボソームはタンパク質合成の場である。

②誤文。ゴルジ体は合成された物質の濃縮や加工を行い，分泌に関与する。

③誤文。小胞体は合成した物質の輸送や貯蔵に関与する。

④正文。中心体は動物細胞の分裂時に紡錘糸形成の起点となる。

⑤誤文。ミトコンドリアは呼吸に関与し，ATP の合成を行う場である。

(3)　選択肢を見ながら各細胞における構造体の有無を考えるとよい。A は原核細胞に存在せず，真核細胞には動植物に共通して存在していることから核膜またはミトコンドリアであり，③か⑥に絞られる。B は動物細胞にのみ存在しない構造体なので，⑥の核膜は誤りで正解は③とわかる。なお，C も A と同様に原核細胞になく，真核細胞には動植物に共通して存在することから，③のミトコンドリアと判断してもよい。

**問2.** (2)　各反応系が細胞内のどこで行われるかは知っておく必要がある。a の解糖系は細胞質基質で行われる。b のクエン酸回路はミトコンドリアのマトリックスで行われる。c の尿素サイクルは尿素回路（オルニチン回路）ともいわれ，肝臓で行われる。d のカルビン・ベンソン回路は葉緑体のストロマで行われる。e の電子伝達系はミトコンドリアの内膜と，葉緑体のチラコイド膜で行われる。

**問3.** リード文中の消化酵素はだ液，胃液，すい液のいずれかに含まれているという内容と，表 2 に列挙されている基質の種類より，酵素 A～C は，アミラーゼ，ペプシン，トリプシン，リパーゼのいずれかであるとわかる。さらに，脂質を基質とした場合，いずれの酵素でも反応しなかったので（すべて×），リパーゼではないことがわかる。表2の結果より，酵素Aはアミラーゼ（だ液），酵素Bはペプシン（胃液），酵素Cはトリプシン（すい液）とわかる。

**II 解答**

**問1．(1)19―④　20―⑥　21―⑤　22―②　23―⑰　24―⑱　25―①　26―⑪　27―⑫**
**(2)28―④　29―①　30―②　(3)―③　(4)32―①　33―②　34―⑥**
**問2．(1)―②　(2)36―①　37―③　38―②**
**(3)39―③　40―①　41―①　42―①　43―②**

**解説**

**《メンデル遺伝》**

**問1．(1)**　性染色体の組合せは4種類あり，次のようにまとめられる。

| | 雄 | 雌 |
|---|---|---|
| XY型 | XY | XX |
| XO型 | Xのみ | XX |
| ZW型 | ZZ | ZW |
| ZO型 | ZZ | Zのみ |

なお，ヒトの性染色体は男性がXY，女性がXXであるため，XY型である。本問では，具体的な生物例は示されていないが，リード文の「雌で形や大きさが等しく対になっている」と「雄だけにあって対になっていない」という内容から雌がXX，雄がXYのXY型と判断できる。

**(2)**　(1)の解説の表より，XO型とZO型は同種の生物であっても，雌雄で染色体の数が異なり，少ないほうは，染色体のペアが存在しない（奇数本になっている）ことがわかる。したがって，A雌とC雄はペアが存在しない染色体があるのでAがZO型，CがXO型とわかる。また，B雄は同形同大でない染色体が存在することよりXY型とわかる。

**(4)**　ホモ接合体の場合，遺伝子型は，*AA*，*BB*，*CC*または，*aa*，*bb*，*cc*となり，ヘテロ接合体の場合，遺伝子型は*Aa*，*Bb*，*Cc*となる。各遺伝子座には一方の遺伝子が記載されているので，ホモとヘテロという指定から各遺伝子座の遺伝子型が確定する。

**問2．**文中の交配を再現すると次のようになる。

赤花　白花

$AA$ ┬ $aa$

$F_1$　$Aa$ ┬ $Aa$

$F_2$　$AA : aa : Aa$
$= 1 : 1 : 2$

(1)　新課程では，対立形質をアレル，優性形質を顕性形質，劣性形質を潜性形質と表記するので注意が必要である。

**III 解答**

**問1．** (1) **44**—⑤　**45**—③　**46**—④　**47**—⑨　**48**—⑩　**49**—⑦

(2)—②　(3)—③

**問2．** (1) **52**—①　**53**—⑤　**54**—⑤　(2)—③　(3)—④

**問3．** **57**—①　**58**—②　**59**—④　**60**—⑤

**問4．** (1)—①　(2)—③　(3) **63**—①　**64**—⑤

## 解説

**《肝臓の構造とはたらき》**

**問1．** (2)　胃や腸で消化された栄養素は小腸で吸収された後，肝門脈を通って肝臓に入るため，食後は肝門脈を流れる血液は栄養に富む。

(3)　肝臓に流れ込む血液が流れているのは肝門脈と肝動脈である。そのうち，肺で結合した酸素を多く含む血液は肝動脈を通って肝臓に流れ込む。

**問3．** 腎臓では尿がつくられているため，排出する物質は尿に溶ける水溶性のものが多い。一方，肝臓では脂溶性の物質を胆汁として十二指腸に排出していることから，表中の排出する物質と扱う物質の性質が決まる。

の側面」とある。さらに、二重傍線部Ⅲの直前には「社会を画一的な価値観に向かわせるという危険な側面」ともある。「自然」「伝統」の軽視と「画一的な価値観」に言及している選択肢は②である。

**問12**　直前数段落で日本文化の可能性について言及し、「『守破離』を良しとする日本文化」は「豊かな創造性を発揮する未来を描きます」と述べている。また、二重傍線部Ⅳの直前では「自分自身の身体を使って……経験を通して育った身体感覚によって『感じる』ことは可能にな」るとしている。「経験」「身体感覚」というキーワードを含む選択肢は②だけである。

**問13**　**α**、二重傍線部Ⅴを含む段落冒頭に「機械は、あくまでも『デジタル空間』のなかで行う、デジタルデータの処理を得意とします」とある。

**β**、直後の段落に「機械は、人間が学習させたデータを用いた創作や、人間が定式化した問題の解決手段を見出すことは得意」とある。

**γ**、人間が得意とするものの中で「ルーチンワーク」とするにふさわしいものを探すと、二重傍線部Ⅳ直前の「感覚は、視覚や聴覚を含め、単に……情報処理ではありません。……自分自身の身体を使って、これまで培ってきた経験を通して育った身体感覚によって『感じる』ことは可能にな」るとある。これに近いのは①。

**δ**、$\beta$の機械が得意とする仕事の逆の内容が入るはず。

**問14**　最後の一文に着目する。「情報社会を、誰もが豊かに生きられるようにするには、人間の創造性をとらえ直すことが大きなヒントになります」とある。この内容に②と⑦が合致している。

## 解説

**問3**　アはこの後の「人間の存在そのものを危うくする『最終兵器』」から考える。イは直後に「無駄な努力に終わってしまう」とある。ウ・エは「その先にこそ、私たちが人間らしさを発揮して生きていくことができる」とあるのに着目する。プラスイメージの言葉が入るはず。オは直前の「一方で」に着目する。「思わぬ知恵を生み出す」と逆の内容が入る。カは直後の「無視され」をヒントにする。キはこの後で少し見方を変えていることから考える。「一歩引いて考えてみる」は〝第三者的な立場から考察する〟意。

**問5**　二重傍線部Ⅰの直前で「私たち人間にはできても、機械にはでき」ないことが、具体例を挙げて説明されている。この内容と、直後の「生きることそれ自体が、創造性を発揮することに他なりません」と併せて考えるとよい。「恐怖体験」や「一枚の写真」から「情景をありありと思い出し」「数多くのドラマをソウキしたり」と述べている。

**問6**　まず、iiには、このクイズ番組の想定である「自分の意見をその都度変えていけるようなシステム」から、①「自分」が入る。iには、「自分よりも賢い○○さん」「△△さんという人」にあたる③「他人」が入る。次に、「自分の意見」が「集団のなかで導き出された答えとなってしまう」という文脈を押さえると、iiiには②「集団」が入り、ivには⑥「声の大きな人」が入る。

**問7**　二重傍線部Ⅱの直前の内容をしっかり押さえること。「ネットワーク社会のなかで、個々人の小さな影響力は無視され……創造性は……無視されていきます」とある。この内容に合致している選択肢は④だけである。

**問8**　**甲**、直後の「どこで生まれ育ったかによって……ある程度の将来は決まって」から判断できる。
**乙**、過去と現代とが対比されており、甲の時代と比べて現代は、「誰もが自由に情報に触れることができ」「地球の裏側の人とでも出会うことができ」る時代である。
**丙**、直前三段落の内容から考える。①と③との選択なら①しか入らない。

**問10**　直前の段落の内容を押さえること。「自然環境を無惨に破壊し、伝統美を……大衆的娯楽で押しつぶすという、負

# 国語

**出典**　松田雄馬『人工知能に未来を託せますか？——誕生と変遷から考える』〈序章　何かがおかしい　研究者・技術者としての違和感〉（岩波書店）

**問1**　1—③　2—②　3—③　4—⑤　5—②　6—③　7—③　8—④　9—⑤　10—③

**問2**　A—④　B—①　C—③　D—⑥

**解答**

**問3**　ア—②　イ—④　ウ—③　エ—①　オ—②　カ—④　キ—①

**問4**　a—⑥　b—②　c—①　d—③

**問5**　④

**問6**　i—③　ii—①　iii—②　iv—⑥

**問7**　④

**問8**　甲—②　乙—④　丙—①　丁—③

**問9**　e—④　f—⑥　g—②

**問10**　②

**問11**　E—⑤　F—⑩　G—④　H—⑦　I—⑥　J—②　K—⑧　L—⑨

**問12**　②

**問13**　α—④　β—②　γ—①　δ—⑤

**問14**　②・⑦（順不同）

## 学校推薦型選抜（専願III日程／併願III日程）

# 問題編

### ▶試験科目・配点

| 学　部 | 教　科 | 科　　目 | 配　点 |
|---|---|---|---|
| 文・国際・人間科学・看護リハビリテーション | 外国語 | 英語 | 100点 |
| | 国　語 | 国語（古文・漢文を除く） | 100点 |
| | 調査書 | (評定平均値)×10 | 50点 |
| 医　療　栄　養 | 選　択 | 英語，「『化学基礎・化学*1』，『生物基礎・生物*2』から1科目」，「国語（古文・漢文を除く）」のうち2教科選択 | 各100点（計200点） |
| | 調査書 | (評定平均値)×10 | 50点 |

### ▶備　考

- 医療栄養学部で3教科受験した場合は高得点2教科で判定する。
- 外国語（英語）の試験は外部検定試験を利用でき，大学の定めた基準に応じて換算する。ただし大学で実施する外国語（英語）の試験は必ず受験するものとする。

＊1　化学基礎（全範囲）および化学（物質の状態と平衡，物質の変化と平衡，無機物質の性質と利用）から出題する。

＊2　生物基礎（全範囲）および生物（生命現象と物質，生殖と発生）から出題する。

# 英 語

（60 分）

〔 I 〕 次の英文を読んで，**問 1 ～問 4** に答えなさい。

（解答番号は［ 1 ］～［ 16 ］）（32点）

編集部注：問題文には個人名が記載されていましたが，本誌への掲載にあたり，個人情報に配慮して個人名を網掛けし「A」「B」に置き換えています。

**AI to feed mackerel farms, support sustainability in Ibaraki**

Ibaraki Prefecture （ ア ） Japan's largest source of *mackerel caught, and the prefectural government wants to make its fish farming a sustainable industry that future generations can inherit. Currently, it is conducting an experiment where information communications technology, which includes artificial intelligence (AI), is used for common mackerel farming. Students of a local high school are cooperating with the prefectural government on the management of fish farming *pens.

The project intends to build a system in which underwater cameras and other devices will (a)<u>monitor</u> water temperature and the condition of fish, while an AI system controls feeding. They intend to ship out the farmed fish to markets in autumn 2023 at the earliest.

Ibaraki Prefecture seashores face the Pacific Ocean to form a curve and are easily affected by waves, making it (b)<u>unsuitable</u> for fish farming. （ イ ） the *Fisheries Agency, it is rare that a prefectural government with few achievements in the past in fish farming, such as the one in Ibaraki Prefecture, tries fish farming by utilizing AI and similar technologies.

One evening in mid-January, three members of a fisheries club in Ibaraki Prefectural Kaiyo High School prepared to feed fish at the Nakaminato fishing port in Hitachinaka, Ibaraki Prefecture. The students stood beside a fish farming pen located on the sea surface measuring 5 meters in length and width and 2.5 meters deep. They took food (c) consisting of powdered fish meat and other ingredients from a bag weighing 20 kilograms and inserted it into a feeding machine. In autumn 2022, the prefectural government began raising 10,000 baby mackerels that were about 15 centimeters long and weighed about 50 grams. 　A　, 17, a third-year student of the high school, said, "This is a precious experience for me as I can get involved in an activity that is advanced. I feel rewarded when I see the fish growing larger little by little."

The prefectural government intends to demonstrate the possibilities of an AI-operated feeding system. After cameras and sensors record water temperature, salt *density and images of the common mackerel, operators will have the AI learn the proper amount for and intervals between feedings. By reducing leftover feed ( ウ ) possible, the prefectural government intends to cut costs and contribute to preservation of sea environments.

The high school proposed helping out ( エ ) it regarded the project as a good (d) opportunity for its students to learn about fish farming. Six members of the high school's fisheries club work on the project four times a week. They check to make sure the amount of feed is correct, mainly in places where the underwater cameras have blind spots, remove dead fish, and provide data about the common mackerel to the prefectural government for the AI to learn from. "I want to gain experiences and use them in the future," said third-year student 　B　, who will join a fish farming company this coming spring.

According to the central government's statistics in 2021, the prefecture's volume of mackerel caught was 73,800 tons, the largest in the nation. In recent years, volumes of *saury and salmon have been poor nationwide. This has motivated the prefectural government to establish *expertise on fish farming which will enable stable supplies in the future ( オ ) its experiment. Many wild mackerel caught in the prefecture have been shipped as frozen or canned foods to avoid the risk of *parasites, and the prefectural government aims(e) to serve raw fish products by selling the farmed mackerel that are fed with artificially-made products.

The common mackerel in the fish pen grew to be about 20 centimeters long and weighed about 90 grams in late 2021. They are expected to grow to a large enough size for shipping — 30 centimeters long and about 400 grams in weight — within a year. The prefectural government will ship the fish on a test basis in autumn 2023 through a storage company in Yokohama that has a nationwide sales network to determine the experiment's profitability. "We want to expand fish farming as another element in addition to marine fisheries," said a prefectural government official.

*〔注〕 mackerel：サバ　pen：魚を育てる囲い
Fisheries Agency：水産庁　density：濃度　saury：サンマ
expertise：専門的知識　parasite：寄生虫

**問1** 空所（ ア ）～（ オ ）に入れるのに最も適した語(句)を①～④の中からそれぞれ一つ選び，その番号をマークしなさい。

(ア) ① boasts of being　② complains about being
③ fails to be　④ is reluctant to be　[1]

(イ) ① According to　② Against
③ Despite　④ Due to　[2]

(ウ) ① as little as　② as much as
③ less than　④ more than　[3]

(エ) ① although　② as
③ before　④ whenever　[4]

(オ) ① in spite of　② in support of
③ regardless of　④ through　[5]

出典追記：The Japan News, February 14, 2023　一部改変

**問 2**　下線部(a)〜(e)の語(句)の意味に最も近いものを①〜④の中からそれぞれ一つ選び，その番号をマークしなさい。

(a) ① boil　② check　③ clean　④ keep　**6**

(b) ① not available　② not capable　③ not difficult　④ not good　**7**

(c) ① added from　② being full of　③ made up of　④ mixed from　**8**

(d) ① activity　② chance　③ place　④ practice　**9**

(e) ① fails　② forgets　③ helps　④ intends　**10**

**問 3**　本文の内容を考えて，次の(あ)〜(う)に最も適したものを①〜④の中からそれぞれ一つ選び，その番号をマークしなさい。

(あ) In what way does the Ibaraki Prefectural government want to make its fish farming a sustainable industry that future generations can inherit? **11**

① By having local high school students actively research the quality of mackerel in the laboratory.

② By inheriting its mackerel farming knowledge from past generations.

③ By offering mackerel farming data to future generations.

④ By using information communications technology and the cooperation of local high school students.

(い) Which of the following is NOT part of the AI-operated feeding system? **12**

① Checking water temperature.

② Controlling the amount of feed.

③ Increasing the salt density.

④ Recording images of mackerel.

(う) What motivated the Ibaraki Prefectural government to develop expertise on fish farming? [ 13 ]

① The amount of saury and salmon has been increasing recently in Japan.

② The demand for mackerel is higher than the one for saury and salmon.

③ The Japanese demand for saury and salmon has been decreasing.

④ The supplies of saury and salmon have not been good recently.

**問4**　次の①～⑧の中から本文の内容と一致するものを三つ選び，その番号をマークしなさい。[ 14 ] [ 15 ] [ 16 ]

① The shoreline of Ibaraki Prefecture is an ideal place for fish farming.

② AI's monitoring of the proper amount of feed for mackerel can save waste.

③ Kaiyo High School does not find the prefecture's mackerel farming project a good opportunity for students to research fish.

④ What Kaiyo High School students do for the mackerel farming includes removing dead fish.

⑤ Kaiyo High School students dive in the fishing pen to check the blind spots.

⑥ One of the objectives of Ibaraki Prefecture's mackerel farming is to serve raw mackerel to consumers.

⑦ The ideal size of mackerel for market is 20 centimeters long and 90 grams in weight.

⑧ Ibaraki Prefecture has found that their mackerel farming business is profitable through connecting with a storage company in Yokohama.

〔II〕 次の英文を読んで，**問 1 ～問 4** に答えなさい。

（解答番号は 17 ～ 30 ）(28点)

編集部注：問題文には個人名が記載されていましたが，本誌への掲載にあたり，個人情報に配慮して個人名を網掛けし「A」「B」「C」「D」に置き換えています。

**Stylish, multifunctional crossbody smartphone bags prove big hit**

Carrying your smartphone in a mini crossbody case is both a functional and stylish way to ( ア ). Cell phone crossbody bags, which can be worn around the neck or across the body, have become so popular that they are seen frequently on the streets.

The popularity of this item, which *was shortlisted for the 2022 prize for new and fashionable words in Japanese, can *be attributed to the widespread use of cashless payment. “As ( イ ) to put my phone in a regular bag, it has become easier to pay for purchases and check social media,” said A, a 16-year-old high school student from Matsudo, Chiba Prefecture, when she was interviewed on a street in Shibuya Ward, Tokyo. “I can casually carry my smartphone even in clothes that don’t have pockets,” she said.

A university (a) senior from Tsuchiura, Ibaraki Prefecture, said, “I often use cashless payment for train rides and shopping, so I go out more often with only my smartphone crossbody.” A smartphone crossbody case with a shoulder strap varies from a simple style with case and strap, to a wallet type that also (b) accommodates some credit cards and coins, or a larger pouch type.

According to Tokyu Hands, a major household and lifestyle goods company, the crossbody trend started in spring 2022 via social media, mainly among women in their 20s and 30s. As the item began to sell out quickly after arriving at Tokyu Hands outlets, the company had to increase its stock to keep up with demand from last summer. Sales of smartphone crossbodies for the year were (c) approximately eight times higher than the previous year, the company said. “They are also popular among women who take their small children out with them, as it is convenient to have both hands free,” company official [ B ] said.

( ウ ) there is an impression that smartphone crossbody bags target women, they are gradually gaining popularity among men as well. Ueni Trading, a Tokyo-based company that deals mainly in clothing and accessories, sells the Sonne line of wallet-shaped crossbodies made of leather, targeting male customers. The company sold almost 2,000 smartphone crossbodies in the six months since it began carrying them in 2022. "There are now smartphone crossbody products for various *demographics, such as for men and the elderly. It will become a bigger trend in the future," said [ C ], the company's brand manager.

Kobe Gakuin University Professor Yukie Tsuji, who specializes in marketing, said, "Many people have come to consider smartphone crossbodies convenient because more people want to take their phones out quickly, and because smartphones have become larger and more difficult to put in your pockets. Another benefit (d) of a smartphone crossbody bag is that it adds *flair to an outfit. Since the 2000s, young adults have preferred clothes and accessories with simple designs, so crossbody bags match the current fashion, she explained.

Since the 1990s, when *flip phones ( エ ), there have been several booms in cell phone accessories being used as fashion items because they appeal to people's individuality. In the late 1990s and 2000s, when flip phones were common, there was a boom in shiny antennas that would light up when there was an incoming call. Flip phones decorated with brightly colored stickers and rhinestones also became popular.

Tokyo-based Glam Baby, which began its cell phone decoration business in 1997, said it received tens of thousands of requests (e) a year at that time. Although the number of flip phones has decreased considerably, the company still receives about 3,000 orders a year for smartphone decorations. "Consumers still have a deep-seated desire to express their individuality with familiar items," Glam Baby President [ D ] said.

出典追記：The Japan News, January 21, 2023 一部改変

*〔注〕 be shortlisted：候補に選ばれる
be attributed to：～が原因である　demographics：人口構成
flair：センスの良さ　flip phone：折り畳み式携帯電話

**問1** 空所（ ア ）～（ エ ）に入れるのに最も適した語(句)を①～④の中からそれぞれ一つ選び，その番号をマークしなさい。

(ア) ① avoid using your smartphone too much
② keep warm
③ keep your hands free
④ save money 【17】

(イ) ① it is necessary　② it is too convenient
③ there is no need　④ there is no space 【18】

(ウ) ① Although　② Because
③ Unless　④ When 【19】

(エ) ① became widespread　② disappeared
③ were rare　④ were unattractive 【20】

**問2** 下線部(a)～(e)の語の意味に最も近いものを①～④の中からそれぞれ一つ選び，その番号をマークしなさい。

(a) ① first-year student　② second-year student
③ third-year student　④ fourth-year student 【21】

(b) ① damages　② holds
③ makes　④ uses 【22】

(c) ① about　② just
③ mostly　④ only 【23】

(d) ① advantage　② point
③ problem　④ value 【24】

(e) ① awards　② commands
③ complains　④ orders 【25】

**問3**　本文の内容を考えて，次の(あ)～(う)に最も適したものを①～④の中からそれぞれ一つ選び，その番号をマークしなさい。

(あ) One of the reasons why crossbody smartphone bags have become popular is because [ 26 ].

① fewer people are using flip phones

② fewer people prefer the simple style of smartphones

③ more people are finding the bags out of fashion

④ more people are using the cashless function of smartphones

(い) Which of the following did NOT happen when crossbody smartphone bags became popular among women in 2022? [ 27 ]

① Mothers with children found crossbody smartphone bags useful.

② Some shops made a huge profit from selling crossbody smartphone bags.

③ Stores had to increase stock to meet customer demands for crossbody smartphone bags.

④ The size of crossbody smartphone bags became eight times larger than before.

(う) According to Glam Baby, people try to show [ 28 ] by having items such as decorated phones.

① that they have financial power

② that they keep up with trends

③ their skill to decorate phones

④ their uniqueness

**問4**　次の①～⑤の中から本文の内容と一致するものを二つ選び，その番号をマークしなさい。[ 29 ] [ 30 ]

① Crossbody smartphone bags were so popular that they were a candidate for an award in 2022.

② Some young people often go out with only their crossbody smartphone bags because they use cashless payment.

③ The complex design of crossbody smartphone bags is the key to their popularity.

④ The popularity of crossbody smartphone bags started from people's face-to-face conversations.

⑤ Crossbody smartphone bags have been popular since the 1990s.

〔III〕 次の英文（　1　）〜（　10　）の空所に入れるのに最も適したものを①〜④の中からそれぞれ一つ選び，その番号をマークしなさい。

（解答番号は 31 〜 40 ）（20点）

Valletta is the capital city of Malta, an island nation in the Mediterranean Sea. Built in the 16th century, it is a small city, only 1km by 600m. (　1　) small, but it is one of Europe's most beautiful cities. It is full of sights, (　2　) many original buildings from the 16th century. Many of the buildings were badly damaged or destroyed during World War II, although most of the damage was later repaired. When Valletta was named a World Heritage site in 1980, it (　3　) as "one of the most concentrated historic areas in the world".

(1) ① Could it be　　② It could be
　　③ It may be　　④ May it be　　31

(2) ① included　　② includes
　　③ including　　④ to include　　32

(3) ① described　　② describes
　　③ is described　　④ was described　　33

(4) Kate was late for work, (　4　) made her boss angry.

① that　　② this
③ what　　④ which　　34

(5) It is kind ( 5 ) you to invite me to the party.

① as ② for

③ of ④ with **35**

(6) I know ( 6 ) Mark's email address nor his phone number.

① both ② either

③ neither ④ whether **36**

(7) Jane's presentation was ( 7 ) from being successful.

① apart ② aside

③ away ④ far **37**

(8) We will ( 8 ) him to come with us.

① get ② have

③ let ④ make **38**

(9) ( 9 ) you have any questions, please feel free to contact me.

① Although ② Because

③ Rather ④ Should **39**

(10) I owe a lot to my parents. I ( 10 ) thank them enough for their support.

① cannot ② never

③ should not ④ will not **40**

〔IV〕 次の(ア)〜(コ)の日本文の意味を表すように，①〜⑤の語(句)を並べ替えて英文を完成し，2番目と4番目にくる語(句)の番号をマークしなさい。ただし文頭にくるものも小文字になっています。(解答番号は [41] 〜 [60] )(20点)

(ア) 私はこの本を読むと学生時代を思い出す。

_____ [41] _____ [42] _____ my school days.

① book　② me　③ of
④ reminds　⑤ this

(イ) 空気がなければ私たちは生きられないだろう。

If _____ [43] _____ [44] _____, we could not live.

① air　② for　③ it
④ not　⑤ were

(ウ) この机を動かすから手を貸してくれませんか。

_____ [45] _____ [46] _____ with this desk?

① a hand　② could　③ give
④ me　⑤ you

(エ) 彼は翻訳の技術を習得するために大変な努力をした。

He _____ [47] _____ [48] _____ translation skills.

① acquire　② efforts　③ great
④ made　⑤ to

(オ) 台風のせいで私たちは叔父さんを訪ねることができなかった。

_____ [49] _____ [50] _____ our uncle.

① from　② prevented　③ the typhoon
④ us　⑤ visiting

(カ) ジョージは平仮名を読めません。ましてや漢字は無理です。

George _____ [51] _____, [52] _____ kanji.

① cannot　② hiragana　③ less
④ much　⑤ read

(キ) この前の試合と比較すると，今日の試合ははるかにおもしろい。

_____ [ 53 ] _____ [ 54 ], _____ is much more exciting.

① comparison ② in ③ the previous game
④ to ⑤ today's game

(ク) このコンピューター・ゲームはおもしろいので私は遊ばずにはいられない。

_____ [ 55 ] _____ [ 56 ] _____, as it is really interesting.

① cannot ② help ③ I
④ playing ⑤ this computer game

(ケ) このプリンターは故障しているようです。

This printer seems _____ [ 57 ] _____ [ 58 ] _____.

① be ② of ③ order
④ out ⑤ to

(コ) 彼は何でも知っているかのように話す。

He talks _____ [ 59 ] _____ [ 60 ] _____.

① as ② everything ③ he
④ if ⑤ knew

# 化　学

（60分）

原子量が必要な場合は，以下の値を使用しなさい。

H = 1.0，He = 4.0，C = 12，N = 14，O = 16，Na = 23，Cl = 35.5

なお，アボガドロ定数は $6.0 \times 10^{23}$ /mol とし，標準状態（0 ℃，$1.013 \times 10^{5}$ Pa）における気体 1 mol の体積を 22.4 L とする。

〔Ⅰ〕　次の**問1**，**問2**に答えなさい。［解答番号 [1] ～ [18] ］（30点）

**問1**　次の文章について，正しいものには①，間違っているものには②を解答欄 [1] ～ [10] に記入しなさい。

(1)　原子核は陽子と電子で構成される。　[1]

(2)　原子の質量数は陽子数と中性子数の積で求められる。　[2]

(3)　電子殻 L 殻に 6 つの価電子をもつ原子は S である。　[3]

(4)　フッ素は最外殻が閉殻になった貴ガス（希ガス）である。　[4]

(5)　同位体の中性子の数は異なるが，陽子の数は同じである。　[5]

(6)　同位体の質量数は同じである。　[6]

(7)　原子核が不安定で放射線を出して壊変する性質をもつものをラジオアイソトープ（放射性同位体）という。　[7]

(8)　H の同位体 $^{1}$H と $^{3}$H の存在比では $^{1}$H の方が大きい。　[8]

(9)　Cl の同位体 $^{35}$Cl と $^{37}$Cl の存在比では $^{37}$Cl の方が大きい。　[9]

(10)　ラジオアイソトープ（放射性同位体）の半減期を利用して遺跡の年代推定を行う際，$^{12}$C が用いられる。　[10]

**問2**　次の文章を読んで，(1)，(2)に答えなさい。

地球では地表近くの乾燥した大気の主要成分に，窒素 $N_2$ 78.084%，酸素 $O_2$ 20.948%，アルゴン Ar 0.934%，二酸化炭素 $CO_2$ 0.032%が存在している。

(1)　大気中に含まれる次の原子の最外殻電子数および価電子数について，最も適切な数値を下の①～⑩からそれぞれ1つ選び，解答欄 [11] ～ [16] に記入しなさい。なお，同じ番号を2回以上選んでもよい。

| | 最外殻電子数 | 価電子数 |
|---|---|---|
| N | [11] | [12] |
| O | [13] | [14] |
| Ar | [15] | [16] |

| | | | | |
|---|---|---|---|---|
| ①　1 | ②　2 | ③　3 | ④　4 | ⑤　5 |
| ⑥　6 | ⑦　7 | ⑧　8 | ⑨　9 | ⑩　0 |

(2)　石灰石に希塩酸を注ぎ，発生した二酸化炭素を石灰水に通じると白色沈殿が生じる。この反応液に白金線を浸して炎色反応を調べると何色を示すか。またこの炎色反応で確認された元素は何か。それぞれ最も適切な語句を下の①～⑮からそれぞれ1つ選び，解答欄 [17]，[18] に記入しなさい。

炎色反応 [17]　　元素 [18]

| | | | |
|---|---|---|---|
| ①　赤　色 | ②　黄　色 | ③　赤紫色 | ④　橙赤色 |
| ⑤　青　色 | ⑥　黄緑色 | ⑦　青緑色 | ⑧　Cu |
| ⑨　Na | ⑩　K | ⑪　Ca | ⑫　Sr |
| ⑬　Ba | ⑭　Li | ⑮　Cl | |

〔II〕 次の**問1**から**問3**に答えなさい。[解答番号 [19] ～ [41] ](35点)

**問1** 次の文章を読んで，(1)，(2)に答えなさい。

- ヘリウム原子 1.0 mol に含まれる電子の数は [19] 個である。
- 4.0 mol/L の塩化ナトリウム NaCl 水溶液 800 mL を作るのに必要な塩化ナトリウムの物質量は [20] mol である。
- 標準状態で密度が 1.25 g/L の気体の分子量は [21] である。
- 濃度 0.10 mol/L のシュウ酸 $(COOH)_2$ 標準溶液を 500 mL 調製するには，シュウ酸二水和物 $(COOH)_2 \cdot 2H_2O$ が [22] g 必要である。
- 0.10 mol/L の塩化ナトリウム NaCl 水溶液 200 mL と 0.20 mol/L の塩化ナトリウム水溶液 300 mL を混合すると， [23] mol/L の塩化ナトリウム水溶液 500 mL になる。
- エタン $C_2H_6$ が完全燃焼する反応は，以下の化学反応式で示される。

$$\boxed{24}\,C_2H_6 + \boxed{25}\,O_2 \longrightarrow \boxed{26}\,CO_2 + \boxed{27}\,H_2O$$

エタン 2 L を完全燃焼させるには，同温・同圧で [28] L の酸素が必要である。

(1) 空欄 [19] ～ [23] にあてはまる最も適切な数値を下の①～⑳からそれぞれ1つ選びなさい。なお，同じ番号を2回以上選んでもよい。

| | | | |
|---|---|---|---|
| ① 0.080 | ② 0.14 | ③ 0.16 | ④ 0.20 |
| ⑤ 0.28 | ⑥ 0.32 | ⑦ 1.8 | ⑧ 3.2 |
| ⑨ 4.8 | ⑩ 5.6 | ⑪ 6.3 | ⑫ 7.6 |
| ⑬ 9.8 | ⑭ 15.0 | ⑮ 28.0 | ⑯ 42.0 |
| ⑰ $6.0 \times 10^{23}$ | ⑱ $1.2 \times 10^{24}$ | ⑲ $2.4 \times 10^{24}$ | ⑳ $4.8 \times 10^{24}$ |

(2)　空欄 [24] ～ [28] にあてはまる最も適切な数値を下の①～⑨からそれぞれ1つ選びなさい。なお，同じ番号を2回以上選んでもよい。ただし，化学反応式の係数が必要ない場合は，①を選びなさい。

① 1　② 2　③ 3　④ 4　⑤ 5
⑥ 6　⑦ 7　⑧ 8　⑨ 9

**問2**　次の文章を読んで，空欄 [29] ～ [36] にあてはまる最も適切な語句あるいは数値を下の①～⑳からそれぞれ1つ選びなさい。なお，同じ番号を2回以上選んでもよい。

酢酸は食酢の主成分であり， [29] 価の [30] である。3.0 g の酢酸 $CH_3COOH$ に水を加え，溶液の体積を 100 mL にすると，質量は 100 g になった。また，この酢酸水溶液中の酢酸の電離度 $\alpha$ は $5.0\times10^{-3}$ であった。この水溶液の質量パーセント濃度は [31] %であり，モル濃度は [32] mol/L である。この水溶液中の酢酸イオン $CH_3COO^-$ の物質量は [33] mol である。この水溶液を中和するのに必要な水酸化ナトリウム NaOH の物質量は [34] mol である。この中和反応の滴定曲線を示すグラフは次のA～Cのうち， [35] であり，生成する酢酸ナトリウム $CH_3COONa$ は [36] である。

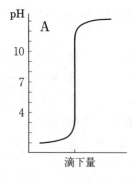

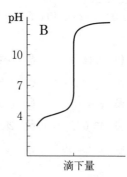

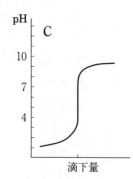

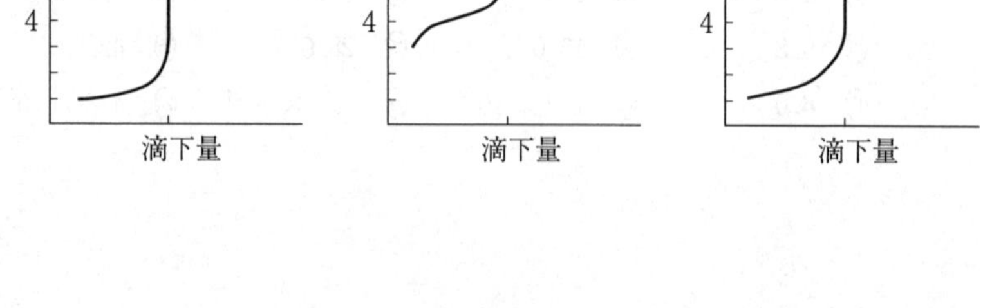

① 正　塩　② 酸性塩　③ 塩基性塩　④ 弱　酸
⑤ 強　酸　⑥ 弱塩基　⑦ 強塩基　⑧ A
⑨ B　⑩ C　⑪ 一　⑫ 二
⑬ 0.050　⑭ 0.10　⑮ 0.30　⑯ 0.50
⑰ 1.0　⑱ 3.0　⑲ $2.5 \times 10^{-4}$　⑳ $5.0 \times 10^{-4}$

**問3**　次の文章を読んで，空欄 [37] ～ [41] にあてはまる最も適切な語句あるいは数値を下の①～⑳からそれぞれ1つ選びなさい。なお，同じ番号を2回以上選んでもよい。

アンモニア$NH_3$は窒素$N_2$と水素$H_2$から次の反応により合成される。

$$N_2(\text{気}) + 3H_2(\text{気}) = 2NH_3(\text{気}) + 92\,\text{kJ}$$

この反応は [37] 反応であり， [38] の原理にしたがうと，アンモニアの生成率を高めるには [39] の条件がよい。1900年代初頭には，効率的な触媒の発見と有効な反応容器の開発により，アンモニアを大量生産することが可能になった。

アンモニア合成のために，10 Lの容器に窒素0.90 molと水素3.0 molを封入し温度473 Kに保ったところ，平衡に達したときに生成するアンモニアの物質量は1.2 molであった。平衡に達したときの水素の物質量は [40] molである。473 Kにおけるこの反応の平衡定数$K$は [41] $(\text{L/mol})^2$である。

① アボガドロ　② ファントホッフ　③ ヘ　ス
④ ボイル・シャルル　⑤ ルシャトリエ　⑥ 可　逆
⑦ 不可逆　⑧ 低温・低圧　⑨ 低温・高圧
⑩ 高温・低圧　⑪ 高温・高圧　⑫ 0.90
⑬ 1.2　⑭ 1.6　⑮ 2.4
⑯ $2.8 \times 10^2$　⑰ $6.6 \times 10^2$　⑱ $3.4 \times 10^4$
⑲ $5.5 \times 10^4$　⑳ $6.7 \times 10^4$

〔Ⅲ〕 次の**問1**から**問3**に答えなさい。[解答番号 [42] ～ [60] ](35点)

**問1** 次の文章(1)～(3)を読んで，空欄 [42] ～ [51] にあてはまる最も適切なものを次ページの①～⑱からそれぞれ1つ選びなさい。

(1) 鉛(Ⅱ)，銅(Ⅱ)，鉄(Ⅱ)，鉄(Ⅲ)の各イオンを含む水溶液がある。試験管A～Dの各試験管には，これらの水溶液が1種類ずつ入っている。各試験管の中に含まれているイオンを確認するために以下の操作を行った。

- 試験管A～Dの各水溶液に水酸化ナトリウム水溶液を加えると，すべての試験管で沈殿物を確認することができた。試験管Aでは緑白色の沈殿物が確認でき，試験管Bでは白色の沈殿物が生じた。試験管Aの水溶液には [42] イオン，試験管Bの水溶液には [43] イオンが含まれていることが確認できた。
- 試験管A～Dの各水溶液にアンモニア水を加えると，すべての試験管で沈殿物を確認することができた。試験管Cでは赤褐色の沈殿が生じた。この試験管Cの水溶液には [44] イオンが含まれていることが確認できた。
- 試験管A～Dの各水溶液に過剰のアンモニア水を加えると，試験管Dの水溶液が深青色に変化した。この試験管Dの水溶液には [45] イオンが含まれていることが確認できた。

(2) 塩素は水に溶けて， [46] となる。 [46] 中では塩素の一部が水と反応し，この反応式を以下のように表すことができる。

$$Cl_2 + H_2O \longrightarrow HCl + \boxed{47}$$

[47] は強い [48] 作用をもち，殺菌剤や漂白剤として使用されている。

(3) 胃腸薬，ベーキングパウダーに使用される [49(物質名)] ( [50(化学式)] )は白色の固体で，水に少し溶けて，水溶液は弱い [51] 性を示す。

| | | |
|---|---|---|
| ① 酸　化 | ② 中　和 | ③ 銅(Ⅱ) |
| ④ HClO | ⑤ 炭酸水 | ⑥ 塩　基 |
| ⑦ $Na_2CO_3$ | ⑧ 鉛(Ⅱ) | ⑨ 酸 |
| ⑩ 鉄(Ⅱ) | ⑪ HCl | ⑫ 電解液 |
| ⑬ 鉄(Ⅲ) | ⑭ 炭酸ナトリウム | ⑮ 還　元 |
| ⑯ 塩素水 | ⑰ 炭酸水素ナトリウム | ⑱ $NaHCO_3$ |

**問 2**　次の文章(1)〜(5)を読んで，正しいものには①，間違っているものには②を解答欄 [52] 〜 [56] に記入しなさい。

(1) 過リン酸石灰は$Ca(H_2PO_4)_2$と$CaSO_4$の混合物であり，リン酸肥料として利用される。 [52]

(2) 燃料電池自動車には燃料として水が用いられているため，運転時にはほぼ水しか排出しない。 [53]

(3) 陰性元素とは電子を得て陰イオンになりやすい元素をいう。 [54]

(4) 非金属元素の単体は共有結合で結ばれた分子であるものが多い。 [55]

(5) 水素は無色無臭で，すべての物質において単体の密度が最も小さい。 [56]

**問 3**　次の文章を読んで，空欄の [57] 〜 [60] にあてはまる最も適切なものを下の①〜⑫からそれぞれ1つ選びなさい。

マンガンの単体は，空気中では表面が [57] されやすい特徴がある。また多くの化学反応の [58] としてマンガンの化合物が用いられる。

マンガンの化合物の過マンガン酸カリウム [59(化学式)] は黒紫色の結晶で，水に溶けて [60] 色の過マンガン酸イオンを生じる。

| | | |
|---|---|---|
| ① $KMnO_4$ | ② 中　和 | ③ 還　元 |
| ④ 酸　化 | ⑤ 酵　素 | ⑥ 触　媒 |
| ⑦ 暗　赤 | ⑧ 緑　白 | ⑨ 赤　紫 |
| ⑩ $MnO_4^-$ | ⑪ $MnO_3^{2-}$ | ⑫ $K_2MnO_3$ |

# 生物

（60分）

〔Ｉ〕 細胞の構造と機能について，**問1**および**問2**に答えなさい。
（解答番号 1 ～ 21 ）(33点)

**問1**　図1は，電子顕微鏡で観察した動物細胞の模式図である。図1を見て，(1)および(2)に答えなさい。（解答番号 1 ～ 11 ）

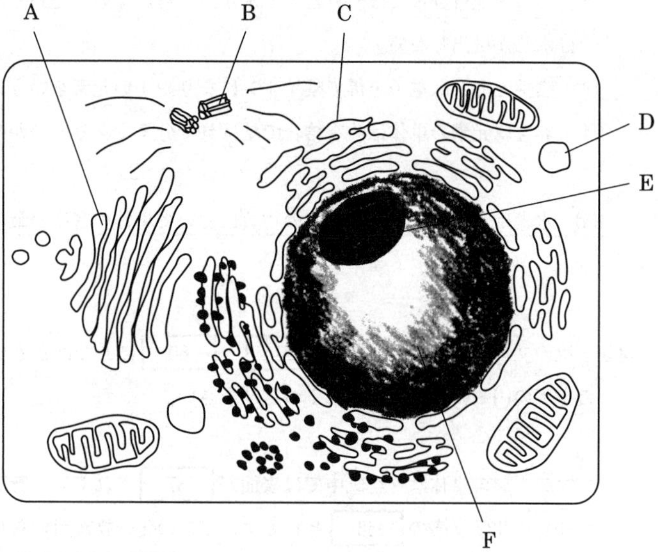


図1

(1)　図１のA～Fの細胞小器官の名称として，最も適切なものを選択肢①～⑫のうちから１つずつ選びなさい。(解答番号 [1] ～ [6] )

A・・・ [1]
B・・・ [2]
C・・・ [3]
D・・・ [4]
E・・・ [5]
F・・・ [6]

①　核　　②　核小体　　③　ミトコンドリア
④　リボソーム　　⑤　リソソーム　　⑥　滑面小胞体
⑦　粗面小胞体　　⑧　ゴルジ体　　⑨　中心体
⑩　葉緑体　　⑪　細胞骨格　　⑫　細胞壁

(2)　次のア～オのはたらきを示す動物細胞の細胞小器官として，最も適切なものを選択肢①～⑫のうちから１つずつ選びなさい。
(解答番号 [7] ～ [11] )

ア　ATPを合成する・・・ [7]
イ　細胞内で作られた物質を膜で包んで細胞外に分泌する・・・ [8]
ウ　転写を行う・・・ [9]
エ　翻訳を行う・・・ [10]
オ　細胞分裂のときに細胞の両端に移動する・・・ [11]

①　核　　②　核小体　　③　ミトコンドリア
④　リボソーム　　⑤　リソソーム　　⑥　滑面小胞体
⑦　粗面小胞体　　⑧　ゴルジ体　　⑨　中心体
⑩　葉緑体　　⑪　細胞骨格　　⑫　細胞壁

**問2**　次の文章を読み，(1)および(2)に答えなさい。
(解答番号 [12] ～ [21] )

細胞膜は， [12] とタンパク質とで構成されている。 [12] は， [13] の部分と [14] の部分からなり， [14] の部分を内側にして [12] が二重に並んだ構造をしている。細胞膜のタンパク質は，細胞膜を貫通したり，膜の内側や外側に結合したりしている。

これらのタンパク質には，物質の輸送を担っているものが多く存在する。イオンは，特定のイオンのみを選択的に通過させる [15] を介して，濃度勾配に従って移動する。グルコースやアミノ酸などは [16] を介して，濃度勾配に従って移動する。一方，濃度勾配に逆らって物質が移動することもある。ヒトにおいて，細胞内外でイオン濃度差が生じているのは [17] によるものである。このような輸送には [18] が必要である。

細胞膜のタンパク質には，ホルモンなどの細胞外シグナルの受容体としてはたらいているものもある。

(1)　文中の [12] ～ [18] にあてはまる語句として，最も適切なものを選択肢①～⑯のうちから1つずつ選びなさい。
(解答番号 [12] ～ [18] )

① 核　酸　　② リン脂質　　③ 中性脂質
④ コレステロール　　⑤ 親水性　　⑥ 疎水性
⑦ 揮発性　　⑧ 不揮発性　　⑨ 担　体
⑩ チャネル　　⑪ ポンプ　　⑫ 受容体
⑬ ATP　　⑭ ADP　　⑮ 糖　質
⑯ カルシウム

(2)　文中の下線に関して，ホルモンの受容体が細胞膜のタンパク質である場合，そのホルモン名とそれを分泌する内分泌腺を下の選択肢①～⑫から選び，下の表を完成させなさい。(解答番号 [19] ～ [21] )

| 細胞膜上に受容体があるホルモン | 分泌腺 |
|---|---|
| 19 | 20 |
| 21 | 副腎髄質 |

① チロキシン　② アドレナリン　③ 甲状腺刺激ホルモン
④ 副腎皮質　⑤ すい臓　⑥ 鉱質コルチコイド
⑦ 甲状腺　⑧ 脳下垂体前葉　⑨ 脳下垂体後葉
⑩ 胃　⑪ 糖質コルチコイド　⑫ 腎臓

〔II〕 血液について，**問 1** ～**問 3** に答えなさい。
(解答番号 22 ～ 44 )(33点)

**問 1**　次の文章を読み，問に答えなさい。(解答番号 22 ～ 30 )

血液は 3 種の血球成分を含む。血球成分を顕微鏡で観察すると，それぞれ容易に区別することができる。血球成分のそれぞれの特徴を下にまとめた。

| 血球成分名 | 22 | 23 | 24 |
|---|---|---|---|
| 形態 | 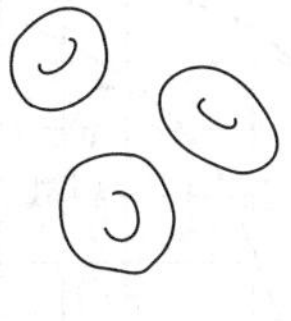 | 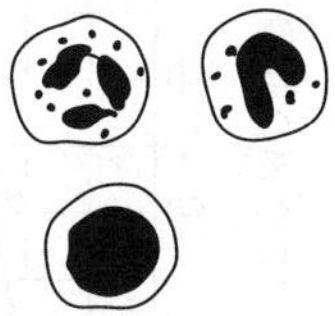 |  |
| 直径 | 25 μm | 26 μm | 27 μm |
| 数 | 28 個<br>(血液 1 $mm^3$ 中) | 29 個<br>(血液 1 $mm^3$ 中) | 30 個<br>(血液 1 $mm^3$ 中) |

上記の 22 ～ 30 にあてはまるものとして，最も適切なものを選択肢①～⑯のうちから1つずつ選びなさい。（解答番号 22 ～ 30 ）

| | | |
|---|---|---|
| ① 白血球 | ② 血小板 | ③ 赤血球 |
| ④ 2～5 | ⑤ 7～8 | ⑥ 5～25 |
| ⑦ 40～60 | ⑧ 80～100 | ⑨ 1,000～3,000 |
| ⑩ 4,000～8,000 | ⑪ 1万～2万 | ⑫ 5万 |
| ⑬ 15万～40万 | ⑭ 100万～200万 | ⑮ 300万 |
| ⑯ 450万～500万 | | |

**問2**　次の文章を読み，(1)～(3)に答えなさい。（解答番号 31 ～ 37 ）

赤血球に含まれるヘモグロビンは，肺胞のような酸素濃度が高いところでは酸素と結合し，体内の組織のように酸素濃度が低いところでは酸素を放出することによって，酸素を運搬，供給する。ヘモグロビンと酸素が結合する割合は，二酸化炭素濃度によっても変化する。下の図は酸素と結合したヘモグロビン（酸素ヘモグロビン）と酸素（相対値）との関係を表したグラフである。

なお，血液100 mL中にヘモグロビンは15 g含まれており，1 gのヘモグロビンは最大1.34 mLの酸素と結合するものとする。

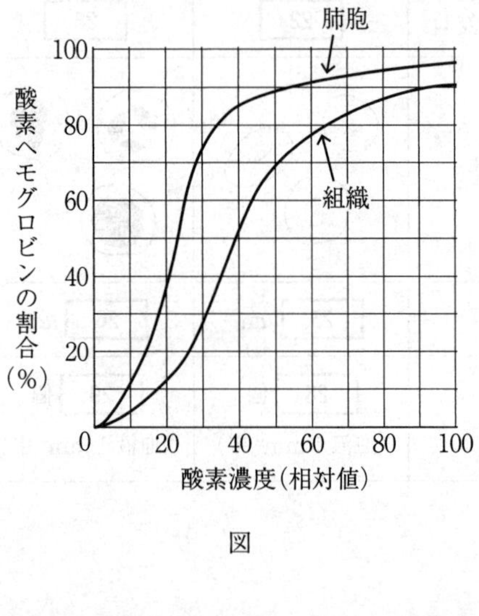


図

(1) 血液 100 mL 中のヘモグロビンは最大で何 mL の酸素と結合できるか。選択肢①〜⑩のうちから数字を組み合わせて答えなさい。ただし，同じ選択肢を何度使ってもよい。

（例：20.5 mL ならば，［②］［⑩］．［⑤］mL となる）

（解答番号［31］〜［33］）

| 10の位 | 1の位 | | 小数第1位 | |
|---|---|---|---|---|
| ［31］ | ［32］ | . | ［33］ | mL |

| | | | | |
|---|---|---|---|---|
| ① 1 | ② 2 | ③ 3 | ④ 4 | ⑤ 5 |
| ⑥ 6 | ⑦ 7 | ⑧ 8 | ⑨ 9 | ⑩ 0 |

(2) 肺胞の酸素濃度を100，組織の酸素濃度を30としたとき，全ヘモグロビンの何％が組織において酸素を放出することになるか。最も適切なものを選択肢①〜⑤のうちから1つ選びなさい。（解答番号［34］）

| | | | | |
|---|---|---|---|---|
| ① 21％ | ② 36％ | ③ 41％ | ④ 66％ | ⑤ 81％ |

(3) 上の問題(2)の場合，血液 100 mL 中のヘモグロビンは何 mL の酸素を組織に放出することになるか。小数点以下2位を四捨五入して，選択肢①〜⑩のうちから数字を組み合わせて答えなさい。ただし，同じ選択肢を何度使ってもよい。（解答番号［35］〜［37］）

| 10の位 | 1の位 | | 小数第1位 | |
|---|---|---|---|---|
| ［35］ | ［36］ | . | ［37］ | mL |

| | | | | |
|---|---|---|---|---|
| ① 1 | ② 2 | ③ 3 | ④ 4 | ⑤ 5 |
| ⑥ 6 | ⑦ 7 | ⑧ 8 | ⑨ 9 | ⑩ 0 |

**問 3**　次の文章を読み，(1)および(2)に答えなさい。
(解答番号 **38** ～ **44** )

白血球は自然免疫，適応免疫を担っている。適応免疫は担当する白血球の種類によって体液性免疫と細胞性免疫に分けられる。このことを下にまとめた。

| | 体液性免疫 | 細胞性免疫 |
|---|---|---|
| 担当する細胞 | **38** | **39** |
| 排除を行うもの | **40** | **39** 自身 |
| 排除の方法 | **41** | 直接攻撃 |
| 排除されるものの例 | 病原体 | 病原体に感染した細胞 |
| 活性化を促す細胞 | **42** | **43** |

(1)　上記の **38** ～ **43** にあてはまる語句として，最も適切なものを選択肢①～⑳のうちから１つずつ選びなさい。ただし，同じ選択肢を何度使ってもよい。(解答番号 **38** ～ **43** )

① 好中球　② マクロファージ　③ 造血幹細胞
④ B 細胞　⑤ キラー T 細胞　⑥ ヘルパー T 細胞
⑦ 記憶細胞　⑧ マスト細胞　⑨ NK 細胞
⑩ 抗　体　⑪ 抗　原　⑫ 血　清
⑬ 抗原抗体反応　⑭ 骨　髄　⑮ 胸　腺
⑯ 肝　臓　⑰ ひ　臓　⑱ アルブミン
⑲ トロンビン　⑳ プラスミン

(2) 自然免疫において，ウイルスに感染した細胞を攻撃する細胞はどれか。最も適切なものを選択肢①～⑧のうちから1つ選びなさい。
（解答番号 44 ）

① 好中球　② マクロファージ　③ 樹状細胞
④ B細胞　⑤ キラーT細胞　⑥ ヘルパーT細胞
⑦ 記憶細胞　⑧ NK細胞

〔III〕 生物の多様性と植生に関して，**問1**および**問2**に答えなさい。
（解答番号 45 ～ 68 ）(34点)

**問1**　生物と環境の多様性に関する次の文章を読み，(1)～(4)に答えなさい。
（解答番号 45 ～ 55 ）

地球上には，$_A$降水量や$_B$気温，標高の違いなどにより様々な生物の生息環境が形作られている。地球上にはこのような多様な環境があることで，$_C$多様な生物が生息できる。

(1) 下線部Aに関して，砂漠になるのは年平均降水量でおよそ何mm以下の地域が多いか。選択肢①～⑤のうちから1つ選びなさい。
（解答番号 45 ）

① 200～300　② 400～500　③ 600～700
④ 800～900　⑤ 1,000～1,100

(2) 下線部Bに関して，地球上のバイオームから考えると，年平均気温はどの温度の範囲内にあるか。最も低い気温と最も高い気温を選択肢①～⑧のうちから1つずつ選びなさい。（解答番号 46 ， 47 ）

最も低い気温・・・ [46]

最も高い気温・・・ [47]

① −35　② −25　③ −15　④ −5

⑤ 30　⑥ 40　⑦ 50　⑧ 60

(3) 次のア〜ウの各バイオームに生育する主な植物と，各バイオームを代表する哺乳類として最も適切な語句を選択肢①〜⑫のうちから１つずつ選びなさい。(解答番号 [48] 〜 [53] )

| バイオーム | 植物 | 哺乳類 |
|---|---|---|
| ア　熱帯多雨林 | [48] | [49] |
| イ　照葉樹林 | [50] | [51] |
| ウ　針葉樹林 | [52] | [53] |

① アカシア　② オリーブ　③ シイ(スダジイ)

④ トウヒ　⑤ フタバガキ　⑥ ブ　ナ

⑦ オランウータン　⑧ チーター　⑨ トナカイ

⑩ ニホンジカ　⑪ ヒグマ　⑫ プレーリードッグ

(4) 下線部Cの現在名前がつけられている生物に関して，選択肢①〜⑦の各生物グループに含まれる生物の種数を多い方から並べた場合，最も多いもの，最も少ないものはそれぞれ何か。１つずつ選びなさい。

(解答番号 [54] ， [55] )

最も多いもの [54]

最も少ないもの [55]

① 菌　類　② 原核生物　③ 原生生物　④ 昆虫類
⑤ 昆虫以外の無脊椎動物　⑥ 植　物　⑦ 脊椎動物

**問2**　植生の遷移と光合成に関する次の文章を読み，(1)〜(5)に答えなさい。
(解答番号 [56] 〜 [68] )

ある地域の植生を構成する植物には，その相観を決定づける種(A)が存在する場合がある。また，植生は外観から見たようすによって，森林など大きく3つに分けることができる(B)。さらに植生は時間的経過によって変遷していく(C)。日本では，多くの地域で最終的には極相林が形成される(D)。

(1) 下線部Aに関して，関西地方の草原でよくみられる優占種は何か。選択肢①〜⑥のうちから1つ選びなさい。(解答番号 [56] )

① アオキ　② アカマツ　③ ススキ
④ スダジイ　⑤ ヤマツツジ　⑥ ヤマユリ

(2) 下線部Bに関して，森林以外の2つは何か。選択肢①〜⑦のうちから番号が小さい順に2つ選びなさい。(解答番号 [57] ， [58] )

① 陰樹林　② 極相林　③ 荒　原　④ 混交林
⑤ 草　原　⑥ 二次林　⑦ 陽樹林

(3) 下線部Cに関して，関東地方のある場所で裸地から30年間遷移を調査した結果，30年後にはこの場所は陽樹が中心で陰樹も生え始めた林となっていた。図1は調査開始3年後からの変化として予想されるデータを模式的に示したものである。

以下のア〜エは，図1のA〜Dのグラフのどの変化に最も近くなるか。選択肢①〜④から1つずつ選びなさい。ただし，同じ選択肢を何度使ってもよい。(解答番号 [59] 〜 [62] )

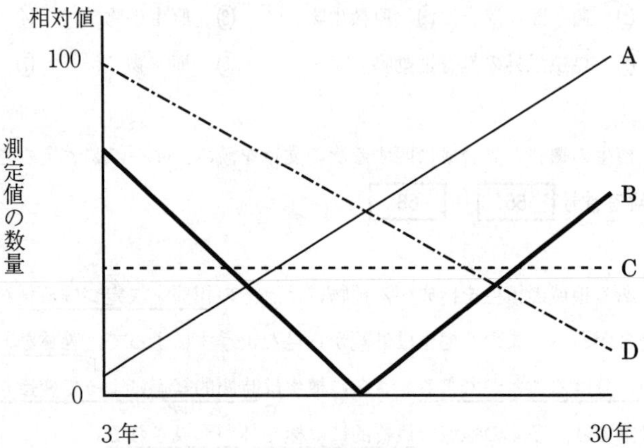


図1

ア　生育している植物の種数・・・ [59]

イ　夏の晴天時の地表温度・・・ [60]

ウ　すべての植物の種子１個の平均質量・・・ [61]

エ　最大樹(草)高・・・ [62]

①　A　　②　B　　③　C　　④　D

(4)　下線部Dに関して，林内のある樹木１本の日中の酸素の排出量を測定したところ，3.2gであった。このとき，日中に吸収された二酸化炭素は何gになるか。炭素の原子量を12，酸素の原子量を16，水素の原子量を１として次の光合成の化学反応式を用いて計算しなさい。

$$6CO_2 + 12H_2O \rightarrow C_6H_{12}O_6 + 6H_2O + 6O_2$$

計算結果は小数点以下２位を四捨五入して，選択肢①～⑩のうちから数字を組み合わせて答えなさい。ただし，同じ選択肢を何度使ってもよい。なお，該当する位に値がない場合は，その位に，ゼロ(０)に相当する選択肢を選びなさい。

(例：質量が8.48gならば，[⑩] [⑧] . [⑤] となる。)

(解答番号 [63] ～ [65] )

| | 10の位 | 1の位 | | 小数第1位 | |
|---|---|---|---|---|---|
| 質量 | 63 | 64 | . | 65 | g |

| | | | | |
|---|---|---|---|---|
| ① 1 | ② 2 | ③ 3 | ④ 4 | ⑤ 5 |
| ⑥ 6 | ⑦ 7 | ⑧ 8 | ⑨ 9 | ⑩ 0 |

(5) (4)のとき，夜間は呼吸で二酸化炭素を1.2g排出していた。この1日(24時間)中に貯蔵されるグルコースは何gになるか。原子量は(4)の値を用いて計算し，小数点以下2位を四捨五入して，選択肢①～⑩のうちから数字を組み合わせて答えなさい。ただし，同じ選択肢を何度使ってもよい。なお，該当する位に値がない場合は，その位に，ゼロ(0)に相当する選択肢を選びなさい。(解答番号 66 ～ 68 )

| | 10の位 | 1の位 | | 小数第1位 | |
|---|---|---|---|---|---|
| 質量 | 66 | 67 | . | 68 | g |

| | | | | |
|---|---|---|---|---|
| ① 1 | ② 2 | ③ 3 | ④ 4 | ⑤ 5 |
| ⑥ 6 | ⑦ 7 | ⑧ 8 | ⑨ 9 | ⑩ 0 |

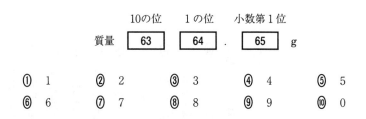

**問16** 本文の内容と合致するものを、次の①～⑧のうちから、二つ選びなさい。解答番号は、 45 46 。

① 自然科学は自然法則の発見を使命とするが、社会科学は社会的規則の発見を使命とするとは言いにくい。

② 法則は人間が変更することができるが、規則は前もって人間に知られていることなので、変更することができない。

③ 自然科学も社会科学も、同じ研究対象の性質を持ち、どちらも「役に立つ」ことをめざしている。

④ 人間は常に規則どおりにふるまうとは限らないから、自然法則の原理を規則に取り入れなければならない。

⑤ 自然法則が異なる研究者によって次々と変更されるのは、自然科学の研究を行う人間に柔軟性があるからである。

⑥ 社会科学は、意志を持つ人間を研究対象としており、それが自分自身に向けられるときには、自分の意志を予測することができる。

⑦ 規則についての研究をおこなう社会科学の役割は、人間の規則についての理解を深めることで、人間が自分たちの規則の選択や変更に関与することにある。

⑧ 自然科学は自分以外を研究対象とする「外から」の研究であり、社会科学は自らの規則についての「内から」の研究であるが、当事者性により両者の立場は相互に入れ替わる。

> 例えば、［　Ⅰ　］ことがうかがえる。［　Ⅱ　］し、人間に対して主張をしているようにみえることさえある。［　Ⅲ　］。［　Ⅳ　］。それは［　Ⅴ　］からだ。

① だとすれば、動物についての研究は、規則の研究、つまり社会科学になるのだろうか
② もちろん、そんなことはない
③ 犬や猫などの知能が発達した動物には、人間と同等ではないかもしれないが、ある種の「意志」がある
④ 動物は研究成果を理解することができず、そのため研究成果が動物の行動に直接影響を与えることがない
⑤ 自分の好みをもち、好きなものにこだわったり、嫌いなものを拒否したりすることもある

**問15**　［　　］丙に当てはまるものを、次の①～⑤のうちから、一つ選びなさい。解答番号は、［44］。

① 宇宙人の、宇宙人による、宇宙人のための研究
② 人間の、宇宙人による、宇宙人のための研究
③ 宇宙人の、人間による、人間のための研究
④ 宇宙人の、人間による、宇宙人のための研究
⑤ 人間の、人間による、宇宙人のための研究

**問12**　‖(6)について、ここではどのようなことを表しているか。最も適当なものを、次の①～⑤のうちから、一つ選びなさい。解答番号は、[33]。

① 規則を記述するには、数式に用いられる数字や記号の種類が少なく、どうしても不足してしまう。
② 数式によって規則を厳密に記述するためには、数式と自然言語を厳密に対応づけながら翻訳する必要がある。
③ 記号や数式は、実際には多様な解釈が可能であり、規則を厳密に記述することが困難である。
④ 自然言語は、自然法則を扱う自然科学とともに成立してきたものであるために、規則の記述には適さない。
⑤ 規則を記述する際に用いられる自然言語は、使っているうちに意味が確定していく性質を持つものである。

**問13**　【　】f～jに入るものとして最も適当なものを、次の①～⑤のうちから、それぞれ一つずつ選びなさい。なお、同じ番号を二回以上用いてはならない。もし用いた場合には、同じ番号の解答をすべて誤答とする。
解答番号は、f [34]　g [35]　h [36]　i [37]　j [38]。

① 必ずしも　② そして　③ その一方で　④ それとも　⑤ しかし

**問14**　[ X ] には左記の文章が入る。この文を完成させるため、[　] Ⅰ～Ⅴに当てはまるものを、次の①～⑤のうちから、それぞれ一つずつ選びなさい。なお、同じ番号は二回以上用いてはならない。もし用いた場合には、同じ番号の解答をすべて誤答とする。解答番号は、Ⅰ [39]　Ⅱ [40]　Ⅲ [41]　Ⅳ [42]　Ⅴ [43]。

⑤　研究者が、あらゆる集団に共通する規則を知ることができるのであり、当事者の視点は関係がないから

**問9**　［　］乙に入るものとして最も適当なものを、次の①～⑤のうちから、一つ選びなさい。
解答番号は、25。

①　追い風　②　時間泥棒　③　つまずきの石　④　地殻変動　⑤　可能性の宝庫

**問10**　(5)「自然科学の考え方を援用した権力のイメージ」について、それを示すものとして最も適当なものを、次の①～⑤のうちから、一つ選びなさい。解答番号は、26。

①　ある人間の権力の有無はそれを行使しようとする相手の意志に左右されるとみなすこと
②　ある人間が何らかの力を働かせることによって、別の人間に対して影響を与えるとみなすこと
③　ある人間が別の人間の自発的な意志によって、行為を変えさせられるとみなすこと
④　ある人間が持つ権力とはどのようなものか、最終的にはよくわからなくなってくるものとみなすこと
⑤　ある人間が持つ権力は、自発的であろうが無かろうが、常に相手の忖《そん》度によって生じるとみなすこと

**問11**　［　］キ～シに入るものとして最も適当なものを、次の①～⑥のうちから、それぞれ一つずつ選びなさい。なお、同じ番号を二回以上用いてはならない。もし用いた場合には、同じ番号の解答をすべて誤答とする。
解答番号は、キ 27　ク 28　ケ 29　コ 30　サ 31　シ 32。

①　作用　②　客観　③　依存　④　規定　⑤　秩序　⑥　推測

③ 手を離した場合のリンゴの落下という規則を研究者が発見すること

④ 手を離した場合のリンゴの落下という現象を研究者が重力や引力によって説明できること

⑤ 手を離した場合のリンゴの落下という規則を人々があらかじめ知っていること

**問7** [　　] 甲 に入るものとして最も適当なものを、次の①～⑤のうちから、一つ選びなさい。

解答番号は、[23]。

① 社会的規則と自然法則は、どちらも研究者による発見によってはじめてその存在が明らかになる

② 自然法則は研究によってはじめて明らかになるが、社会的規則はあらかじめ人々に知られている

③ 自然法則は研究者による発見がなくても人々に経験的に知られているから、社会的規則と同じである

④ 社会的規則は研究によってはじめて明らかになるから、自然法則の顕在性の議論と重ねることができる

⑤ 社会的規則は人々に経験的に知られているから、自然科学の研究者によって説明されなければならない

**問8** ‖(4)のように述べる理由として最も適当なものを、次の①～⑤のうちから、一つ選びなさい。

解答番号は、[24]。

① 研究者が、ある集団の人々が従う規則を見出したとしても、当事者以外の人々にとっての気づきに過ぎないから

② 研究者が、人間集団の人々が従う規則に気づくことで、逆に当事者は自分たちの見解を表明できなくなるから

③ 研究者が、自分たちの集団の法則を解明することによって、ようやく他の集団の法則を解明できるから

④ 研究者が、自分の所属する集団の法則を分析したとしても、研究上の価値があるかどうかは不明だから

**問4**　【　】a〜eに入るものとして最も適当なものを、次の①〜⑤のうちから、それぞれ一つずつ選びなさい。なお、同じ番号を二回以上用いてはならない。もし用いた場合には、同じ番号の解答をすべて誤答とする。
解答番号は、a **16**　b **17**　c **18**　d **19**　e **20**。

① 定まってきたもの　② 作り出したもの　③ 定かでないもの
④ 自然のもの　⑤ 意識しているもの

**問5**　‖(2)について、このことを説明するものとして最も適当なものを、次の①〜⑤のうちから、一つ選びなさい。
解答番号は、**21**。

① 自然科学が法則を将来のために利用すること
② 社会科学の目的に影響を与えること
③ 存在している規則が成立した過程を明らかにすること
④ 自然科学の目的が法則を発見するということ
⑤ 規則に対する変更や廃止、新たな作り替えができること

**問6**　‖(3)について、ここではどのようなことを表しているか。最も適当なものを、次の①〜⑤のうちから、一つ選びなさい。解答番号は、**22**。

① 手を離した場合のリンゴの落下という現象の意味を人々があらかじめ知っていること
② 手を離した場合のリンゴの落下という法則を研究者が新たに作り出すこと

2 ヨウイ　①容　②用　③要　④井　⑤意　⑥居

3 セイブン　①正　②性　③政　④分　⑤文　⑥聞

4 ハンイ　①版　②反　③汎　④違　⑤囲　⑥威

5 カンシュウ　①寒　②関　③監　④習　⑤秀　⑥収

6 シントウ　①信　②侵　③浸　④党　⑤糖　⑥登

7 オンケイ　①音　②温　③穏　④系　⑤軽　⑥恵

8 シコウ　①試　②思　③施　④高　⑤攻　⑥公

**問2**　［　　］ア～カに入るものとして最も適当なものを、次の①～⑥のうちから、それぞれ一つずつ選びなさい。なお、同じ番号を二回以上用いてはならない。もし用いた場合には、同じ番号の解答をすべて誤答とする。

解答番号は、ア［9］イ［10］ウ［11］エ［12］オ［13］カ［14］。

①提示　②構成　③共通　④当然　⑤関連　⑥背景

**問3**　‖(1)について、ここで示されるものとして最も適当なものを、次の①～⑤のうちから、一つ選びなさい。

解答番号は、［15］。

①生物としての人間の生活リズム　②朝夕の交通渋滞　③ルールの科学

④社会的な法則　⑤職場での就業規則

題なのではない。その変化に研究する側が関与しているかどうかが重要なのだ。8シコウ実験として、先ほど例に挙げた「　丙　」を考えてみよう。人間の社会は非常に複雑なので、その変化を予測することはおそらく宇宙人にとっても困難だろう。現代の人間にとって、正確な気象予測がスーパーコンピューターの力をもってしても限界があるように、しかし、それでもなお、できることは予測であり、宇宙人が私たちの行動を選択するわけではない。それは、人間の規則が人間にとって自らの規則であるのに対して、宇宙人にとっては他者の規則だからだ。

もしかしたら、宇宙人は人間に対して予測に基づいた介入をするかもしれないが、それは私たちが気象の予測（例えば温暖化の進行）に基づいて、温室効果ガスを減らそうとするようなものだ。つまり、自然科学の方法論が用いられている。しかし、私たちにとって規則の変化は単に予測するものではない。私たちが自らの選択によって選び取っていくべきものだ。そして、規則についての研究をおこなう社会科学の役割は、その選択に寄与することにこそあるはずだ。他者の変化の予測に対して、自ら選択する変化という対比で、自然科学と社会科学の違いを考えれば良いだろう。

自然科学の研究が自分以外の者（他者）の研究、「外から」の研究であるのに対して、社会科学は自らの規則についての研究、「内から」の研究だ。これを社会科学の当事者性と呼んでおきたいと思う。そして、ただ当事者性があるというだけでなく、研究は自らの選択へとつながる。

（佐藤裕『ルールの科学　方法を評価するための社会学』より）

**問1**　――1～8で用いられる漢字として最も適当なものを、次の各群の①～⑥のうちから、それぞれ一つずつ選びなさい。解答番号は、1 [1] 2 [2] 3 [3] 4 [4] 5 [5] 6 [6] 7 [7] 8 [8]。

1　ジメイ　①字　②事　③自　④名　⑤命　⑥盟

つまり、「動物の、人間による、人間のための研究」であれば、動物が意志をもっていたとしても、それも含めた法則を、自然科学の方法で研究することができる、ということだ。

　ということは、人間についての研究であっても、それをおこなうのが人間以外の場合には、規則の研究にはならないということになる。例えば、人類以外の高度に知的な生命体（宇宙人）が存在し、それが人類にはその存在をまったく知られることなく、人間社会を観察していたとしよう。その場合は、「　丙　」ということになり、研究結果は人間には還元されず、研究が人間の行動に影響を与えることもない。そのため、自然科学の方法が適用可能なのだ。

　正確には意志の有無が問題なのではないとすれば、この論点をどのように表現すればいいだろうか。これを考えるためには、私たちにとって、自らの意志と他者の意志は異なる意味をもつという認識が重要だ。他者の意志は、それ自体を認識することはできない。にもかかわらず私たちが他者の意志を問おうとするのは、他者の行動を予測しようとするからだ。この人は次にどうするのだろうか。このように問うときに、その人の意志について考えようとする。ここで重要なのは予測という点である。

　一方、私たちは自分の行動を予測する必要はないので、そのため自らの意志を問う必要もない。自分の意志というのは、そもそも通常は、それがどのようなものなのかと問うようなものではないはずだ。私たちは、他者については「この人の意志は何だろう」と考えることがあるが、自分については「自分の意志は何だろう」とは、（通常は）問わない。

　それでは、他者の意志を予測するかわりに、私たちは自らについて何を考えるのか。この人はどうするのだろう、という問いは予測を促す。これに対して自分の場合は、「どうするのだろう」ではなく、「どうしよう」であるはずだ。自分はどうすればいいのか、どうすべきなのか、という判断。これを一般的に表現するには、選択という言葉が適切ではないかと思う。予測に対する選択というこの対比は、規則の研究としてのルールの科学の意義について考えるうえで非常に重要なポイントである。

　規則の可変性という論点についても、意志の関与と同様に考えることができる。正確にいえば、規則が変化するかどうかが問どうしようもない。落ちて潰れるのはいやだと思っても、なすすべはないのだ。実際に発見の7オンケイを受けるのは人間で、手を離すと落ちて潰れるということがわかったので、しっかりと持っていようとするなら、人間の役に立ったということになるだろう。法則の発見は、人間の役に立つが、研究対象である自然法則には何の影響も与えない。

では赤信号の場合はどうだろうか。例えば、赤信号という規則があまり守られていない、つまりそれがある意味で「うまくいっていない」規則であることがわかったとしよう。この場合その「発見」は誰の役に立つのかというと、交通秩序に責任をもつ人々（警察など）が、規制を強めようとしたり、ドライバーの一部が規則を守るように互いにはたらきかけあったりするかもしれない。そしてその結果、「赤信号があまり守られていない」という事実そのものが変化してしまう可能性がある。つまり、規則についての言及は、（それを人々の役に立てようとするならば）人々の行動に変化をもたらし、規則のありようそれ自体に影響を与えてしまうのである。

このことは、先ほど説明した意志の関与に関わってくる。リンゴを用いた重力についての研究成果がリンゴには何の影響も与えないのは、リンゴが意志をもたないからだし、赤信号についての研究が赤信号という規則それ自体に影響を与えてしまうのは、その規則に関わる人間が意志をもつからだ。しかし、さらに深く考えてみると、実はより正確には研究対象が意志をもつかどうかが問題ではないことがわかる。

X

規則というものにはこのようにあいまいな部分があり、そのため柔軟性をもつという性質は、規則が自然言語によって記述されているということと関係している。数式や化学記号などの記号体系が、それぞれの要素の厳密な定義の上に成り立っているのに対して、自然言語の要素である言葉の意味は、明確な定義が先にあって使われているのではなく、私たちの言語実践のなかで意味が作られている。定義してから使うのでなく、使っているうちに意味が確定していくのだ。このような自然言語の性質は規則現象を考えるうえで重要であり、ここでは、規則の性質が自然言語の性質と深く関わっていることを確認しておきたい。

以上のように、法則と規則の間には、いくつかの、しかも非常に重要な違いがある。では、そのような違いはなぜ生じたのだろうか。ここで「なぜ」と問うことに違和感を覚える人も多いと思う。そもそもこの「なぜ」という問いは答えを出せるようなものなのか、という疑問があるからだろう。しかし筆者は、これらの違い（正確にいえば四つめの自然言語による記述だけは少し性質が違うが）は、ある一つの要因によって生じていると考えている。その要因とは、私たち、つまり筆者とこの文章を読んでいるあなたが、ともに人間である、ということだ。

「私たちが人間であること」というのは、実際にはそれ自体が絶対的な意味をもつのではない。なぜなら、自然科学もまた、研究主体も研究目的も人間なので、それ自体には違いはないからだ。ではどこが異なるのかというと、自然科学が「自然の、人間による、人間のための研究」であり、研究対象と研究主体・研究目的が異なるのに対して、社会科学は「人間の、人間による、人間のための研究」と、研究対象と研究主体、研究目的がすべて一致しているということだ。この違いが、自然科学と社会科学を根本的に異なるものにしているのだと筆者は考えている。そしてまた、このことは、「ある条件の下では」社会現象を「法則」と捉えて自然科学と同様の方法で研究することが、（理論上は）可能になるということを示している。

例えばリンゴ（物質）を用いた重力の研究によって、それは地球上では重力に引かれて落下するという法則を、人間が発見したとしよう。その法則の発見は、誰のために役立つのだろうか。もちろんリンゴではない。リンゴが重力という法則を知っても、ている、ということはどのようにして確かめられるのだろうか。本人の説明が正しいかどうかはわからないし、結果として生じた行為などから確認するのも困難だろう。そのようなあやふやなものを理論の基礎に据えるわけにはいかない。

法則と規則の四つめの違いは、規則が自然言語（私たちが日常的に使用している言語）によって記述されている、ということだ。自然法則は、例えば物理学の法則のように、多くの場合は数式で記述される。これはあいまいさを取り除き、法則をより厳密に記述するために必要だからだが、(6)規則はそのような数式によって記述することはできない。

例えば、「赤信号の場合は交差点の手前で停止する」という規則を数式や記号で厳密に記述しようとするとどうなるのかを考えてみよう。

「赤信号」は、「信号の色」という変数の値が「赤」であると考えれば問題なく記号化できそうだが、信号の色というのは時間の経過によって変化するので、どの時点での色なのかということまで考えなくてはならない。車が交差点の手前十メートルに達したときの色が判断基準なのだろうか、【　f　】、交差点に進入するときの色を予測して判断せよということなのだろうか。また、「交差点の手前で停止する」というのも単純なようにみえてそうではない。ほかに車両がない場合なら、「停止線の位置での速度をゼロにする」という記号化が可能なように思える。【　g　】、ほかに車両がある場合には、停止位置はそこではなく前の車の直後になるので、停止線で速度をゼロにしようとすると前の車にぶつかってしまう。そんなことは当たり前なので、わざわざ規則として書く必要はないということなのかもしれないが、このように、実際には規則として書かれていない部分を私たちが常識で補っていることは、ほかにもいくらでもあるだろう。【　h　】、その常識は多くの場合おおむね一致するだろうが、実際には人によって解釈が異なることも珍しくない。私たちが「規則に従う」というとき、【　i　】すべての人が完全に同じ振る舞いをするとはかぎらず、その解釈には一定の幅がある。このような規則のあいまいさは、場合によってはトラブルの原因になるが、【　j　】規則を柔軟に運用することを可能にしている。

さんの命令なら仕方がないと考えて従った。これは確かに何らかの「力」がはたらいているようにもみえるが、その理由はBさんの行為が「意志に反する」行為だったために、自分の行為をコントロールしているはずの意志という力とは異なるベクトルをもつ、より大きな別の力によって行為を変更させられた、という解釈が可能だからだろう。では、BさんはAさんのところに行くことがべつにいやではなく、むしろ言われなくてもちょうど行こうとしているところだった、という場合はどうだろうか。この場合はAさんが命じても命じなくても結果に大きな差はないわけだから、そこに「力」ははたらいていないと解するべきなのだろうか。そうだとすると、権力の有無はそれを行使しようとする相手の意志に［　キ　］することになってしまう。権力は相手が抵抗しようとするときにだけ現れる現象なのだろうか。また別の可能性として、Bさんが「Aさんは来てほしいのだろう」と［　ク　］し、言われる前に先回りして自らAさんのもとに行くかもしれない。いわゆる「忖《そん》度」である。この場合には権力は［　ケ　］しているのだろうか。忖度はAさんが権力をもっているからこそ生じているのだと考えることもできる。しかし、それはBさんが自らの意志でおこなったことなので、そこには何の力もはたらいていないようにもみえる。このように考えていくと、権力とはどのようなものなのか、よくわからなくなってくる。実は、ここで紹介したのは権力をめぐる理論的混乱のごく一部にすぎない。考えれば考えるほど、わけがわからなくなってくる。それが権力なのだ。

筆者はこのような混乱は、社会的規則という対象に、自然科学の方法論を当てはめようとしたことによって生じたのだと考えている。自然法則は「力」などの（意志とは無関係な）［　ケ　］によって［　コ　］されているのに対して、規則は基本的に「意志」を前提にして構築されている。つまり「力」と「意志」は、何らかの［　サ　］を作り出す点では同じだが、まったく異なる仕組みなのだ。にもかかわらず、社会的規則を権力という力によって説明しようとしたことが混乱をもたらしたのだ。

それでは、社会科学は「意志」を「力」などにかかわる理論的な専門用語として採用すべきなのだろうか。筆者はそうは思わない。なぜなら、「力」などとは異なり、意志はその存在を［　シ　］的に明らかにすることが困難だからだ。ある人がある意志をもっな価値をもつ「発見」とはいえないということだ。

　ここで確認しておきたいのは、規則は（少なくとも当事者には）あらかじめ知られていることであるので、発見それ自体を社会科学の使命とするわけにはいかない、ということだ。つまり、発見以外に社会科学の使命を見いださなくてはならない。

　法則と規則の三つめの違いは、規則はそれに違反する人が現れる可能性があり、常に規則どおりの行動がなされるとはかぎらないということだ。もちろん、自然法則ではそんなことは起こらない。

　規則に反する行動を説明するために、私たちは「意志」という言葉を使う。私たちには意志があるので、規則に反する行動をとる場合があるというのだ。しかし、規則を守るか守らないかがまったく任意であれば、規則の意味がない。そのため、何らかの仕組みで、規則に従おうとしない人も（その人の意志に反して）規則に従わせようとする。そのような仕組みがあってはじめて、規則は実効性をもつ。

　このような仕組みを説明する言葉として、社会科学で使われてきた言葉が権力だ。しかし、この言葉は、社会科学の基礎理論を構築しようとする際には大いなる「　乙　」になると筆者は考えている。なぜなら、この言葉は自然科学の考え方を社会科学に持ち込もうとすることによって生まれた言葉ではないかと思うからだ。

　ある物質が、別のある物質に何らかの（運動や形状の変化などの）影響を与えるとき、それを媒介すると考えられる概念が「力」だ。これを社会科学に応用すれば、ある人が別の人に影響を与えるとき、そこに何らかの「力」がはたらいているのだと考えることになる。これが権力である。

　(5)自然科学の考え方を援用した権力のイメージは、一見説得的にみえるかもしれない。しかし、ここに意志がどのように関与しているのかを考えていくと、議論は混乱してしまう。

　例えばAさんがBさんに、自分のところに来るように命じたとする。Bさんはほかに用事があったのでいやだったけれど、A

私たちは規則を知らずに規則に従うことはできない。ということは、規則に従っている本人に関しては、その従っている規則を必ず知っているといえるだろう。しかし、ある人は規則を知っていてそれに従った行動をしているが、規則を知らないので規則に従った行動をしていない人もいる、という状況はありえるだろう。例えば新しくできた規則がまだ人々に十分に6シントウしておらず、知っている人とそうでない人が混在する状況が考えられる。また、ある組織や集団の規則が、外部には知られていないという状況も想定できる。このように、社会的規則はあらかじめすべての人々に知られているわけではない。私たちは、他者が従っている規則を知らない可能性があるのだ。

では、「他者が従っている規則」を明らかにすることは、社会科学の使命になりえるだろうか。例えば「世の中の一部の人々はこのような規則に従って行動している」とか「ある集団の人々はこういう規則に基づいて行動している」という知識を提供することが、学問の役割として期待されるだろうか。

例えば、「ある当事者集団はこのような価値観をもち、こういう自分たちなりのルールに基づいて行動している」ということを「発見」したとしよう。実際、このような「発見」を社会科学に期待する人もいると思うが、本当にそれが社会科学の役割なのだろうか。また、社会の多くの人とは異なる考え方や行動パターンをもつ人々について調べて、そこに存在するルールを発見しようとする社会科学的研究もあるだろうが、それが社会科学に期待されている役割なのだろうか。

筆者はそのような「発見」の価値を否定しようとしているわけではない。場合によってはそれが非常に大きな意味をもつこともあるだろう。ただ、ここで注意喚起しておきたいのは、その「発見」はあくまでも当事者以外の人々にとっての発見なのだということだ。当事者にとってはそのような研究の見解は(それが正確なものであれば)発見でも何でもない。もともと自分たちが知っていたことだ。様々な小集団についての記述は、当事者にとっては当たり前のことが書いてあるだけのものだ。(4)これは世界史で、西洋社会に生きる人々がアメリカ大陸に初めて到達した事実を「新大陸の発見」と称したことに通じる。つまりそれは普遍的知られていることなので、それを発見することはルールの科学の使命、つまり社会的意義ではない、そういう意味（発見）で役に立つのではない、ということをはっきりさせたいのだ。

　これはかなり強い主張であり、当然様々な疑問がありえるだろう。素朴に考えても、「社会科学も自然科学のように社会について何らかの発見をし、それを人々に伝えるからこそ何かの役に立つのではないのか。そうでないならどんな役の立ち方があるのか」というような疑問が生じるのは、ごく自然なことだと思う。

　そこで、ここまでの議論を整理して、より詳細に検討してみよう。法則と規則の顕在性に関する議論は以下のようにまとめることができる。

A：自然科学は自然法則を探究し、社会科学は社会的規則を探究する。

B：［　　甲　　］。

C：人々が知らない価値がある知識を見いだすこと（発見）には社会的価値が認められるが、あらかじめ人々に知られていることを指摘しても社会的価値はない。

D：そのため、自然科学は自然法則の発見が社会的使命になるが、社会科学は社会的規則の発見が社会的使命なのではない。

　このように整理してみると、実はこれまでの議論にはいろいろと「穴」がある。まず、Aについては、「社会的法則」というものもあるという反論がありえるが、ここでは扱わない。

　それ以外では、Bについて、社会的規則はすべての人に知られているのか、という疑問が考えられるだろう。これはかなり重要なポイントだ。

そもそも、ほとんどの人は変える必要性を感じていないだろうし、現実的にも変更可能とは思えない。あるいは、労働に対して賃金が支払われるとか、物を手に入れるために金銭が必要だという経済の基礎になる規則は変更可能なのだろうか。そんなところから変えればそれこそ社会は大混乱になるので、実際には変更不可能だろう。しかしそれでもなお、人が作ったものであるかぎり、人の手によって変更可能なのだと考えなければならない。変更することがいいことかどうか、現実的にそれが可能かどうかということは当然考慮されなくてはならないが、まずは「原理的に変更可能」という考え方から出発する必要があるということなのだ。

法則と規則の第二の違いは、法則は誰かが発見しないとその存在が明らかにならないが、規則ははじめからその存在が明らかになっているという点だ。

例えばリンゴの落下であれば、リンゴは手を離すと下に落ちるという規則性自体は、自然科学がなくても経験的に知られているものだが、それが重力や引力という法則によって説明できるということは研究のたまものである。つまり(3)研究によってはじめて法則が明らかになるのだ。しかし、赤信号に関する規則は、研究者が指摘するまでもなく人々はそれを知っている。そうでなくては規則に従うことができないのだから、当たり前のことだ。

法則は研究者によってはじめて明らかになるのに対して、規則は人々があらかじめ知っている。これは自然科学と社会科学の性質を考えるうえで重要な論点だ。なぜなら、自然科学は自然法則の発見が使命になるが、社会科学は社会的規則を「発見」することが使命なのだとは、いいにくいからだ。

「使命」というちょっと大げさな言葉が出てきて戸惑う人もいるかもしれないので、いま議論していることをここで再確認しておきたい。ここでの議論の目的は、「ルールの科学は何の役に立つのか」という疑問に答えることだ。そしてそのために、社会科学の研究対象の性質を自然科学との対比で明らかにしようとしている。社会科学の対象は規則であり、それはあらかじめ人々にしかしだからといって、引力のように人間の営みとは独立に存在しているわけではない。あくまでも、人の営みのなかで【　e　】であり、そういう意味で人が【　b　】だ。

　このように、ここで規則という言葉で説明していることがらは、厳密にいえばこの言葉が一般的に示す4ハンイよりも広い。ここでは法則との対比がわかりやすいだろうという考えから「規則」という言葉を使っているが、「ルール」という言葉にも置き換え可能である。ルールという言葉の定義は、5カンシュウなども含めた「人が定めた決まりごと」という意味あいで理解してほしい。

　さて、法則と規則の違いに戻そう。人が作ったものかどうかという違いは、それぞれの学問の目的にどのような影響を与えるのだろうか。

　いま存在する規則がどのように作られたものかを問うこと、つまり過去に目を向けることも重要ではあるが、それ以上に大きな意味をもつのは、(2)未来に目を向けることだ。つまり私たちはその規則を変更したり廃止したり、新しいものに作り替えたりすることができる、ということが重要なのだ。法則との対比で考えるとこれが大きな意味をもつことがわかる。

　つまり、法則は人間が変更することはできないが、規則はそうではない、という違いだ。そのため自然科学は法則を発見したら、それ以上法則それ自体に関与することはない。あとはその法則を利用するだけだ。しかし社会科学は規則を見いだしてそれで終わりということにはならない。その規則は変更可能なのだから、変更すべきか否か、どのように変更すればいいのかということを問うことが、次の課題になるだろう。そういった問いに答えることも社会科学の目的なのではないだろうか。そうだとすれば、この時点で自然科学と社会科学には大きな違いがあるということになる。

　規則は変えることができる。これがここでの結論だが、これについては「実際には簡単に変えられない規則もあるのではないか」という疑問がありえるだろう。確かに、私たちの社会の基礎になる規則のなかには簡単には変えられないものが多く存在する。例えば犯罪に関する規則。人に危害を加えてはいけないとか、物を盗んではいけないという規則は変更可能なのだろうか。

則だ。ただ、自然法則だけで交通渋滞が起きるわけではもちろんない。そのうえに就業規則などの規則が作られているから渋滞が起こるのだ。

　このように、ほとんどの社会的規則は、何らかの自然法則を背景にして作られている。つまり、社会現象とは自然法則を背景にして、そのうえに社会的規則が作られて生じているものだと考えられる。もし社会的規則がまったく関与していない現象であれば、それはそもそも社会現象ではなく、自然科学でカバーできるものになるだろう。そのために、ルールの科学の特徴を考えるうえでは、やはり社会的規則の性質を(自然法則との対比で)考えることが必要なのだ。ただ、それでもなお、社会現象にも「法則」を見いだすことができるという主張はあるかもしれない。しかし、そのような考え方が成立するかどうかはのちほど検討することにし、まずは自然法則と社会的規則の違いについて整理していこう。

　法則と規則の違いとして最初に指摘するのは、法則は人が作ったものではないので人の手で変えることができないが、規則は人が作ったものなので人の手で変更することが可能だという点である。

　まず法則について少し補足しておこう。例えば引力という概念は人が考え出したものだが、引力という法則自体は人が作り出したわけではない。人が自然を観察してそこにある法則を見いだし、引力という言葉でそれを表現したのだから、法則それ自体はあくまでも【　a　】だ。

　これに対して、規則はその中身まで含めて人が【　b　】だ。交通法規はもちろんそうだし、あらゆる法律、[3]セイブン化された規則はしかるべき手続きによって制定されている。

　しかし、文字になっていない規則まで含めると、これは少し怪しくならないだろうか。私たちが日常である種の規則(ルール)として【　c　】のなかには、誰がどうやって決めたのか【　d　】がいくらでもある。朝出会った人に「おはよう」と挨拶するのは確かにある種の規則ではあるが、それは(一般的には)誰かが決めたものでも、何らかの組織によって決められたものでもない。

あなたが手にリンゴを持っているとき、その手を離すとリンゴは地面や床に落ちる。これを自然現象の例としよう。信号がある交差点では、正面の信号が赤であるとき、交差点の手前で車が停止する。これを社会現象の例としたい。

地面に落ちるリンゴと、赤信号で停止する車。この両者に［ア］するのは規則性だ。手を離すこととリンゴの落下にも、赤信号と車の停止にも、明らかな［イ］性がみられる。だからこそ、これらが研究対象になるのだ。

リンゴの落下と赤信号での車の停止にはいずれも規則性があるが、その規則性をもたらすものは異なると考えられる。自然現象の規則性をもたらしているのは自然法則だ。リンゴの場合は重力または引力という自然法則が関与している。一方、赤信号で車が停止するのは、社会的規則があるからだ。具体的には交通法規として規則が作られていて、そのような規則があるために車は赤信号で停止する。つまり、法則と規則の違いというのが両者の［ウ］にあるのだ。

以上のことから、自然の法則を探究する自然科学と社会的規則を探究する社会科学という対比を［エ］することができる。

しかし、ここまでの議論については、重要な疑問が想定される。自然科学が法則を探究するのは［オ］だとしても、社会科学は規則の探究だけをおこなっているのだろうか。社会科学は社会的な法則も探究しているのではないだろうか。これはきわめて根本的な問いである。それは、社会現象を［カ］しているのは社会的規則だけでなく、自然法則もまた関わっているということだ。

例えば、朝夕の交通渋滞は「社会現象」といえるだろうが、それはなぜ生じるのかというと、必ずしも規則だけで説明できるわけではない。朝夕の渋滞の最大の原因は、多くの人の就業時間が朝から夕方までになっていることであり、これは規則(例えば就業規則など)だ。しかし、なぜ多くの職場でそのような就業規則が作られているのかというと、その背景には生物としての人間の生活リズムがある。私たちは、夜の間に寝て昼間に活動することが自然であるような生き物であり、(1)これはもちろん自然法

# 国語

（六〇分）

**次の文章を読んで、あとの問い（問1～問16）に答えなさい。解答番号は、[1]～[46]。《配点100》**

この文章では「ルールの科学は何の役に立つのか」あるいは「ルールの科学は何のためにあるのか」という問い（ルールの科学の社会的意義）に答えることを目指す。

これらの問いに答えるため、「役に立つ」ことが[1]ジメイであると思われる自然科学とルールの科学（対比のために「社会科学」という表現を採用する）を比較するという方法をとることにする。自然科学の場合は、例えば様々な物質の性質を知ることは、私たちが生活に必要なあらゆるものを作り出すために役立っているし、様々な災害の予測や対策、私たち自身の体を守る医療や薬品の開発など、生活に直接役に立つものであることも、[2]ヨウイに想像ができる。これに対してルールの科学、あるいは社会科学は私たちの生活にどのように役立つのかはわかりにくい。それは、自然科学と社会科学では、研究対象の性質が異なるからだ。

そこでまず、自然科学と社会科学の研究対象の対比から話を始めたい。

自然科学の研究対象を「自然現象」と表現するなら、社会科学の研究対象は「社会現象」ということになるだろう。それでは、自然現象と社会現象はどのように異なるのだろうか。

# 解答編

## 英語

**I 解答** **問1.** (ア)―① (イ)―① (ウ)―② (エ)―② (オ)―④
**問2.** (a)―② (b)―④ (c)―③ (d)―② (e)―④
**問3.** (あ)―④ (い)―③ (う)―④ **問4.** ②, ④, ⑥

### 解説

**《茨城県のサバ養殖場で餌をやるAIが持続可能性をサポートする》**

**問1.** (ア) boast of～「～を自慢に思う」

(イ) ①According to～「～によると」を選び,「水産庁によると」とすると意味が通る。

(ウ) 「餌の食べ残しをできるだけ多く減らすことで…」という意味になるように,②as much asを選ぶ。

(エ) ①「～だけれど」,②「～なので」,③「～の前に」,④「～するときはいつも」の意。「その高校はその事業が生徒にとって魚の養殖について学ぶ良い機会であると考えたので,協力を申し出た」と理由の意味で後半をつなげると意味が通る。よって正解は②。

(オ) ①「～にもかかわらず」,②「～を支持して」,③「～に関係なく」,④「～を通して」の意。「これにより,県政は将来安定した供給を可能にする魚の養殖に関する専門知識を,実験を通して確立することに意欲を出した」という意味になるように,④を選ぶ。他の選択肢では意味をなさない。

**問2.** (a) monitorは「監視する,検査する」という意味なので,②が近い。

(b) unsuitableは「ふさわしくない」という意味なので,④が近い。

(c) consisting of～は「～からできている」という意味なので,③が正解。

(d) opportunityは「好機」という意味なので，②が正解。

(e) aim(s)は「意図する」という意味なので，④が近い。

**問3．(あ)** 第1段最終2文（Currently, it is … fish farming pens.）に「現在，県はAIを含む情報通信技術をマサバ養殖に使用する実験を行っている。地元の高校生が魚の養殖の囲いの管理に県政と協力している」とあるので，正解は④。

(い) 第2段第1文（The project intends …）に「この事業は，水中カメラや他の装置が水温や魚の状態を監視し，AIシステムが餌やりを管理するというシステムを構築することを意図している」とある。よって，システムに含まれないのは③Increasing the salt density.「塩分濃度を高めること」である。また，第5段第2文（After cameras and …）にも説明がある。

(う) 第7段第3文（This has motivated …）に「これが県政に…意欲を出させた」とある。Thisは前文（In recent years, …）の内容「近年，サンマやサケの量が全国的に少ない」を指す。よって正解は④。

**問4．** ①「茨城県の海岸線は魚の養殖に理想的な場所である」

第3段第1文（Ibaraki Prefecture seashores …）に「茨城県の海岸は太平洋に面して曲線を描いており，簡単に波の影響を受けるため，魚の養殖には適していない」とあるので，内容に一致しない。

②「AIによって，サバに適切な餌の量を監視することで無駄を省くことができる」

第5段最終文（By reducing leftover …）に「（AIの利用によって）餌の食べ残しをなるべく多く減らすことで，県政はコスト削減…を意図している」とあり，内容に一致する。

③「海洋高校は，県のサバ養殖事業を生徒が魚の研究をする良い機会とは考えていない」

第6段第1文（The high school …）に「その高校はその事業が生徒にとって魚の養殖について学ぶ良い機会であると考え…」とあり，内容に一致しない。

④「海洋高校の生徒がサバ養殖場ですることには，死んだ魚を取り除くことが含まれている」

第6段第3文（They check to …）に「彼らは，…主に水中カメラの盲点になる場所で，死んだ魚を取り除き…」とあるので，内容に一致する。
⑤「海洋高校の生徒は見えない場所の確認をするために，魚を育てる囲いの中に潜る」
　本文中にこのような記述はない。
⑥「茨城県のサバ養殖の目的の一つは，生のサバを消費者に提供することだ」
　第7段最終文（Many wild mackerel…）後半の and the prefectural 以下に「県は，人工物を餌とした養殖のサバを売ることで生魚の製品を提供しようとしている」とあり，内容に一致する。
⑦「市場へ出すサバの理想の大きさは長さ20センチメートル，重さ90グラムである」
　最終段第2文（They are expected…）に「出荷のために十分なサイズ，つまり長さ30センチメートル，重さ400グラム」とあり，内容に一致しない。
⑧「茨城県は，自分たちのサバ養殖業は横浜の保管会社と連携することで有益であるということがわかった」
　最終段第3文（The prefectural government…）に「県政は，この実験の有益性を確認するために，2023年秋に，全国的なネットワークを持つ横浜の保管会社を通じて試験的に魚を出荷する予定だ」とあり，has found は内容に一致しない。

## II　解答

**問1．** (ア)―③　(イ)―③　(ウ)―①　(エ)―①
**問2．** (a)―④　(b)―②　(c)―①　(d)―①　(e)―④
**問3．** (あ)―④　(い)―④　(う)―④　**問4．** ①，②

### 解説

**《スタイリッシュで多機能なクロスボディのスマホバッグが大ヒット》**

**問1．** (ア)　第1段第2文（Cell phone crossbody…）に「携帯電話のクロスボディバッグは，首にかけたり体の周りに着けたりすることができ…」とあることから，③keep your hands free「両手を空いた状態にしておく」が正解。
(イ)　クロスボディバッグを使うとどうなるかを考え，「電話を普段使う鞄に入れる必要がないので，買い物の支払いやSNSのチェックが簡単になった」とすると意味が通る。よって正解は③。

(ウ) 空所(ウ)を含む文の前半では「クロスボディスマホバッグは女性をターゲットにしている印象がある」，後半では「男性の間でも徐々に人気を獲得しつつある」と述べられている。よって，① Although「～だけれど」を入れると意味が通る。

(エ) 第7段第2文（In the late …）に「1990年代終わりから2000年代，折り畳み式携帯電話がよく普及していた頃…」とあることから，1990年代に折り畳み式携帯電話が広まったと考えられる。よって正解は①。

**問2．**(a) senior は「大学4年生」という意味なので，正解は④。「1年生」は freshman，「2年生」は sophomore，「3年生」は junior と表される。

(b) accommodate(s) は「収容できる」という意味なので，② holds が近い。

(c) approximately は「およそ」という意味なので，①が正解。

(d) benefit は「利点」という意味なので，① advantage が正解。

(e) request(s) は「依頼」という意味なので，④ orders「注文」が最も近い。

**問3．**(あ) 第2段第1文（The popularity of …）に「2022年の新語・流行語大賞の候補に選ばれたこの商品の人気は，キャッシュレス支払いの利用の普及に起因しているだろう」とあるので，④が正解。

(い) 第4段第2文（As the item …）に「その商品は東急ハンズ直販店に入荷してすぐに売り切れ始めたので，昨年の夏から需要に追いつくために在庫を増やさねばならなかった」とあり，③に一致。第4段第3文（Sales of smartphone …）に「その年のスマホクロスボディの売り上げは前年のおよそ8倍だった」とあり，②に一致。第4段最終文（“They are also …）に「小さな子どもを連れて外出する女性にも人気で…」とあり①に一致。よって2022年の現象として当てはまらないのは④。

(う) 最終段最終文（“Consumers still have …）に「消費者は今でも，ありふれた品物で個性を表現したいという根深い願望を持っている」とある。よって正解は④。

**問4．**①「クロスボディスマホバッグはとても人気だったので，2022年に賞候補になった」

第2段第1文（The popularity of …）に「2022年の新語・流行語大賞の候補に選ばれたこの商品の人気は…」とあり，内容に一致する。

②「若者の中には，キャッシュレスの支払いを利用するのでクロスボディスマホバッグだけを持ってよく出かける者もいる」

第3段第1文（A university senior …）に「茨城県土浦の大学4年生は『電車の運賃や買い物にはよくキャッシュレス支払いを利用するので，スマホクロスボディだけを持って出かけることが増えている』と言った」とあり，内容に一致する。

③「クロスボディスマホバッグは複雑なデザインが人気の鍵である」

第6段最終文（Since the 2000s, …）に「2000年代以降，ヤングアダルトたちはシンプルなデザインの服やアクセサリーを好むようになり，クロスボディバッグはこの流行にマッチする」とあることから，内容に一致しない。

④「クロスボディスマホバッグの人気は人々の対面での会話から始まった」

本文中にこのような記述はない。

⑤「クロスボディスマホバッグは1990年代から人気がある」

第4段第1文（According to Tokyu …）に「家財や生活用品を扱う大きな会社，東急ハンズによると，クロスボディの流行は2022年春にSNSを通じて始まり…」とあり，内容に一致しない。

## Ⅲ　解答

**(1)**—③　**(2)**—③　**(3)**—④　**(4)**—④　**(5)**—③　**(6)**—③
**(7)**—④　**(8)**—①　**(9)**—④　**(10)**—①

### 解説

**(1)**　「それは小さいかもしれないが，ヨーロッパの最も美しい都市の一つである」という意味になるように，③を選ぶ。

**(2)**　including「～を含めて」

**(3)**　副詞節で「1980年にバレッタが世界遺産になったとき」と過去の時点が述べられているので，過去形を選ぶ。また，「～と表現された」と受動の意味になるべきなので，受動態を選ぶ。よって正解は④。

**(4)**　Kate was late for work が関係代名詞の先行詞になっている。前文の内容が先行詞になる場合，関係代名詞は which を用いる。

(5) It is＋形容詞＋of *A* to *do*「～するとは*A*（人）は…だ」形容詞を用いて，人の性質や性格について話し手の主観的評価を表すときにはこの形で表現する。

(6) neither *A* nor *B*「*A*も*B*も～ない」

(7) far from ～「～から程遠い」

(8) get *A* to *do*「*A*に～してもらう」

(9) Should S V は If S should V と同じ意味である。

(10) cannot thank *A* enough「*A*に感謝してもしきれない」

**IV 解答** （2番目・4番目の順に）(ア)—①・②　(イ)—⑤・②　(ウ)—⑤・④　(エ)—③・⑤　(オ)—②・①　(カ)—⑤・④　(キ)—①・③　(ク)—①・④　(ケ)—①・②　(コ)—④・⑤

**解説**

(ア) This book reminds me of (my school days.)
remind *A* of *B*「*A*に*B*を思い出させる」

(イ) (If) it were not for air(, we could not live.)
If it were not for ～「もし～がなかったら」という仮定法過去の表現。

(ウ) Could you give me a hand (with this desk?)
give me a hand「私に手を貸す」

(エ) (He) made great efforts to acquire (translation skills.)
make an effort「努力する」

(オ) The typhoon prevented us from visiting (our uncle.)
prevent *A* from *doing*「*A*が～するのを妨げる」

(カ) (George) cannot read hiragana(,) much less (kanji.)
much less「まして～でない」

(キ) In comparison to the previous game(,) today's game (is much more exciting.)
in comparison to ～「～と比較すると」

(ク) I cannot help playing this computer game (, as it is really interesting.)
cannot help *doing*「～せずにはいられない」

(ケ) (This printer seems) to be out of order(.)

seem to *do*「～するようだ」 out of order「故障している」

(コ) (He talks) as if he knew everything(.)

as if＋仮定法過去「まるで～かのように」

# 化学

## I 解答

問１．１－②　２－②　３－②　４－②　５－①
６－②　７－①　８－①　９－②　10－②
問２．(1)11－⑤　12－⑤　13－⑥　14－⑥　15－⑧　16－⑩
(2)17－④　18－⑪

### 解説

**《原子の構造，元素の検出》**

**問１．１．** 誤り。原子核は陽子と中性子で構成されている。

**２．** 誤り。質量数は，陽子数と中性子数の和である。

**３．** 誤り。L殻に６つの価電子をもつ原子は酸素Oである。

**４．** 誤り。フッ素Fは17族元素であり，最外殻の電子は７個である。

**５．** 正しい。陽子の数が同じで，中性子の数が異なる原子を互いに同位体という。

**６．** 誤り。同位体は原子番号は同じであるが，質量数は異なる。

**７．** 正しい。放射性同位体は，原子核が不安定で放射線を出して壊変する。

**８．** 正しい。原子量は，「(同位体の相対質量×存在比）の和」で求められる。水素Hの原子量は1.0であり，$^{1}H$と$^{3}H$の存在比は$^{1}H$のほうが大きい。

**９．** 誤り。$^{35}Cl$（相対質量35），$^{37}Cl$（相対質量37）の存在比をそれぞれ$x$〔%〕，$(100-x)$〔%〕とすると，Clの原子量は35.5より

$$35.5=35\times\frac{x}{100}+37\times\frac{100-x}{100}\qquad x=75〔\%〕$$

　したがって，存在比は$^{35}Cl$のほうが大きい。

**10．** 誤り。炭素Cの放射性同位体は質量数14の$^{14}C$であり，$^{14}C$の半減期を利用して遺跡の年代測定に用いられる。

**問２．**(1)　窒素N，酸素O，アルゴンArについて，最外殻電子数と価電子数は，それぞれ次のようになる。

| 元素記号 | 最外殻電子数 | 価電子数 |
|---|---|---|
| N | 5 | 5 |
| O | 6 | 6 |
| Ar | 8 | 0 |

典型元素では，1族～17族の原子の最外殻電子の数と価電子の数は等しいが，18族元素では最外殻電子数は8（ヘリウムは2）であり，価電子数は0である。

**(2)**　石灰石 $CaCO_3$ に希塩酸を加えると，次の反応が起こり，二酸化炭素 $CO_2$ が発生する。反応液には $CaCl_2$ が含まれる。

$$CaCO_3+2HCl \longrightarrow CaCl_2+H_2O+CO_2$$

反応液には $Ca^{2+}$ が含まれるので，炎色反応は橙赤色を示す。

## II　解答

**問1．(1)19—⑱　20—⑧　21—⑮　22—⑪　23—③**
**(2)24—②　25—⑦　26—④　27—⑥　28—⑦**

**問2．29—⑪　30—④　31—⑱　32—⑯　33—⑲　34—⑬　35—⑨　36—①**

**問3．37—⑥　38—⑤　39—⑨　40—⑬　41—⑯**

### 解説

**《物質量，化学反応式とその量的関係，中和滴定，化学平衡》**

**問1．(1)19.**　ヘリウム He は原子番号が2であり，原子1個あたり2個の電子をもつ。1.0 mol の He に含まれる電子の数は

$$6.0\times10^{23}\times2=1.2\times10^{24}〔個〕$$

**20.**　4.0 mol/L の塩化ナトリウム NaCl 水溶液 800 mL に含まれる NaCl の物質量は

$$4.0\times\frac{800}{1000}=3.2〔mol〕$$

**21.**　求める気体の分子量を $M$ とすると

$$M=1.25\times22.4=28.0$$

**22.**　0.10 mol/L のシュウ酸 $(COOH)_2$ 標準溶液 500 mL に含まれる $(COOH)_2$ の物質量は

$$0.10\times\frac{500}{1000}=0.050〔mol〕$$

シュウ酸二水和物 $(COOH)_2 \cdot 2H_2O$（式量 126）が水に溶解したとき，次式のように，溶解した $(COOH)_2 \cdot 2H_2O$ の物質量と溶液中の $(COOH)_2$ の物質量は等しい。

$$(COOH)_2 \cdot 2H_2O \longrightarrow (COOH)_2 + 2H_2O$$

したがって，溶解した $(COOH)_2 \cdot 2H_2O$ の質量は

$$126 \times 0.050 = 6.3\,[\mathrm{g}]$$

**23.** 0.10 mol/L の塩化ナトリウム NaCl 水溶液 200 mL に含まれる NaCl の物質量は

$$0.10 \times \frac{200}{1000} = 0.020\,[\mathrm{mol}]$$

0.20 mol/L の塩化ナトリウム NaCl 水溶液 300 mL に含まれる NaCl の物質量は

$$0.20 \times \frac{300}{1000} = 0.060\,[\mathrm{mol}]$$

したがって，混合後の NaCl 水溶液のモル濃度は

$$(0.020 + 0.060) \times \frac{1000}{500} = 0.16\,[\mathrm{mol/L}]$$

(2) エタン $C_2H_6$ の完全燃焼の反応式は次式で表される。

$$2C_2H_6 + 7O_2 \longrightarrow 4CO_2 + 6H_2O$$

反応式の係数の比は，物質量の比となる。また，同温・同圧の条件では，物質量の比＝体積の比が成り立つ。したがって，2 L の $C_2H_6$ と反応する $O_2$ の体積は 7 L である。

**問 2.** 酢酸 $CH_3COOH$ は 1 価の弱酸である。3.0 g の $CH_3COOH$（分子量 60）に水を加えて溶液の体積を 100 mL としたときの質量が 100 g であったことから，質量パーセント濃度とモル濃度は

$$\frac{3.0}{100} \times 100 = 3.0\,[\%]$$

$$\frac{3.0}{60} \times \frac{1000}{100} = 0.50\,[\mathrm{mol/L}]$$

水溶液中の酢酸イオンの物質量は

$$0.50 \times 5.0 \times 10^{-3} \times \frac{100}{1000} = 2.5 \times 10^{-4}\,[\mathrm{mol}]$$

0.50 mol/L の $CH_3COOH$ 水溶液 100 mL を中和するために必要な

NaOH の物質量を $x$〔mol〕とすると，$CH_3COOH$ は 1 価の酸であり，NaOH は 1 価の塩基だから

$$1\times0.50\times\frac{100}{1000}=1\times x \qquad x=0.050\,[\mathrm{mol}]$$

この反応の中和点は酢酸ナトリウム $CH_3COONa$ 水溶液となっており，$CH_3COONa$ は弱酸の $CH_3COOH$ と強塩基の NaOH からなる正塩なので，水溶液は塩基性を示す。また，中和点は pH が急激に変化する範囲の中点であり，A～C の滴定曲線で，中和点が塩基性であるグラフは B である。

**問 3．** 窒素 $N_2$ と水素 $H_2$ からアンモニア $NH_3$ を合成する反応は可逆反応であり，その熱化学方程式は次式で表される。

$$N_2(気)+3H_2(気)=2NH_3(気)+92\,\mathrm{kJ}$$

ルシャトリエの原理より，圧力を高くすると，粒子数が減少する方向に，また，温度を低くすると発熱方向に平衡が移動する。したがって，$NH_3$ の生成率を高くするためには，低温・高圧の条件がよい。

容器に $N_2$ 0.90 mol，$H_2$ 3.0 mol を封入し，平衡時に $NH_3$ が 1.2 mol となっていたことから，平衡時の $N_2$ と $H_2$ の物質量は次のようになる。

| | $N_2$ | $+3H_2$ | $\rightleftarrows 2NH_3$ 〔単位 mol〕 |
|---|---|---|---|
| 反応前 | 0.90 | 3.0 | 0 |
| 変化量 | −0.60 | −1.8 | +1.2 |
| 平衡時 | 0.30 | 1.2 | 1.2 |

平衡時の $N_2$ の物質量は 0.30 mol，$H_2$ の物質量は 1.2 mol となる。

また，濃度平衡定数 $K$ は，$N_2$，$H_2$，$NH_3$ のモル濃度をそれぞれ $[N_2]$，$[H_2]$，$[NH_3]$ とすると

$$K=\frac{[NH_3]^2}{[N_2][H_2]^3}=\frac{\left(\frac{1.2}{10}\right)^2}{\frac{0.30}{10}\times\left(\frac{1.2}{10}\right)^3}=277\fallingdotseq2.8\times10^2\,[(\mathrm{L/mol})^2]$$

**III　解答**　**問 1．** (1) **42**—⑩　**43**—⑧　**44**—⑬　**45**—③

(2) **46**—⑯　**47**—④　**48**—①

(3) **49**—⑰　**50**—⑱　**51**—⑥

**問 2．** **52**—①　**53**—②　**54**—①　**55**—①　**56**—①

**問3．57—④　58—⑥　59—①　60—⑨**

## 解説

**《金属イオンの分析，物質の性質》**

**問1．**(1)　鉛(Ⅱ)イオン $Pb^{2+}$，銅(Ⅱ)イオン $Cu^{2+}$，鉄(Ⅱ)イオン $Fe^{2+}$，鉄(Ⅲ)イオン $Fe^{3+}$ が別々に含まれる試験管 **A**～**D** について，実験の結果をまとめると次表のようになる。

| 試験管 | NaOH | $NH_3$ | 過剰の $NH_3$ |
|---|---|---|---|
| **A** | 緑白色沈殿<br>$Fe(OH)_2$ | | |
| **B** | 白色沈殿<br>$Pb(OH)_2$ | | |
| **C** | | 赤褐色沈殿<br>水酸化鉄(Ⅲ) | |
| **D** | | | 深青色溶液<br>$[Cu(NH_3)_4]^{2+}$ |

これより，試験管 **A** には $Fe^{2+}$，**B** には $Pb^{2+}$，**C** には $Fe^{3+}$，**D** には $Cu^{2+}$ が含まれていることが確認できる。

(2)　塩素 $Cl_2$ を水に溶かしたものを塩素水という。$Cl_2$ は水に溶けて塩化水素 HCl と次亜塩素酸 HClO を生じる。

$$Cl_2+H_2O \rightleftarrows HCl+HClO$$

HClO は強い酸化作用をもち，殺菌剤や漂白剤として用いられる。

(3)　胃腸薬，ベーキングパウダーに使用される炭酸水素ナトリウム $NaHCO_3$ は，弱酸の炭酸 $H_2CO_3$ と強塩基の NaOH からなる塩であり，その水溶液は弱い塩基性を示す。なお，$NaHCO_3$ は，胃酸（HCl）を中和する制酸薬として胃腸薬に使用される。

$$NaHCO_3+HCl \longrightarrow NaCl+H_2O+CO_2$$

**問2．52.**　正しい。過リン酸石灰は，$Ca(H_2PO_4)_2$ と $CaSO_4$ の混合物である。

**53.**　誤り。燃料電池は，電池全体の反応は燃焼反応であり，その酸化還元反応のエネルギーを電気エネルギーとして取り出す装置である。したがって，燃料に水を用いることはない。燃料として水素を用いた水素－酸素燃料電池では電池全体の反応は次式で表され

$$2H_2+O_2 \longrightarrow 2H_2O$$

運転時の生成物は水のみとなる。

**54.** 正しい。陰性元素は，その原子が電子を受け取り陰イオンになりやすい。

**55.** 正しい。非金属元素の単体は $N_2$，$CO_2$ など原子が不対電子を出し合い共有結合を形成した分子であるものが多い。

**56.** 正しい。水素 $H_2$ は分子量が 2.0 であり，単体の密度が最も小さい。

**問 3．** マンガン Mn の単体は空気中で表面が酸化されやすく，Mn の酸化物である酸化マンガン(Ⅳ)$MnO_2$ は，過酸化水素 $H_2O_2$ や塩素酸カリウム $KClO_3$ の分解反応などの触媒として用いられる。

$$2H_2O_2 \xrightarrow{MnO_2} 2H_2O+O_2$$

$$2KClO_3 \xrightarrow{MnO_2} 2KCl+3O_2$$

過マンガン酸カリウム $KMnO_4$ は黒紫色の結晶で，その水溶液は赤紫色である。$KMnO_4$ 水溶液は酸化剤としてはたらき，酸化還元滴定に用いられる。

# 生　物

## I　解答

問1．(1)1－⑧　2－⑨　3－⑥　4－⑤　5－②　6－①
(2)7－③　8－⑧　9－①　10－④　11－⑨

問2．(1)12－②　13－⑤　14－⑥　15－⑩　16－⑨　17－⑪　18－⑬
(2)19－③　20－⑧　21－②

### 解説

《細胞の構造と機能》

**問2．(1)15・16．** イオンはチャネルを介して輸送され，グルコースやアミノ酸などは担体を介して輸送される。チャネルと担体はともに濃度勾配に従った輸送に関わるタンパク質であるが，輸送される物質が結合するかどうかの違いがある。チャネルを通過するときイオンはチャネルに結合することなく開いたチャネルを移動することができる。一方，グルコースやアミノ酸は担体を通過するとき，輸送タンパク質に結合することで立体構造を変化させ細胞内に輸送される。

(2)　ホルモンの受容体はホルモンが標的器官の細胞膜を通過できるかどうかで存在場所が異なる。②アドレナリン（副腎髄質から分泌），③甲状腺刺激ホルモン（脳下垂体前葉から分泌）は細胞膜を通過できないタンパク質系のホルモンであるため受容体は細胞膜上にある。一方，①チロキシン（甲状腺から分泌）はアミノ酸の一種であり，⑥鉱質コルチコイドと⑪糖質コルチコイド（ともに副腎皮質から分泌）はステロイド系ホルモンであるため細胞膜を通過できるので，受容体は細胞内にある。

## II　解答

問1．22－③　23－①　24－②　25－⑤　26－⑥
27－④　28－⑯　29－⑩　30－⑬

問2．(1)31－②　32－⑩　33－①　(2)－④　(3)35－①　36－③　37－③

問3．(1)38－④　39－⑤　40－⑩　41－⑬　42－⑥　43－⑥　(2)－⑧

## 解説

**《血液の種類とはたらき》**

**問1.** 3つの血球は図から判断する必要がある。赤血球は中央がくぼんだ円盤状であるため，22が赤血球である。白血球には核があるため図中の黒色部分を核と判断し，23が白血球である。血小板は巨核球の一部がちぎれて生じるため，非常に小さく，24の図のような形態になる。

**問2.** **(1)** 血液 100 mL 中にはヘモグロビンが 15 g あり，1 g あたり最大で 1.34 mL の酸素と結合できることから

15〔g〕×1.34〔mL/g〕=20.1〔mL〕

**(2)** 酸素濃度が 100 のとき，肺胞のグラフより，酸素ヘモグロビンは 95 %であり，酸素濃度が 30 のとき，組織のグラフより酸素ヘモグロビンはおよそ 29%と読み取れる。したがって，95−29=66〔%〕とわかる。

**(3)** 全ヘモグロビンの 66%が酸素を放出することから，その質量は

15×0.66=9.9〔g〕

である。したがって，放出する酸素は

9.9〔g〕×1.34〔mL/g〕=13.266≒13.3〔mL〕

## III 解答

**問1.** **(1)**—①　**(2)46**—③　**47**—⑤
**(3)48**—⑤　**49**—⑦　**50**—③　**51**—⑩　**52**—④　**53**—⑪
**(4)54**—④　**55**—②

**問2.** **(1)**—③　**(2)57**—③　**58**—⑤　**(3)59**—④　**60**—④　**61**—①　**62**—①
**(4)63**—⑩　**64**—④　**65**—④　**(5)66**—⑩　**67**—②　**68**—②

## 解説

**《バイオームと遷移》**

**問1.** **(4)** 地球上には 800 万種類以上の生物が生息していると考えられているが，名前（学名）が付けられている生物はそのうち 170 万～190 万種類である。現在名前が付けられている生物を選択肢ごとにみると，①菌類 7 万～ 9 万種，②原核生物 1 万種，③原生生物 4 万～ 6 万種，④昆虫類 95 万～103 万種，⑤昆虫以外の無脊椎動物 30 万～40 万種，⑥植物 31 万種，⑦脊椎動物 6 万種である。

**問2.** **(3)** アは遷移の進行に伴って地表面が暗くなり，陽生植物が生育で

きなくなることから，植物の種数は減少すると考えられる（グラフ**D**)。イは遷移が進行するにしたがって林床は暗くなっていくため，地表面の温度は低下していくと考えられる（グラフ**D**)。ウは遷移が進行するほど生じる種子の風による散布能力は低下していくので，種子の平均質量は増加していくと考えられる（グラフ**A**)。エは遷移が進むにつれ草原→低木林→陽樹林と樹高は高くなると考えられる（グラフ**A**)。

**(4)**　光合成の反応式より，二酸化炭素と酸素の質量（g）の関係は次のようになる。

$$6CO_2 + 12H_2O \longrightarrow C_6H_{12}O_6 + 6O_2 + 6H_2O$$

6×44 g　　　　　180 g　6×32 g

　したがって，酸素の排出量が 3.2 g のとき，吸収された二酸化炭素を $x$〔g〕とすると

$$x=\frac{3.2\times6\times44}{6\times32}=4.4〔g〕$$

**(5)**　1日で貯蔵されるグルコースの質量を求めるので，まずは1日における二酸化炭素の収支を計算し，その値を用いて，光合成の反応式からグルコースの質量を求めればよい。日中に吸収した二酸化炭素は(4)より 4.4 g であるが，夜間に二酸化炭素を 1.2 g 排出しているので，1日の収支は 4.4−1.2＝3.2〔g〕の二酸化炭素を吸収したとわかる。求めるグルコースの質量を $y$〔g〕とすると

$$y=\frac{3.2\times180}{6\times44}=2.18\fallingdotseq2.2〔g〕$$

**問16**　①は二重傍線部⑶の次の段落の内容に合致している。「社会科学は社会的規則を『発見』することが使命なのだとは、いいにくいから」とある。⑦は後ろから二段落目の内容に合致している。「規則についての研究をおこなう社会科学の役割は、その選択に寄与することにこそある」とある。

はずである。

**問8** 二重傍線部⑷は二段落前の「『他者が従っている規則』を明らかにすることは、社会科学の使命になりえるだろうか」という疑問の答えであることに着目する。二重傍線部⑷の前に、「ある当事者集団」の規則を「発見」したとして、「その『発見』はあくまでも当事者以外の人々にとっての発見なのだ」「当事者にとっては当たり前のことが書いてあるだけのもの」とある。

**問9** 空欄乙の後で、「権力」という言葉を考えていくと「議論は混乱してしまう」「考えれば考えるほど、わけがわからなくなってくる。それが権力なのだ」とあるのをヒントにする。

**問10** 二重傍線部⑸の直前に「ある人が別の人に影響を与えるとき、そこに何らかの『力』がはたらいているのだと考えることになる。これが権力である」とある。これに合致するのは②。

**問12** 二重傍線部⑹の二つ後の段落で「規則のあいまいさ」を述べ、さらにその次の段落で「規則が自然言語によって記述されている」こととの関連が説明されている。そして「自然言語」の「言葉の意味」は、「使っているうちに意味が確定していく」から、「このような自然言語の性質は規則現象を考えるうえで重要」であり、「規則の性質が自然言語の性質と深く関わっている」としている。

**問14** 直前の「研究対象が意志をもつかどうかが問題ではないこと」の例が空欄Xで述べられていることに着目する。まず「犬や猫」に「意志」があるとしてその例を次で挙げている。③から⑤への流れが確定すれば、次にカギとなるのは、②の「もちろん、そんなことはない」である。④は「犬や猫」の例から「問題ではないこと」を示し、空欄後の「つまり」に続くことは明らかである。

**問15** 「動物が意志をもっていたとしても」、「動物の、人間による、人間のための研究」であれば、「自然科学の方法で研究することができる」とある。この「動物」と「人間」の関係が、「人間」と「宇宙人」の関係に置き換えられるということ。したがって「動物」を「人間」に、「人間」を「宇宙人」に入れ替えればよいことになる。

**問15** ②

**問16** ①・⑦（順不同）

## 解説

**問3** 二重傍線部(1)の「これ」は、直前の「私たちは、夜の間に寝て昼間に活動することが自然である」を指している。これと同内容のことを述べているのが、①「生物としての人間の生活リズム」である。

**問4** **a・b**、aは「人が自然を観察してそこにある法則を見いだし」たものであるから、それは「自然のもの」である。「これに対して」bは、「規則」なので「人が作り出したもの」である。

**d**、「誰かが決めたもの」でも「組織によって決められたもの」でもないので、「誰がどうやって決めた」のか「定かでない」ことになる。

**e**、誰が決めたのかわからないけれども、「人の営みのなか」で決まってきたものである。

**問5** 二重傍線部(2)の直後の「つまり」に着目する。「つまり」は前で述べた事柄をわかりやすく言い換えるときに使う言葉であるから、この後の内容に答えがあるはずである。「私たちはその規則を変更したり廃止したり、新しいものに作り替えたりすることができる」とある。

**問6** 「リンゴの落下」が説明できるようになったのは、どのような研究の成果によるものなのか。二重傍線部(3)の直前に「重力や引力という法則によって説明できるということは研究のたまものである」とあるので④が正しい。「はじめて」とあるので、「あらかじめ知っている」とした①と⑤は不適。「リンゴの落下」は経験的に知られていることなので「新たに作り出すこと」「発見すること」とした②と③は不適。

**問7** 空欄甲の後で「実はこれまでの議論にはいろいろと『穴』がある」として、「Bについて、社会的規則はすべての人に知られているのか、という疑問」があると述べている。また、次のCに「あらかじめ人々に知られていることを指摘しても」とある。ということは、Bには「社会的規則」が「あらかじめ人々に知られている」という内容が入る

# 国語

**出典** 佐藤裕『ルールの科学 方法を評価するための社会学』〈第1部 ルールの科学の概要 第1章 自然科学と社会科学〉（青弓社）

## 解答

**問1** 1―③ 2―① 3―⑤ 4―⑤ 5―④ 6―③ 7―⑥ 8―②

**問2** ア―③ イ―⑤ ウ―⑥ エ―① オ―④ カ―②

**問3** ①

**問4** a―④ b―② c―⑤ d―③ e―①

**問5** ⑤

**問6** ④

**問7** ②

**問8** ①

**問9** ③

**問10** ②

**問11** キ―③ ク―⑥ ケ―① コ―④ サ―⑤ シ―②

**問12** ⑤

**問13** f―④ g―⑤ h―② i―① j―③

**問14** Ⅰ―③ Ⅱ―⑤ Ⅲ―① Ⅳ―② Ⅴ―④

/////////////////// · **memo** · //////////////////

/////////////////// · memo · ///////////////////

/////////////////// · memo · ///////////////////

/////////////////// · memo · ///////////////////

////////////////// · memo · //////////////////

//////////////////// · memo · ////////////////////

# 教学社 刊行一覧

## 2025年版 大学赤本シリーズ

**374大学556点**
**全都道府県を網羅**

### 国公立大学（都道府県順）

**全国の書店で取り扱っています。店頭にない場合は，お取り寄せができます。**

1 北海道大学（文系－前期日程）
2 北海道大学（理系－前期日程） 医
3 北海道大学（後期日程）
4 旭川医科大学（医学部〈医学科〉） 医
5 小樽商科大学
6 帯広畜産大学
7 北海道教育大学
8 室蘭工業大学／北見工業大学
9 釧路公立大学
10 公立千歳科学技術大学
11 公立はこだて未来大学 総推
12 札幌医科大学（医学部） 医
13 弘前大学 医
14 岩手大学
15 岩手県立大学・盛岡短期大学部・宮古短期大学部
16 東北大学（文系－前期日程）
17 東北大学（理系－前期日程） 医
18 東北大学（後期日程）
19 宮城教育大学
20 宮城大学
21 秋田大学 医
22 秋田県立大学
23 国際教養大学 総推
24 山形大学 医
25 福島大学
26 会津大学
27 福島県立医科大学（医・保健科学部） 医
28 茨城大学（文系）
29 茨城大学（理系）
30 筑波大学（推薦入試） 医 総推
31 筑波大学（文系－前期日程）
32 筑波大学（理系－前期日程） 医
33 筑波大学（後期日程）
34 宇都宮大学
35 群馬大学 医
36 群馬県立女子大学
37 高崎経済大学
38 前橋工科大学
39 埼玉大学（文系）
40 埼玉大学（理系）
41 千葉大学（文系－前期日程）
42 千葉大学（理系－前期日程） 医
43 千葉大学（後期日程） 医
44 東京大学（文科） DL
45 東京大学（理科） DL 医
46 お茶の水女子大学
47 電気通信大学
48 東京外国語大学 DL
49 東京海洋大学
50 東京科学大学（旧 東京工業大学）
51 東京科学大学（旧 東京医科歯科大学） 医
52 東京学芸大学
53 東京藝術大学
54 東京農工大学
55 一橋大学（前期日程）
56 一橋大学（後期日程）
57 東京都立大学（文系）
58 東京都立大学（理系）
59 横浜国立大学（文系）
60 横浜国立大学（理系）
61 横浜市立大学（国際教養・国際商・理・データサイエンス・医〈看護〉学部）
62 横浜市立大学（医学部〈医学科〉） 医
63 新潟大学（人文・教育〈文系〉・法・経済科・医〈看護〉・創生学部）
64 新潟大学（教育〈理系〉・理・医〈看護を除く〉・歯・工・農学部） 医
65 新潟県立大学
66 富山大学（文系）
67 富山大学（理系） 医
68 富山県立大学
69 金沢大学（文系）
70 金沢大学（理系） 医
71 福井大学（教育・医〈看護〉・工・国際地域学部）
72 福井大学（医学部〈医学科〉） 医
73 福井県立大学
74 山梨大学（教育・医〈看護〉・工・生命環境学部）
75 山梨大学（医学部〈医学科〉） 医
76 都留文科大学
77 信州大学（文系－前期日程）
78 信州大学（理系－前期日程） 医
79 信州大学（後期日程）
80 公立諏訪東京理科大学 総推
81 岐阜大学（前期日程） 医
82 岐阜大学（後期日程）
83 岐阜薬科大学
84 静岡大学（前期日程）
85 静岡大学（後期日程）
86 浜松医科大学（医学部〈医学科〉） 医
87 静岡県立大学
88 静岡文化芸術大学
89 名古屋大学（文系）
90 名古屋大学（理系） 医
91 愛知教育大学
92 名古屋工業大学
93 愛知県立大学
94 名古屋市立大学（経済・人文社会・芸術工・看護・総合生命理・データサイエンス学部）
95 名古屋市立大学（医学部〈医学科〉） 医
96 名古屋市立大学（薬学部）
97 三重大学（人文・教育・医〈看護〉学部）
98 三重大学（医〈医〉・工・生物資源学部） 医
99 滋賀大学
100 滋賀医科大学（医学部〈医学科〉） 医
101 滋賀県立大学
102 京都大学（文系）
103 京都大学（理系） 医
104 京都教育大学
105 京都工芸繊維大学
106 京都府立大学
107 京都府立医科大学（医学部〈医学科〉） 医
108 大阪大学（文系） DL
109 大阪大学（理系） 医
110 大阪教育大学
111 大阪公立大学（現代システム科学域〈文系〉・文・法・経済・商・看護・生活科〈居住環境・人間福祉〉学部－前期日程）
112 大阪公立大学（現代システム科学域〈理系〉・理・工・農・獣医・医・生活科〈食栄養〉学部－前期日程） 医
113 大阪公立大学（中期日程）
114 大阪公立大学（後期日程）
115 神戸大学（文系－前期日程）
116 神戸大学（理系－前期日程） 医
117 神戸大学（後期日程）
118 神戸市外国語大学 DL
119 兵庫県立大学（国際商経・社会情報科・看護学部）
120 兵庫県立大学（工・理・環境人間学部）
121 奈良教育大学／奈良県立大学
122 奈良女子大学
123 奈良県立医科大学（医学部〈医学科〉） 医
124 和歌山大学
125 和歌山県立医科大学（医・薬学部） 医
126 鳥取大学 医
127 公立鳥取環境大学
128 島根大学 医
129 岡山大学（文系）
130 岡山大学（理系） 医
131 岡山県立大学
132 広島大学（文系－前期日程）
133 広島大学（理系－前期日程） 医
134 広島大学（後期日程）
135 尾道市立大学 総推
136 県立広島大学
137 広島市立大学
138 福山市立大学 総推
139 山口大学（人文・教育〈文系〉・経済・医〈看護〉・国際総合科学部）
140 山口大学（教育〈理系〉・理・医〈看護を除く〉・工・農・共同獣医学部） 医
141 山陽小野田市立山口東京理科大学 総推
142 下関市立大学／山口県立大学
143 周南公立大学 新 総推
144 徳島大学 医
145 香川大学 医
146 愛媛大学 医
147 高知大学 医
148 高知工科大学
149 九州大学（文系－前期日程）
150 九州大学（理系－前期日程） 医
151 九州大学（後期日程）
152 九州工業大学
153 福岡教育大学
154 北九州市立大学
155 九州歯科大学
156 福岡県立大学／福岡女子大学
157 佐賀大学 医
158 長崎大学（多文化社会・教育〈文系〉・経済・医〈保健〉・環境科〈文系〉学部）
159 長崎大学（教育〈理系〉・医〈医〉・歯・薬・情報データ科・工・環境科〈理系〉・水産学部） 医
160 長崎県立大学 総推
161 熊本大学（文・教育・法・医〈看護〉学部・情報融合学環〈文系型〉）
162 熊本大学（理・医〈看護を除く〉・薬・工学部・情報融合学環〈理系型〉） 医
163 熊本県立大学
164 大分大学（教育・経済・医〈看護〉・理工・福祉健康科学部）
165 大分大学（医学部〈医・先進医療科学科〉） 医
166 宮崎大学（教育・医〈看護〉・工・農・地域資源創成学部）
167 宮崎大学（医学部〈医学科〉） 医
168 鹿児島大学（文系）
169 鹿児島大学（理系） 医
170 琉球大学 医

# 2025年版　大学赤本シリーズ

## 国公立大学 その他

171 〔国公立大〕医学部医学科 総合型選抜・学校推薦型選抜※ 医 総推
172 看護・医療系大学〈国公立 東日本〉※
173 看護・医療系大学〈国公立 中日本〉※
174 看護・医療系大学〈国公立 西日本〉※
175 海上保安大学校／気象大学校
176 航空保安大学校
177 国立看護大学校
178 防衛大学校 総推
179 防衛医科大学校(医学科) 医
180 防衛医科大学校(看護学科)

※No.171～174の収載大学は赤本ウェブサイト(http://akahon.net/)でご確認ください。

## 私立大学①

### 北海道の大学(50音順)

201 札幌大学
202 札幌学院大学
203 北星学園大学
204 北海学園大学
205 北海道医療大学
206 北海道科学大学
207 北海道武蔵女子大学・短期大学
208 酪農学園大学(獣医学群〈獣医学類〉)

### 東北の大学(50音順)

209 岩手医科大学(医・歯・薬学部) 医
210 仙台大学 総推
211 東北医科薬科大学(医・薬学部) 医
212 東北学院大学
213 東北工業大学
214 東北福祉大学
215 宮城学院女子大学 総推

### 関東の大学(50音順)

#### あ行(関東の大学)

216 青山学院大学(法・国際政治経済学部－個別学部日程)
217 青山学院大学(経済学部－個別学部日程)
218 青山学院大学(経営学部－個別学部日程)
219 青山学院大学(文・教育人間科学部－個別学部日程)
220 青山学院大学(総合文化政策・社会情報・地球社会共生・コミュニティ人間科学部－個別学部日程)
221 青山学院大学(理工学部－個別学部日程)
222 青山学院大学(全学部日程)
223 麻布大学(獣医、生命・環境科学部)
224 亜細亜大学
226 桜美林大学
227 大妻女子大学・短期大学部

#### か行(関東の大学)

228 学習院大学(法学部－コア試験)
229 学習院大学(経済学部－コア試験)
230 学習院大学(文学部－コア試験)
231 学習院大学(国際社会科学部－コア試験)
232 学習院大学(理学部－コア試験)
233 学習院女子大学
234 神奈川大学(給費生試験)
235 神奈川大学(一般入試)
236 神奈川工科大学
237 鎌倉女子大学・短期大学部
238 川村学園女子大学
239 神田外語大学
240 関東学院大学
241 北里大学(理学部)
242 北里大学(医学部) 医
243 北里大学(薬学部)
244 北里大学(看護・医療衛生学部)
245 北里大学(未来工・獣医・海洋生命科学部)
246 共立女子大学・短期大学
247 杏林大学(医学部) 医
248 杏林大学(保健学部)
249 群馬医療福祉大学・短期大学部
250 群馬パース大学 総推
251 慶應義塾大学(法学部)
252 慶應義塾大学(経済学部)
253 慶應義塾大学(商学部)
254 慶應義塾大学(文学部) 総推
255 慶應義塾大学(総合政策学部)
256 慶應義塾大学(環境情報学部)
257 慶應義塾大学(理工学部)
258 慶應義塾大学(医学部) 医
259 慶應義塾大学(薬学部)
260 慶應義塾大学(看護医療学部)
261 工学院大学
262 國學院大學
263 国際医療福祉大学 医
264 国際基督教大学
265 国士舘大学
266 駒澤大学(一般選抜T方式・S方式)
267 駒澤大学(全学部統一日程選抜)

#### さ行(関東の大学)

268 埼玉医科大学(医学部) 医
269 相模女子大学・短期大学部
270 産業能率大学
271 自治医科大学(医学部) 医
272 自治医科大学(看護学部)／東京慈恵会医科大学(医学部〈看護学科〉)
273 実践女子大学 総推
274 芝浦工業大学(前期日程)
275 芝浦工業大学(全学統一日程・後期日程)
276 十文字学園女子大学
277 淑徳大学
278 順天堂大学(医学部) 医
279 順天堂大学(スポーツ健康科・医療看護・保健看護・国際教養・保健医療・医療科・健康データサイエンス・薬学部) 総推
280 上智大学(神・文・総合人間科学部)
281 上智大学(法・経済学部)
282 上智大学(外国語・総合グローバル学部)
283 上智大学(理工学部)
284 上智大学(TEAPスコア利用方式)
285 湘南工科大学
286 昭和大学(医学部) 医
287 昭和大学(歯・薬・保健医療学部)
288 昭和女子大学
289 昭和薬科大学
290 女子栄養大学・短期大学部 総推
291 白百合女子大学
292 成蹊大学(法学部－A方式)
293 成蹊大学(経済・経営学部－A方式)
294 成蹊大学(文学部－A方式)
295 成蹊大学(理工学部－A方式)
296 成蹊大学(E方式・G方式・P方式)
297 成城大学(経済・社会イノベーション学部－A方式)
298 成城大学(文芸・法学部－A方式)
299 成城大学(S方式〈全学部統一選抜〉)
300 聖心女子大学
301 清泉女子大学
303 聖マリアンナ医科大学 医
304 聖路加国際大学(看護学部)
305 専修大学(スカラシップ・全国入試)
306 専修大学(前期入試〈学部個別入試〉)
307 専修大学(前期入試〈全学部入試・スカラシップ入試〉)

#### た行(関東の大学)

308 大正大学
309 大東文化大学
310 高崎健康福祉大学
311 拓殖大学
312 玉川大学
313 多摩美術大学
314 千葉工業大学
315 中央大学(法学部－学部別選抜)
316 中央大学(経済学部－学部別選抜)
317 中央大学(商学部－学部別選抜)
318 中央大学(文学部－学部別選抜)
319 中央大学(総合政策学部－学部別選抜)
320 中央大学(国際経営・国際情報学部－学部別選抜)
321 中央大学(理工学部－学部別選抜)
322 中央大学(5学部共通選抜)
323 中央学院大学
324 津田塾大学
325 帝京大学(薬・経済・法・文・外国語・教育・理工・医療技術・福岡医療技術学部)
326 帝京大学(医学部) 医
327 帝京科学大学 総推
328 帝京平成大学 総推
329 東海大学(医〈医〉学部を除く－一般選抜)
330 東海大学(文系・理系学部統一選抜)
331 東海大学(医学部〈医学科〉) 医
332 東京医科大学(医学部〈医学科〉) 医
333 東京家政大学・短期大学部 総推
334 東京経済大学
335 東京工科大学
336 東京工芸大学
337 東京国際大学
338 東京歯科大学
339 東京慈恵会医科大学(医学部〈医学科〉) 医
340 東京情報大学
341 東京女子大学
342 東京女子医科大学(医学部) 医
343 東京電機大学
344 東京都市大学
345 東京農業大学
346 東京薬科大学(薬学部) 総推
347 東京薬科大学(生命科学部) 総推
348 東京理科大学(理学部〈第一部〉－B方式)
349 東京理科大学(創域理工学部－B方式・S方式)
350 東京理科大学(工学部－B方式)
351 東京理科大学(先進工学部－B方式)
352 東京理科大学(薬学部－B方式)
353 東京理科大学(経営学部－B方式)
354 東京理科大学(C方式、グローバル方式、理学部〈第二部〉－B方式)
355 東邦大学(医学部) 医
356 東邦大学(薬学部)

# 2025年版　大学赤本シリーズ

## 私立大学②

357 東邦大学(理・看護・健康科学部)
358 東洋大学(文・経済・経営・法・社会・国際・国際観光学部)
359 東洋大学(情報連携・福祉社会デザイン・健康スポーツ科・理工・総合情報・生命科・食環境科学部)
360 東洋大学(英語〈3日程×3カ年〉)
361 東洋大学(国語〈3日程×3カ年〉)
362 東洋大学(日本史・世界史〈2日程×3カ年〉)
363 東洋英和女学院大学
364 常磐大学・短期大学 総推
365 獨協大学
366 獨協医科大学(医学部) 医

### な行(関東の大学)

367 二松学舎大学
368 日本大学(法学部)
369 日本大学(経済学部)
370 日本大学(商学部)
371 日本大学(文理学部〈文系〉)
372 日本大学(文理学部〈理系〉)
373 日本大学(芸術学部〈専門試験併用型〉)
374 日本大学(国際関係学部)
375 日本大学(危機管理・スポーツ科学部)
376 日本大学(理工学部)
377 日本大学(生産工・工学部)
378 日本大学(生物資源科学部)
379 日本大学(医学部) 医
380 日本大学(歯・松戸歯学部)
381 日本大学(薬学部)
382 日本大学(N全学統一方式−医・芸術〈専門試験併用型〉学部を除く)
383 日本医科大学 医
384 日本工業大学
385 日本歯科大学
386 日本社会事業大学 総推
387 日本獣医生命科学大学
388 日本女子大学
389 日本体育大学

### は行(関東の大学)

390 白鷗大学(学業特待選抜・一般選抜)
391 フェリス女学院大学
392 文教大学
393 法政大学(法〈I日程〉・文〈II日程〉・経営〈II日程〉学部−A方式)
394 法政大学(法〈II日程〉・国際文化・キャリアデザイン学部−A方式)
395 法政大学(文〈I日程〉・経営〈I日程〉・人間環境・グローバル教養学部−A方式)
396 法政大学(経済〈I日程〉・社会〈I日程〉・現代福祉学部−A方式)
397 法政大学(経済〈II日程〉・社会〈II日程〉・スポーツ健康学部−A方式)
398 法政大学(情報科・デザイン工・理工・生命科学部−A方式)
399 法政大学(T日程〈統一日程〉・英語外部試験利用入試)
400 星薬科大学 総推

### ま行(関東の大学)

401 武蔵大学
402 武蔵野大学
403 武蔵野美術大学
404 明海大学
405 明治大学(法学部−学部別入試)
406 明治大学(政治経済学部−学部別入試)
407 明治大学(商学部−学部別入試)
408 明治大学(経営学部−学部別入試)
409 明治大学(文学部−学部別入試)
410 明治大学(国際日本学部−学部別入試)
411 明治大学(情報コミュニケーション学部−学部別入試)
412 明治大学(理工学部−学部別入試)
413 明治大学(総合数理学部−学部別入試)
414 明治大学(農学部−学部別入試)
415 明治大学(全学部統一入試)
416 明治学院大学(A日程)
417 明治学院大学(全学部日程)
418 明治薬科大学 総推
419 明星大学
420 目白大学・短期大学部

### ら・わ行(関東の大学)

421 立教大学(文系学部−一般入試〈大学独自の英語を課さない日程〉)
422 立教大学(国語〈3日程×3カ年〉)
423 立教大学(日本史・世界史〈2日程×3カ年〉)
424 立教大学(文学部−一般入試〈大学独自の英語を課す日程〉)
425 立教大学(理学部−一般入試)
426 立正大学
427 早稲田大学(法学部)
428 早稲田大学(政治経済学部)
429 早稲田大学(商学部)
430 早稲田大学(社会科学部)
431 早稲田大学(文学部)
432 早稲田大学(文化構想学部)
433 早稲田大学(教育学部〈文科系〉)
434 早稲田大学(教育学部〈理科系〉)
435 早稲田大学(人間科・スポーツ科学部)
436 早稲田大学(国際教養学部)
437 早稲田大学(基幹理工・創造理工・先進理工学部)
438 和洋女子大学 総推

### 中部の大学(50音順)

439 愛知大学
440 愛知医科大学(医学部) 医
441 愛知学院大学・短期大学部
442 愛知工業大学 総推
443 愛知淑徳大学
444 朝日大学 総推
445 金沢医科大学(医学部) 医
446 金沢工業大学
447 岐阜聖徳学園大学 総推
448 金城学院大学
449 至学館大学 総推
450 静岡理工科大学
451 椙山女学園大学
452 大同大学
453 中京大学
454 中部大学
455 名古屋外国語大学 総推
456 名古屋学院大学 総推
457 名古屋学芸大学 総推
458 名古屋女子大学 総推
459 南山大学(外国語〈英米〉・法・総合政策・国際教養学部)
460 南山大学(人文・外国語〈英米を除く〉・経済・経営・理工学部)
461 新潟国際情報大学
462 日本福祉大学
463 福井工業大学
464 藤田医科大学(医学部) 医
465 藤田医科大学(医療科・保健衛生学部)
466 名城大学(法・経営・経済・外国語・人間・都市情報学部)
467 名城大学(情報工・理工・農・薬学部)
468 山梨学院大学

### 近畿の大学(50音順)

469 追手門学院大学 総推
470 大阪医科薬科大学(医学部) 医
471 大阪医科薬科大学(薬学部) 総推
472 大阪学院大学 総推
473 大阪経済大学 総推
474 大阪経済法科大学 総推
475 大阪工業大学 総推
476 大阪国際大学・短期大学部 総推
477 大阪産業大学 総推
478 大阪歯科大学(歯学部)
479 大阪商業大学 総推
480 大阪成蹊大学・短期大学 総推
481 大谷大学 総推
482 大手前大学・短期大学 総推
483 関西大学(文系)
484 関西大学(理系)
485 関西大学(英語〈3日程×3カ年〉)
486 関西大学(国語〈3日程×3カ年〉)
487 関西大学(日本史・世界史・文系数学〈3日程×3カ年〉)
488 関西医科大学(医学部) 医
489 関西医療大学 総推
490 関西外国語大学・短期大学部 総推
491 関西学院大学(文・法・商・人間福祉・総合政策学部−学部個別日程)
492 関西学院大学(神・社会・経済・国際・教育学部−学部個別日程)
493 関西学院大学(全学部日程〈文系型〉)
494 関西学院大学(全学部日程〈理系型〉)
495 関西学院大学(共通テスト併用日程〈数学〉・英数日程)
496 関西学院大学(英語〈3日程×3カ年〉) 新
497 関西学院大学(国語〈3日程×3カ年〉) 新
498 関西学院大学(日本史・世界史・文系数学〈3日程×3カ年〉) 新
499 畿央大学 総推
500 京都外国語大学・短期大学 総推
502 京都産業大学(公募推薦入試) 総推
503 京都産業大学(一般選抜入試〈前期日程〉)
504 京都女子大学 総推
505 京都先端科学大学 総推
506 京都橘大学 総推
507 京都ノートルダム女子大学 総推
508 京都薬科大学 総推
509 近畿大学・短期大学部(医学部を除く−推薦入試) 総推
510 近畿大学・短期大学部(医学部を除く−一般入試前期)
511 近畿大学(英語〈医学部を除く3日程×3カ年〉)
512 近畿大学(理系数学〈医学部を除く3日程×3カ年〉)
513 近畿大学(国語〈医学部を除く3日程×3カ年〉)
514 近畿大学(医学部−推薦入試・一般入試前期) 医 総推
515 近畿大学・短期大学部(一般入試後期) 医
516 皇學館大学 総推
517 甲南大学 総推
518 甲南女子大学(学校推薦型選抜) 新 総推
519 神戸学院大学 総推
520 神戸国際大学 総推
521 神戸女学院大学 総推
522 神戸女子大学・短期大学 総推
523 神戸薬科大学 総推
524 四天王寺大学・短期大学部 総推
525 摂南大学(公募制推薦入試) 総推
526 摂南大学(一般選抜前期日程)
527 帝塚山学院大学 総推
528 同志社大学(法、グローバル・コミュニケーション学部−学部個別日程)

# いつも受験生のそばに―赤本

**大学入試シリーズ＋α**
入試対策も共通テスト対策も赤本で

入試対策

## 赤本プラス

赤本プラスとは，**過去問演習の効果を最大にする**ためのシリーズです。「赤本」であぶり出された弱点を，赤本プラスで克服しましょう。

大学入試 すぐわかる**英文法** DL
大学入試 ひと目でわかる**英文読解**
大学入試 絶対できる**英語リスニング** DL
大学入試 すぐ書ける**自由英作文**
大学入試 ぐんぐん読める
**英語長文〔BASIC〕** DL
大学入試 ぐんぐん読める
**英語長文〔STANDARD〕** DL
大学入試 ぐんぐん読める
**英語長文〔ADVANCED〕** DL
大学入試 正しく書ける**英作文**
大学入試 最短でマスターする
**数学I・II・III・A・B・C**
大学入試 突破力を鍛える**最難関の数学**
大学入試 知らなきゃ解けない
**古文常識・和歌**
大学入試 ちゃんと身につく**物理**
大学入試 もっと身につく
**物理問題集**（①力学・波動）
大学入試 もっと身につく
**物理問題集**（②熱力学・電磁気・原子）

入試対策

## 英検®赤本シリーズ

英検®（実用英語技能検定）の対策書。
過去問集と参考書で万全の対策ができます。

**▶過去問集（2024年度版）**
英検®準1級過去問集 DL
英検®2級過去問集 DL
英検®準2級過去問集 DL
英検®3級過去問集 DL

**▶参考書**
竹岡の英検®準1級マスター DL
竹岡の英検®2級マスター CD DL
竹岡の英検®準2級マスター CD DL
竹岡の英検®3級マスター CD DL

CD リスニングCDつき　DL 音声無料配信
新 2024年新刊・改訂

入試対策

## 赤本プレミアム

赤本の教学社だからこそ作れた，
過去問ベストセレクション

東大数学プレミアム
東大現代文プレミアム
京大数学プレミアム〔改訂版〕
京大古典プレミアム

入試対策

## 赤本メディカルシリーズ

過去問を徹底的に研究し，独自の出題傾向をもつメディカル系の入試に役立つ内容を精選した実戦的なシリーズ。

〔国公立大〕医学部の英語〔3訂版〕
私立医大の英語〔長文読解編〕〔3訂版〕
私立医大の英語〔文法・語法編〕〔改訂版〕
医学部の実戦小論文〔3訂版〕
医歯薬系の英単語〔4訂版〕
医系小論文 最頻出論点20〔4訂版〕
医学部の面接〔4訂版〕

入試対策

## 体系シリーズ

国公立大二次・難関私大突破へ，自学自習に適したハイレベル問題集。

体系英語長文　体系世界史
体系英作文　体系物理〔第7版〕
体系現代文

入試対策

## 単行本

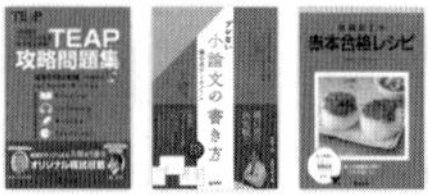


**▶英語**
Q&A即決英語勉強法
TEAP攻略問題集 CD
東大の英単語〔新装版〕
早慶上智の英単語〔改訂版〕

**▶国語・小論文**
著者に注目! 現代文問題集
ブレない小論文の書き方 樋口式ワークノート

**▶レシピ集**
奥薗壽子の赤本合格レシピ

入試対策　共通テスト対策

## 赤本手帳

赤本手帳（2025年度受験用）プラムレッド
赤本手帳（2025年度受験用）インディゴブルー
赤本手帳（2025年度受験用）ナチュラルホワイト

入試対策

## 風呂で覚えるシリーズ

水をはじく特殊な紙を使用。いつでもどこでも読めるから，ちょっとした時間を有効に使える！

風呂で覚える英単語〔4訂新装版〕
風呂で覚える英熟語〔改訂新装版〕
風呂で覚える古文単語〔改訂新装版〕
風呂で覚える古文文法〔改訂新装版〕
風呂で覚える漢文〔改訂新装版〕
風呂で覚える日本史〔年代〕〔改訂新装版〕
風呂で覚える世界史〔年代〕〔改訂新装版〕
風呂で覚える倫理〔改訂版〕
風呂で覚える百人一首〔改訂版〕

共通テスト対策

## 満点のコツシリーズ

共通テストで満点を狙うための実戦的参考書。
重要度の増したリスニング対策は
「カリスマ講師」竹岡広信が一回読みにも
対応できるコツを伝授！

共通テスト英語〔リスニング〕
満点のコツ〔改訂版〕 新 DL
共通テスト古文 満点のコツ〔改訂版〕 新
共通テスト漢文 満点のコツ〔改訂版〕 新

入試対策　共通テスト対策

## 赤本ポケットシリーズ

**▶共通テスト対策**
共通テスト日本史〔文化史〕

**▶系統別進路ガイド**
デザイン系学科をめざすあなたへ

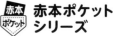

2025 年版　大学赤本シリーズ　No. 518

甲南女子大学（学校推薦型選抜）

2024 年 6 月 10 日　第 1 刷発行
ISBN978-4-325-26639-6
定価は裏表紙に表示しています

編　集　教学社編集部
発行者　上原 寿明
発行所　教学社
〒606-0031
京都市左京区岩倉南桑原町56
電話　075-721-6500
振替　01020-1-15695
印　刷　共同印刷工業